또라이들의 전성시대

다르게 생각하는 C급 인생들이 세상을 바꾼다

또라이들의 전성시대

김태광 · 이나금 외 49인 지음

시너지북

또라이 정신으로
진짜 인생을 살아가라

당신은 인생을 살아가면서 단 한 번이라도 '또라이'라는 말을 들어 본 적이 있는가? '또라이'란 자신이 하고 싶은 일을 남들 눈치 보지 않고 밀어붙이는 사람을 뜻한다. 자신에 대한 굳은 믿음이 있는 사람을 말하는 것이다.

세상은 소수의 또라이들에 의해서 창조되어 왔다. 세계적인 기업가들 역시 한때는 또라이 취급을 받았던 사람들이다. 하지만 세상은 그들에 의해 바뀌었으며 사람들은 뒤늦게 그들의 성공 방식을 배우려고 한다. 다수의 평범한 사람들은 소수의 또라이들이 만들어 놓은 세상에서 살아가고 있는 것이다. 이제는 남들처럼 평범하게 스펙을 쌓는 것으로는 인생을 바꾸기 힘들다. 남들이 가지 않는 길을 가는 사람이 주목받는 세상이 온 것이다.

여기에 누구보다 뜨거운 열정으로 살아가는 51명의 또라이들이 있다. 이들은 어려운 환경 속에서도 자신의 운명을 스스로 개척해 온 사람들이다. 남들이 아니라고 해도 아랑곳하지 않고 자신의 신념대로 살아가는 사람들이다. 세상은 이들에게 냉정하지만 이들은 세상을 창조할 힘을 가지고 있다.

이들의 스토리는 당신에게 큰 용기를 줄 것이다. 이들에게서 불가능을 가능하게 만드는 미친 실행력, 포기하지 않는 집념과 끈기를 배워야 한다. 지금의 세상은 자신이 원하는 일을 어떻게든 해내고야 마는 큰 열정을 가진 사람들을 필요로 한다. 남들과 같은 인생, 남들과 같은 사고에서 벗어나자. 세상에 자신을 당당하게 드러내며 과감하게 실행하는 사람만이 크게 성공한다. 스스로 세상을 바꿀 수 있다는 믿음을 가진 사람만이 실제로 세상을 변화시킨다.

당신도 내면에 잠들어 있는 큰 거인을 깨워 한 번쯤은 진정한 또라이가 되어 보는 것은 어떨까? 남들과 비슷하게 살아갈 것이 아니라 자신만의 방식으로 인생을 살아가란 말이다. 가장 나답게 살아가는 것이 가장 확실한 성공 비결이기 때문이다. 꿈을 향해 진정한 또라이 정신으로 나아갈 때 진짜 인생이 시작된다.

2016년 9월

허지영

CONTENTS

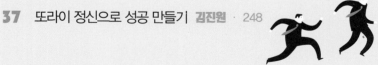

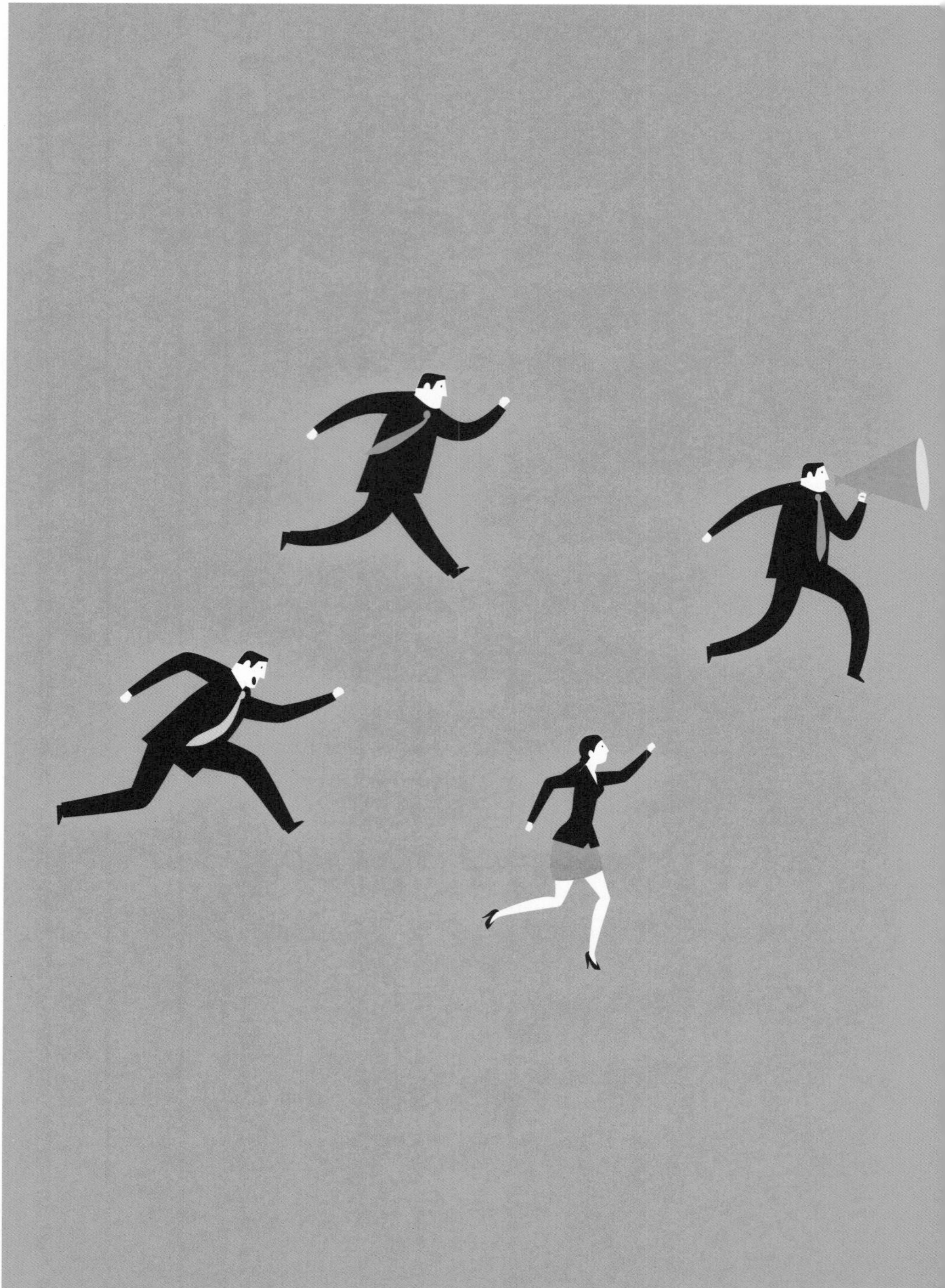

1-17

김태광 이나금 허지영 이진선 류창길
유대헌 김미정 전아영 송희진 이보근
이준희 김지영 김호영 안장혁 신재라
방보람 장정엽

또 라 이 들 의 전 성 시 대

01

책 쓸 때
가장 행복한 또라이

〈한국 책쓰기 성공학 코칭협회〉 대표이사, 〈위닝북스〉, 〈시너지북〉, 〈추월차선〉 출판사 설립자,
대한민국 대표 책 쓰기 비법 스타 강사, 제1회 대한민국기록문화대상 수상
저술과 강연을 통해 600여 명을 작가와 강연가, 코치, 컨설턴트로 만들었으며, 지금까지 200여 권
의 책을 집필했다. 2011년 제1회 '대한민국기록문화대상' 최고기록부문 '책과 잡지분야'를 수상했고,
2012년에 '대한민국 신창조인 대상', 2013년에 '도전한국인 대상'을 수상했다. 현재 네이버카페 〈한국
책쓰기 성공학 코칭협회〉를 운영하고 있다.
• E-mail vision_bada@naver.com

나는 책을 쓰는 일이 책을 읽는 일보다 더 즐겁고 행복하다.
책 쓰는 일이 행복하다고 말하면 사람들은 이해가 안 간다는 표
정을 짓는다. 충분히 이해가 간다. 나 역시 글을 쓰는 일이 고문처
럼 느껴졌던 시절이 있었기 때문이다.

어린 시절 우리 집은 동네에서 가장 가난했다. 그래서 중학교
때부터 신문배달, 주유소 아르바이트, 막노동, 전단지 돌리기, 피
자가게 아르바이트, 공장 생활을 전전해야 했다. 심지어 스무 살
시절, 주유소에서 트럭에 휘발유를 주입하다 월급도 받지 못한 채
쫓겨나기도 했다. 대학 졸업 후에는 수백 군데의 회사에 지원했다

가 탈락한 뒤 심한 좌절에 빠졌던 적도 있었다.

예전의 나는 한 직장에 들어가면 6개월을 버티지 못했다. 10군데가 넘는 직장에 다녔지만 모두 나와 맞지 않았다. 마치 나와 맞지 않는 옷을 입고 있는 것 같았다. 나에게 맞는 직장은 존재하지 않는 것처럼 느껴지곤 했다. 그렇게 좌절감이 들었던 기억이 있다.

그런 나에게 책 쓰기는 모든 꿈을 실현시켜 준 마법이었다. 따라서 책 쓰기는 나에게 '천직'이라고 생각한다. 말 그대로 하늘이 내린 직업이다. 나는 책을 쓰는 일이 너무나 즐겁고 행복하다. 하루 14시간 이상을 책상에 앉아 키보드를 두드려도 피곤하거나 지루하지 않다. 오히려 시간이 갈수록 원고 분량이 늘어나는 것에 더욱 힘이 난다. 책 쓰기는 내가 가장 좋아하고 잘하는 유일한 일이다. 원고를 쓰는 시간이 너무나 소중하고 고귀하다. 그래서 남들은 하루하루가 지옥 같다고 말하지만 나는 축제와 같다. 설렘과 기쁨, 행복 속에서 살고 있다.

나는 20년 동안 200여 권의 책을 썼다. 그런 과정에서 작가 최초로 최단기간 최다집필로 '제1회 대한민국기록문화대상' 최고 기록부문 '책과 잡지분야'를 수상했다. 그러자 사람들로부터 쉽게 책을 쓰는 비결을 알려 달라는 문의가 많이 들어왔다. 그들에게 도움을 주기 위해 설립한 것이 〈한국 책쓰기 성공학 코칭협회(이하 한책협)〉다. 현재 1만 명이 넘는 회원들이 이곳에서 책을 쓰고 있다.

나는 단 하루도 책을 쓰지 않고 그냥 넘어가는 날이 없다. 지방 강연을 가더라도 꼭 노트북을 가져가서 원고를 쓴다. 정 시간이 없으면 단 몇 줄이라도 써야 안심이 된다. 책 쓰기는 나에게 있어 공기와 같은 것이기 때문이다.

나에게 있어 책 쓰기가 어떤 것인지 잘 말해 주는 사건이 있다. 나는 현재 두 마리의 강아지들과 살고 있다. 여섯 살 요크셔테리어 쥐방울과 다섯 살 푸들 땅콩이다. 그중 땅콩이에 관한 에피소드다.

2011년 7월 10일에 있었던 일이다. 내가 비 내리는 고속도로에서 차가 전파되는 사고를 겪은 날이라 정확하게 기억하고 있다. 강아지들과 한 침대에서 같이 자는데 그날따라 새벽에 땅콩이가 자지 않고 앉아 있는 것이었다. 그래서 나는 '이상하네, 왜 안 자고 앉아 있을까?' 하고 생각하다가 졸려 땅콩이를 억지로 안고 잤다. 그런데 아침 6시가 지나서도 땅콩이가 자지 않고 앉아 있는 것이었다. 정말 의아했다. 바깥에는 장마로 인해 비가 억수같이 쏟아지고 있었다. 나는 "땅콩아, 왜 자지 않고 새벽부터 이러고 있냐?"라고 물으면서 땅콩이를 안으려고 했다. 그런데 땅콩이의 몸이 평소와 달랐다. 몸을 부들부들 떨면서 하체를 움직이지 못하는 것이었다. 순간 나는 '바깥에 비가 억수같이 쏟아지는데 땅콩이가 이불을 덮지 않고 춥게 자서 하바신마비가 왔구나'라고 생각했다. 사람도 추운 날 맨땅에서 자면 입이 돌아가고 하지 않는가. 나는 땅콩이 역시 그런 증상일 것이라고 여겼다.

나는 급히 전북대학병원 수의학과 동물병원에 전화를 걸었다. 그날은 일요일이었는데 마침 당직 의사가 전화를 받았다. 최대한 빨리 땅콩이를 병원으로 데리고 오라고 했다. 초동 대처에 따라 증상의 악화를 막을 수 있을 뿐 아니라 완치가 가능하기 때문이다. 그런데 문제는 비가 억수같이 온다는 것이었다. 그날따라 이상하게도 운전하면 안 될 것 같다는 예감이 들었다. 하지만 어쩌겠는가. 딸처럼 여기는 땅콩이가 저러고 있는데. 마치 나쁜 꿈을 꾸고 난 다음 날 어쩔 수 없는 상황 때문에 운전을 해야 하는 것과 같은 형국이었다.

나는 조수석 아래에 담요를 깔고 그 위에 땅콩이를 눕힌 뒤 차를 몰았다. 대구에서 전주까지 평소 2시간 30분가량 걸리는데, 이날은 비가 정말 억수같이 퍼부었다. 마치 하늘에 구멍이 뚫린 것처럼 쏟아졌다. 땅콩이는 고통이 극심한지 몸을 부들부들 떨면서 신음소리를 내곤 했다. 나는 땅콩이가 춥지 않게 히터의 방향을 아래로 내려 주고 전속력으로 차를 몰았다. 단 1분이라도 더 빨리 땅콩이를 병원에 데려가고 싶었다. 그래야 땅콩이가 완치될 수 있을 것 같은 생각이 들었기 때문이다.

고속도로 여기저기에 빗길로 인해 사고 난 차량들이 눈에 띄었다. 나는 그 차들을 보면서 사고가 나지 않게 해 달라고 하나님께 기도했다. 그러면서도 왠지 모르게 불길한 예감이 들곤 했다. 하지만 다행히도 전북대학교 동물병원에 무사히 도착했다.

땅콩이가 어떤 원인으로 하반신을 못 쓰는지 정확하게 알기 위해서 MRI(자기공명영상)를 찍었다. MRI 판독 결과 허리디스크였다. 의사에게 수술보다는 약물치료를 하는 것이 더 효과적일 것이라는 말을 들었다. 수술한다고 해서 무조건 완치가 된다는 보장도 없고 약물치료를 한다고 해서 완치가 안 된다는 보장도 없기 때문이다. 무엇보다도 수술을 하게 되면 재수술이 힘들 수 있지만 약물치료를 하게 되면 또 한 번의 기회, 수술이 가능하다.

먼저 응급 처치부터 시작했다. 그런데 정말 놀랍게도 하반신을 아예 쓰지 못하던 땅콩이가 다리를 조금씩 움직이기 시작하는 것이었다. 그때 나는 거리가 멀어도 동네 동물병원에 가는 것보다 전북대학교 동물병원에 오길 참 잘했다는 생각을 했다.

땅콩이를 동물병원에 입원시켜 놓고 나는 다시 대구로 향했다. 몸은 고단했지만 그나마 땅콩이의 병명을 알았기에 마음은 한결 가벼웠다. 시계는 오후 3시를 향하고 있었다. 날이 많이 개었지만 비는 간간이 내리고 있었다. 차가 장수터널(2차선)을 막 지나쳐 나오는 순간 1차선에 빗물이 약간 고여 있는 것이 보였다. 그때 계기판을 보았는데 시속 110km 정도였다. 그 순간 나는 좀 불길한 예감과 함께 그 빗물이 고인 도로를 지나가고 있었다. 물론 브레이크를 밟지 않았다. 그런데 그 순간 앞바퀴가 조금 뜨더니 차체가 흔들리면서 차체의 앞부분이 왼쪽으로 기울기 시작했다. 그 순간 반사적으로 급히 브레이크를 밟았다. 그때부터 차는 빙판길 위에 서처럼 미끄러졌다. 그대로 간다면 100m 앞 콘크리트 턱에 부딪혀 나는 죽게 될 것이었다. 차는 브레이크를 밟았음에도 아랑곳하지 않고 계속 미끄러져 갔다.

그때 나는 '죽었구나'라고 생각하며 담담하게 현실을 받아들였다. 차체가 회전하면서 양옆의 가드레일을 들이받기 시작했다. "쿵!"하는 굉음과 함께 전면 유리창과 뒷문 유리창이 부서져 날아들기 시작했다. 나는 정신이 하나도 없는 상황에서도 두 손에 힘을 주고는 핸들을 놓지 않았다. 차가 계속 회전하는 와중에 '차가 빨리 멈추었으면 좋겠다'라는 생각만 했다. 그리고 잠시 후 가드레일을 받으면서 속도가 줄어든 차가 겨우 멈췄다. 나는 내 몸을 만져 보았다. 살아 있었다. 맑게 갠 푸른 하늘도 보였다. 이내 흉측하게 파손된 차의 모습이 눈에 들어오기 시작했다. 나는 죽음 앞에서 가까스로 살아났다.

나는 그런 끔찍한 사고를 경험한 다음 날에도 새벽부터 책 쓰기에 매달렸다. 사람들에게 그때의 이야기를 들려주면 그런 사고를 겪고서 어떻게 다음 날 아무렇지 않게 책을 쓸 수 있었는지 의아해한다. 그것이 가능했던 것은 나는 책 쓰기에 전부를 건 사람이기 때문이다.

　나를 낳아 준 것은 부모님이지만 나를 눈부신 인생, 풍요로운 인생으로 이끌어 준 것은 다름 아닌 책 쓰기였다. 때문에 하루도 책을 쓰지 않으면 하루를 헛산 것 같은 느낌이 들어 우울해진다. 그래서 우울해지지 않기 위해 쓰는 것이다. 책을 쓰면 우울함을 잊고 만족감과 함께 기쁨과 행복을 느낄 수 있다.

　나는 매일 책을 쓸 것이다. 내가 살기 위해서, 내가 행복해지고 싶어서다. 지금은 책 쓰기의 행복을 다른 사람들과 나누기 위해 대한민국 대표 책 쓰기 코치로서 전국을 무대로 책 쓰기 비법을 전수해 주고 있다. 앞으로 내 책을 읽거나 강연을 듣게 되면 책 쓰기에 목숨을 건 나의 스토리를 기억해 주길 바란다.

02

평범함을 거부하기

(주)아라인베스토리 그룹 회장, (주)아라에셋 대표, (주)아라부동산아카데미 원장, 최고부동산 컨설팅 대표,
이나금 부동산 투자연구소 소장, 예덕 힐링캠프 산악회 회장, (사)한국여행사진작가협회 이사

LBA 법률부동산 전문가이자 투자자다. 12년 동안 부동산 중개에서부터 투자, 상가 개발에 이르기까지 부동산업에 몸담아 왔다. 직장인들에게 노후 걱정 없는 부동산 재테크 방법인 '투자 시크릿 교육'을 진행 중이다. 저서로《나는 쇼핑보다 부동산 투자가 좋다》,《버킷리스트5》가 있다.
• E-mail yule0808@naver.com
• Blog http://blog.naver.com/leenaguem0808

"간절히 인생을 바꾸고 싶다면 지금 당장 사는 환경을 바꾸고 경제적 자유를 책임져 줄 도구를 부동산으로 바꾸고, 만나는 사람을 부자로 바꿔라!"

나를 만나기 위해 시간과 돈을 지불하는 일대일 상담자들에게 내가 늘 하는 말이다. 많은 사람들이 나를 만나기 위해 돈을 지불하지만 바로 만날 수는 없다. 짧게는 열흘 이상, 길게는 한 달 이상을 대기해야 나를 만날 수 있다. 긴 기다림 끝에 나를 만나 한 시간 동안 상담을 하고 나면 퀭하던 얼굴은 반짝반짝 빛나고 아

무 생각 없이 왔던 사람들도 뭔가에 한 대 맞은 듯 자신의 인생을 진지하게 생각하기 시작한다. 나 또한 벅찬 보람을 느낀다.

"많은 직장인들이 퇴직에 좌절하지 않고 당당히 월세 받는 인생을 살게 해 주자!"

이것은 내 드림리스트 중 하나다. 나는 부동산을 통해 만 명의 직장인들에게 부자의 꿈을 디자인해 주고 행복한 부자로 살게 해 주고 싶다. 나와의 상담을 통해 월세 받는 직장인들은 매달 늘어나고 있고, 그렇게 되기 위해 나를 찾아오는 현명한 직장인들도 엄청 많다. 이미 난 월급쟁이 부자 멘토다. 다 이룬 것이다. 이제 그 숫자만 늘려 나가면 된다. 그 역시도 이제 얼마 남지 않았다. 무슨 말일까? 어떻게 그렇게 빨리 이루었을까 의문이 드는가? 또는 그렇게 많은 직장인들에 당신이 포함되지 않았다는 데 화가 나는가?

세계 최고의 갑부 빌 게이츠는 '전 세계 모든 가구가 1인 컴퓨터를 쓰는 날이 온다'라는 결과를 만들어 놓고 사업을 시작했고 지금 현재 최고의 부를 가진 사람이 되었다. 성공한 사람들 대다수는 생각부터 남다르다. 자신이 원하는 것을 생생하게 그린 뒤 이미 가졌다고 결론짓고 행동한 것이다. 나 역시 끝에서 결과를 만들어 놓고 계속 행동했기에 성공을 이룬 것이다. 이런 생각의 소유자가 아니었다면 난 이 세상 사람이 아니었을지도 모른다. 여기까지 오는 데 말이나 글로는 표현하지 못할 정도의 고통이 있었다. 몇 년에 한 번씩 무너졌었다. 갚아야 할 채무만 10억 원 이상인 적도 있었다.

어떤 지인은 나에게 "체구보다 더 큰 간을 소유한 작은 거인"이라고도 했다. "어떻게 저렇게 멀쩡할 수가 있단 말인가?"를 압축한 표현이었으리라. 물론 나라고 멀쩡했겠는가? 다만 실패했을 때 좌절하며 멈추지 않았을 뿐이다. 나의 목표는 '부동산 여왕 이나금', '부자 멘토 이나금'이었으니까 말이다.

정확한 목적, 목표 없이 무조건 열심히만 한다고 성공할 수는 없다. 목표가 정확해야 한다. 그 목표의 필요충분조건은 바로 디테일과 이미 이뤘다는 이미지다. 당신이 연초에 계획한 것들을 이루지 못했다면, 목표에 디테일과 이미지가 없기 때문이다. 많은 성공학 서적에서는 "생각하는 대로 살아야 성공할 수 있다."라고 말한다. 결과라는 이미지를 만들어서 그대로 생각하고 행동해야 성공할 수 있다는 말이다. 이 말이 유치하다고 생각된다면 이 책을 집어 던져라. 그리고 그냥 열심히 돈을 아끼면서 새벽같이 일어나 밤늦도록 일하면서 살면 된다. 평범하게 산다는 것은 나이 들어 생계를 위해 폐지를 주울 수도 있고 노숙자가 될 수도 있다는 뜻이다.

초라하기 짝이 없던 내 인생은 한 권의 책으로 바뀌었다. 나처럼 인생 반전을 노리는 사람이 있다면 내 책 《나는 쇼핑보다 부동산 투자가 좋다》를 읽고 인생 로드맵을 그리며 송곳 같은 목표를 세워라. 적지 않은 수강료를 내고도 두 달 넘게 기다리면서까지 내 강의를 듣고자 하는 사람이 많은 것은 내가 철저하게 현장에서 대체 불가, 측정 불가의 능력을 키웠기 때문이다. 처음부터 잘하는 사람은 없다. 나 역시 노력파다. 아무도 지켜보지 않아도 해야 할 것이 생기면 그 일에 집중한다. 이렇게 하나씩 이룰 때마다 많은 사람들이 같은 말을 했다.

"너니까 해낼 수 있었어."

그런 말을 들을 때마다 속상했다. 남들이 쉬거나 잘 때도 난 새벽까지 빌라나 아파트 현관에 명함을 붙였고 주차되어 있던 차에서 전화번호를 따 내어 문자를 보냈으며 준공이 나지도 않은 아파트 공사현장에 들어갔다가 경비원에게 붙잡혀 스파이로 오해받은 적도 있었다. 인천 모래내시장에서 삼겹살을 구워 먹는 단란한 가족을 부러워하며 훔쳐본 적도 있다. 핏덩이 아들을 떼어 놓고 일해야 했으며 아들이 할머니에게 "엄마"라고 불렀을 때는 며칠을 목 놓아 울었다. 너무 힘들어 포기가 삐죽 고개를 내밀 때 지인들에게 위로를 받고자 전화했지만 모두 피했다. 어디에도 기댈 데가 없어서 책을 친구 삼아 울고 웃고 희망을 보며 살았다. 이런 과정을 인정하지 않고 현재 나의 모습만 보면서 쉽게 말하는 그들을 볼 때마다 헛웃음이 나온다.

부동산 일을 한 지 12년이 지났다. 어느 정도 부자인 사람들이 더 부를 갖기 위해 나를 찾아왔다. 하지만 정작 나를 찾아야 할 직장인들은 돈과 시간이 없다는 이유로 거주 목적 외에는 부동산 사무실을 찾지 않는다. 그래서 '직장인을 위한 부동산 투자연구소(이하 직부연)'를 만들었다. 현재만 해결해 줄 뿐인 직장이라는 언덕에 기대어 안일하게 살아가는 직장인들에게 월급쟁이 희망 멘토가 되어야겠다는 생각에서였다.

직장인들에게 독설을 날리며 그들의 경제적 자유를 책임져 줘야겠다는 나의 꿈은 이미 현실이 되어 이제 '멘토'라는 호칭도 익숙해졌다. 인재개발원부터 문화센터, 투자단체 등 여기저기서 외부 강연도 많이 들어온다. 대형 건설사에서 광고 의뢰도 들어온다. 수행비서도 있고 스태프부터 연구원까지 내가 움직일 때마다 최소 5명 정도가 함께 움직인다.

'부동산 여왕 이나금'이란 브랜드로 바쁜 날들을 보내고 있지만 월요일과 목요일에는 오로지 나만의 시간을 보낸다. 그리고 일요일에는 철저히 가족과 함께 보낸다. 나만의 시간에는 어떤 스케줄도 잡지 않고 혼자 즐긴다. 엄청나게 바쁜 날들을 보내고 상상할 수 없는 소득을 올리는 사람이 되었지만 또한 모든 시간으로 부터 자유롭다.

　돈을 아끼는 빈자의 사고로는 경제적 성공을 이룰 수 없다. 물론 지갑이 허락하는 한도 안에서는 그럭저럭 살 수 있다. 당신이 좀 더 빠르게 기하급수적으로 돈을 벌고 싶다면 성공한 사람들의 경험적 노하우를 돈으로 사라. 그 노하우는 성공자들이 피눈물을 흘려 가며 얻은 것들이다. 10년 또는 그 이상의 시간을 사서 2~3년 내로 빠르게 부자가 되는 것이다. 자신은 아무것도 투자하지 않고 성공자의 곁에 있는 것만으로 성공하길 바라는 사람들이 있다. 그런 사람들은 절대 성공할 수 없다. 생각 자체가 불공정하지 않은가?
　꿈이 생기면 즉시 결과물을 이미지로 만들어 놓고 부족한 것을 채워 나가라. 다 채워지는 날이 바로 당신과 꿈이 만나는 날이다. 물론 그 꿈은 행동이라는 점들로 연결된다. 난 천재작가라 불리는 〈한책협〉 김태광 대표로부터 최고의 책 쓰기 노하우를 배워서 베스트셀러 작가가 되었다. '이나금'이라는 대체 불가의 브랜드를 구축했고 '직부연'이란 플랫폼을 더 성장시키기 위해 '한국영업인협회'의 심길후 회장에게 코칭을 받고 있으며 좋은 목소리를 내기 위해 유명 성우인 안장혁 코치에게서 보이스 트레이닝을 받고 있다. 건강한 미인의 이미지를 만들어 놓고 밤낮없이 운동한다.

내가 꾸는 꿈은 이미 성공이란 단어로 생생하게 보인다. 성공을 이룬 이미지가 행동하게 만든다. 일을 놀이처럼 즐기는 '성공 또라이'가 되려면 미쳤단 말을 적어도 수십 번은 들어야 하고 그 말을 즐길 줄 알아야 한다. 난 오늘도 평범함을 거부하며 하얀 뿔테 안경에 튀는 모자를 눌러쓰고 '또라이'라고 손가락질하는 사람들의 시선을 즐기면서 섹시하게 부자의 꿈을 디자인하고 있다.

03

미친 사람처럼 실행하기

– 허지영

블로그 쇼핑몰 '허스타일(HurStyle)' 대표, 쇼핑몰 코치, 블로그 마케팅 코치, 책쓰기 코치, 동기부여가, 자기계발 작가
여성의류 쇼핑몰 '허스타일'을 운영 중이다. 블로그 쇼핑몰 창업을 시작하는 사람들의 성공을 돕기 위해서 쇼핑몰 코치, 블로그 마케팅 코치로도 활동 중이다. 또한 책쓰기 코치, 동기부여가, 자기계발 작가로도 활동하고 있다. 평생 책 쓰는 현역으로 살아가며 사람들의 성공을 돕는 메신저의 삶을 지향한다. 저서로《나는 블로그 쇼핑몰로 월 1,000만 원 번다》,《미래일기》,《버킷리스트7》등이 있다.
• E-mail hurstyle@naver.com
• Homepage www.hurstyle.co.kr
• Telephone 010-9322-4562

우리는 늘 행복을 추구하며 살아간다. 행복해지기 위해 늘 바쁘게 살아가지만 정작 행복해지기 위한 노력은 하지 않는다. 언제까지 행복을 기다리기만 할 것인가? 기다리기만 하면 죽기 전에 찾아오기는 할까? 행복해지기 위해 당장 할 수 있는 행동은 하지 않으면서 행복해지고 싶다는 말만 하고 있지는 않은지 생각해 볼 필요가 있다.

과거 당신의 모습이 현재를 만들었고 현재 당신이 선택하는 모든 것이 미래를 만든다. 오늘 어떤 결심을 하고 어떤 노력을 하느냐에 따라 다가오는 미래의 행복이 결정될 것이다.

아인슈타인은 "어제와 똑같이 살면서 다른 미래를 기대하는 것은 정신병 초기증세다."라고 말했다. 그렇다. 다른 미래를 기대한다면 지금과 다른 행동을 해야 한다. 나는 미친 실행력을 가지고 있다고 자부한다. 원하는 목표가 있다면 내일이 아니라 오늘 당장 실천했다. 무언가에 필이 꽂히면 다른 건 눈에 보이지 않는다. 나는 예민한 성격이지만 원하는 목표 앞에서는 단순하다. 평소에 귀가 얇은 편이지만 목표 앞에서는 다른 사람들의 무책임한 말에 귀를 닫는다. 왜? 다른 사람들이 나의 인생을 대신 살아 주는 것이 아니기 때문이다.

나는 어릴 때부터 열정이 많은 편이었다. 부유한 환경에서 태어나지는 않았지만 반드시 부자로 살겠다는 결심이 있었다. 늘 부자의 마인드로 살았다. '나'라는 존재는 우주에서 작은 점에 불과하다. 하지만 하고 싶은 것을 하지 못하고 하찮은 인생으로 살다가 죽고 싶은 마음은 애초부터 없었다. 항상 꿈틀거리는 열정이 나를 자극했다. 멈추는 것 같다가도 다시 깨어나는 열정을 바라보며 나는 뼛속까지 열정이 가득한 사람이라는 것을 깨달았다. 과거의 시간을 돌이켜 보니 정말 치열하고 열정적으로 살았다.

중학교 2학년 여름 방학 때 나는 하나의 목표를 세웠다. 방학이 끝나고 치르는 중간고사에서 1등을 하는 것이었다. 결심한 그날 당장 시립도서관으로 향했다. 도시락을 싸서 집에서 다섯 정거장 거리에 있는 도서관을 매일 걸어갔다. 버스를 타도 되지만 그냥 걸어가고 싶었다. 뙤약볕 아래 걸어가면서 '나는 반드시 해내고 말겠다'라는 각오를 다졌다. 편한 환경과 조건에서는 강한 의지가 나올 수 없다고 생각했기 때문에 굳이 먼 길을 걸어서 다녔던 것이다. 한 달 동안 그 길을 걸어 다니며 오늘의 노력은 절대 나를 배신하지 않을 것이라는 믿음을 키웠다.

방학이 끝나고 치른 시험에서 1등을 했다. 엄마는 엄청 기뻐하시며 우리 반에 간식을 돌리셨다. 아빠는 "우리 둘째 딸, 한다면 하는구나."라며 행복해하셨다. 지금은 돌아가시고 곁에 계시지 않지만 그때 행복해하시던 아빠의 얼굴이 생생하게 기억난다. 노력하면 반드시 이루어지며 원하는 것이 있으면 지금 당장 행동해야 한다는 것을 그때 깨달았다. 노력만으로 이룬 성과는 그 후의 인생에 큰 영향을 주었다. 내가 어떤 일이라도 과감하게 도전할 수 있는 것은 그때 경험을 통해 얻은 자신감 때문이다.

대학교 4학년 때 우연히 승무원 모집 공고를 보게 되었다. 나는 신문방송학과에 다니고 있어서 막연히 졸업하면 방송국에 취직할 것이라 생각하고 있었다. 하지만 이상하게 승무원 모집 공고에 마음이 끌렸다. 마침 그날이 원서 마감일이어서 생각할 겨를도 없이 지원서를 제출했다. 그리고 아무 생각 없이 지내고 있었는데 1차 서류 면접에서 통과되었다는 연락이 왔다. 1차 면접에도 무사히 통과했지만 이때만 해도 꼭 해야겠다는 생각은 없었다. 서울에 가서 2차 체력 테스트와 시험을 치면서 반드시 합격해야겠다고 결심했다. 공항에서 승무원들을 보면서 하고 싶은 마음이 더 강해졌기 때문이다. 2차 시험도 합격하자 그때부터 미친 듯이 3차 시험 준비를 했다. 경쟁이 치열한 만큼 미친 듯이 준비해야 합격할 수 있다는 것을 알았다.

3차 시험은 영어 구술 테스트와 사장단 면접이었다. 나는 대학 내내 영어 회화 학원을 다녀 본 적이 없었기 때문에 영어 구술시험이 특히 마음에 걸렸다. 수백 가지의 예상 질문을 영작하고 외우기 시작했다. 내가 영작한 예상문제는 모두 적중했다. 전국에서 5,000명 가운데 50명을 뽑았고 나는 당당하게 최종 합격했다. 입사식 때 단번에 합격한 사람은 나뿐이어서 사람들은 운이 좋았다고 얘기했지만 나는 그렇게 생각하지 않는다.

면접 전날 나는 다리를 다쳤다. 저녁에 다리를 심하게 삐어서 밤에 잠을 잘 수 없었다. 다음 날 구두를 신을 수 없을 정도로 다리가 심하게 부었다. 엄마는 가지 말라고 하셨지만 나는 서울로 향했다. 정신이 없어서 다리지도 못해 구겨진 블라우스에 검정 스커트, 빨간색 운동화를 신고 면접장에 앉아 있었다. 사람들이 힐끗힐끗 처다보았지만 상관없었다. 어떻게 구두를 신고 들어갈 것인가 하는 생각만 머릿속에서 맴돌았다. 드디어 내 이름이 불렸고 나는 아픈 것도 잊고 발을 구두에 쑤셔 넣은 뒤 멀쩡하게 걸어 들어갔다. 면접을 보는 내내 아무렇지 않은 듯 미소를 짓고 있었지만 부은 다리를 숨길 수는 없었다. 마지막에 당시 부사장님이 "자네는 다리가 왜 그런가?"라고 물었고 나는 "살짝 다쳤는데 금방 나을 겁니다."라고 대답했던 기억이 난다.

지금 생각해 보면 웃음만 난다. 당시 사람들은 이런 나를 '또라이'라고 생각했을 것이 분명하다. 당시에는 아무 생각이 없었지만 훗날 동기들은 내게 이런 말을 했다. 구겨진 블라우스에 빨간 운동화를 신고 있는 내가 아주 이상해 보였다고, 지금도 잊을 수 없다고 말이다.

나의 도전 정신은 결혼 후에도 계속되었다. 육아로 인해 회사를 그만두었지만 어느 날 매일 같은 사람들과 똑같은 시간에 똑같은 일상을 보내는 내 모습이 너무 싫었다. 나는 당장 그 생활을 청산하고 내 사업을 하기로 마음먹었다. 쇼핑몰 사업은 직장에 다닐 때부터 하고 싶었던 일이었기 때문에 고민도 하지 않고 하기로 마음먹었다. 가장 쉽게 시작할 수 있는 블로그에서 시작했다.

회사에 출근하듯이 매일 동대문 시장에 갔다. 온갖 수모를 겪으면서도 포기하지 않았다. 자존심은 집에 두고 나왔다. 다시 처음부터 사회생활을 시작한다는 마음으로 일을 시작했고 초기에 수입이 들어오지 않을 때도 반드시 된다는 마음으로 일을 놓지 않았다. 진실된 마음으로 사람을 대하며 수많은 거래처를 얻었고 고객을 늘려 갈 수 있었다. 노력은 나를 배신하지 않는다는 것을 사업을 통해서 깨달았다. 지금 생각해 보면 고민하지 않고 실행했기 때문에 좋은 결과를 얻을 수 있었다.

나의 도전은 여기서 끝이 아니다. 나는 일을 하면서 얻은 깨달음과 노하우로 나처럼 아무것도 모르는 상태에서 사업을 시작하려는 사람에게 도움을 주어야겠다고 생각했다. 그래서 온 열정을 다해서 책을 썼고 출간을 기다리고 있다. 나의 경험과 깨달음을 담은 책을 읽고 수많은 사람들이 동기부여를 받고 실행으로 옮기길 바란다.

나는 죽을 때까지 도전할 것이다. 내 인생에 한계는 없다. 내가 나를 믿지 않으면 나를 믿어 줄 사람은 없다. 행복은 추구하는 것이 아니다. 오늘과 다른 내일을 맞이하고 싶다면 오늘 당장 변해야 한다. '언젠가는'이라는 마음으로 오늘을 보낸다면 당신에게 밝은 내일은 없다. 지금 행복해지기로 결심하라. 그리고 행동하라. 미친 실행력이 답이다.

04

끝에서 시작하는
행복한 이기주의자 되기

— 이진선

'이진선 디자인 연구소' 대표. 1인 기업가를 위한 디자인, UX · UI 디자이너, 디자인 코치, 독서 코치, 작가
10년 차 UX · UI 디자이너다. 2015년 웹 어워드 코리아에서 모바일웹 부문 최고대상을 수상했다. 대중의 디자인 수준을 향상시키기 위해 디자이너, 작가, 강사로 활동 중이다. 대한민국에서 가장 영향력 있는 디자인 메신저가 되는 것을 꿈꾸고 있다. 현재 '디자인과 독서'를 주제로 개인저서를 집필 중이다.
• E-mail jin-lab@naver.com
• Blog www.jin-lab.co.kr

"미래에서 기다릴게."

"응. 금방 갈게, 뛰어갈게."

〈시간을 달리는 소녀〉라는 애니메이션에 나오는 대화다. 미래로 가 버린 치아키와 현재에 남겨진 마코토의 마지막 대화는 오랜 시간이 지나도 기억이 선명하다. 나는 어려서부터 미래로 달려가는 내 모습을 자주 상상했다. 그래서 시간과 공간의 경계를 초월하는 이 애니메이션을 보며 강한 자극을 받았다.

'끝은 어디인가?'라는 질문은 지난 20년 동안 내 머릿속을 떠난 적이 없는 삶의 가장 중요한 화두다. 끝이란 미래를 말한다. 나는 언제나 하고 싶고, 되고 싶은 것을 이정표에 그려서 끝에 세워둔다. 그림이 선명하면 이미 이루어진 것처럼 느껴지고, 지금 이 순간 무엇을 해야 할지 자연스럽게 알게 된다. 나에게는 지금까지 3개의 '끝'이 있었다.

　'첫 번째 끝'은 디자이너가 되는 것이었다. 만들거나 그림을 그리는 즐거움을 평생 느끼고 싶어서 열여섯 살에 디자이너가 되기로 결심했다. 형편상 미술학원을 다닐 수 없어 고등학교 시절에는 혼자 그림을 그리는 것 외에 할 수 있는 일이 없었다. 고 3이 되어 수능이 얼마 남지 않았을 때 미술학원에 상담을 하러 갔다. 학원에서는 전문대라면 짧은 기간만 준비해도 가능하다고 했다. 한 달이라도 좋으니 학원에 보내 달라고 부모님을 설득해 미술학원에 등록했다.

　내가 처음으로 선 긋기 연습을 시작할 때 동갑 친구들은 3시간에 한 장씩 그림을 완성하는 시험을 보고 있었다. '어떻게 저렇게 그림을 빨리 그리지? 다들 언제부터 배운 걸까?' 넋을 놓고 구경을 하는 중 한 명이 눈에 들어왔다. 중학교 동창이었다. 나는 큰 충격을 받았다. 그림에 전혀 관심이 없던 친구였기 때문이다. 오래전부터 간절하게 그림을 배우고 싶어 했던 나는 이제 처음 연필을 잡았다. 그런데 미술에 전혀 관심도 없던 친구가 넘보지도 못할 수준으로 그림을 그리면서 디자인 대학 입시를 준비한다는 사실이 혼란스러웠다. 엉성하게 배워서는 훌륭한 디자이너가 될 수 없다는 생각이 들었다.

나는 재수를 결심했고, 고등학교를 졸업하기도 전에 취업했다. 자판기를 파는 회사에서 경리로 일했는데, 숫자에 굉장히 약해서 매일이 실수투성이였다. 이후 증권 회사에서 아르바이트를 할 때도 업무는 순조롭지 못했다. 타고난 기질과 맞지 않는 일을 하는 것은 너무 괴로웠다. 종종 이런 생각을 했다. '하고 싶은 일을 할 수 없는 것과 하기 싫은 일을 해야 하는 것 중에 무엇이 더 괴로울까?' 결론은 언제나 '하고 싶은 일을 하자!'였다. 일을 하면 그림을 그릴 수 있었다. 그래서 낮에는 회사를 다니고 저녁에는 미술학원을 다녔다.

입시 생활이 길어지면서 미술학원에서 일을 하게 되었다. 수업료를 내지 않고 다니는 것만으로도 감사했다. 아침에 문을 열고 새벽에 문을 닫으며 3년을 보냈다. 하지만 단 한순간도 디자이너가 된다는 생각을 의심해 본 적이 없다. '나는 탁월한 재능이 있고, 이미 누구보다 훌륭한 디자이너야'라는 생각이 확고했다.

스물세 살에 대학에 들어갔다. 기뻤지만 조급한 마음이 더 컸다. 동기들이 나보다 세 살이 어렸고 그만큼 잘해야 한다는 강박 때문이었다. 미술학원에서 강사로 일하면서도 전공 수석 장학금을 받을 정도로 열심히 공부했다. 미래로 달려가는 동안 4년은 쏜살같이 지나갔다. 스물일곱 살에 디자인 전문 회사에 입사하면서 10년 만에 내가 그린 끝에 서게 되었다.

현장에서 프로 디자이너들과 일하며 꿈속을 걷는 것 같았다. 하지만 입사 동기들은 여전히 나보다 어렸고, 늦었다는 강박에서 벗어나지 못했다. 행복하면서도 불안해하는 복잡한 심정에 대해 깊이 생각하면서 깨달은 것이 있다. 내가 그린 그림에는 가치가 빠져 있다는 점이었다. 디자이너라는 직업에도 여러 종류가 있고, 개개인마다 특성과 강점이 다르기 때문에 단지 '좋아서'라는 말은 프로답지 않았다. 왜 이 일을 해야만 하는지, 이 일을 통해 이루고 싶은 것이 무엇인지 명확한 그림을 그려야 했다. 막연히 그렸던 디자이너라는 그림을 '함께 일하고 싶은 탁월한 전문가'로 구체화시켰다. 나의 '두 번째 끝'이었고, 조건은 세 가지였다.

첫째, 프로젝트를 구조적으로 파악하고 아웃풋을 제대로 설명하는 '논리적 사고'

둘째, 다양한 유형의 사람과 순조롭고 즐겁게 일하는 '커뮤니케이션 기술'

셋째, 언제나 성장하며 창의적인 생산성을 유지하는 '열린 사고'

이 조건을 갖추면 일 잘하는 디자이너, 함께 일하고 싶은 디자이너가 된다고 확신했다. 나는 주어진 상황에 끌려가지 않았다. 스스로 설정한 조건을 채우기 위해 책을 읽고, 교육을 듣고, 프로젝트를 수행했다. 어느 순간 강박을 완전히 넘어섰고 시간이 갈수록 스스로에 대한 자신감과 확신이 강해졌다.

서른여섯 살인 지금, 두 번째 끝에 서 있다. 일에서 능력을 인정받고 스카우트 제의와 강의 제의가 들어오는가 하면 '최고 대상'이라는 수상 이력도 생겼다. 병아리 시절에 그린 미래의 나를 또 한 번의 10년이라는 세월을 건너 만난 것이다.

끝은 시작이다. 이제 새로운 그림을 그려야 한다. 지난날의 나는 끝을 향해 달려가는 데 매번 10년이 걸렸다. 하지만 후배들의 시간은 얼마든지 앞당길 수 있다. 먼저 거쳐 간 선배의 조언을 통해 시행착오를 줄일 수만 있다면 말이다. 많은 이에게 경험과 지식과 재능을 나누어 주는 영향력 있는 메신저가 되는 것이 내가 그린 '세 번째 끝'이다. 나는 스스로 빛을 발산하는 태양이 되려한다. 아직 자신의 가능성을 발견하지 못한 원석들이 빛을 받아 반짝이는 별이 되도록 돕고 싶다.

"나는 나를 사랑한다."
"나는 하고 싶은 일을 한다."

"모든 사람이 나를 좋아한다."

당연한 말이다. 그런데 자신을 사랑하지 않고, 하고 싶은 것이 없고, 타인의 의견에 휘둘리는 사람이 수없이 많다. 꿈을 쉽게 내던져 버리는 사람은 원인을 밖에서 찾는 사고 패턴에 길들여져 있다. 불행의 원인은 주위 사람이나 상황에 있는 것이 아니라 자신의 생각에 있다. 우리는 행복한 이기주의자가 되어야 한다. 나를 사랑하고 하는 일에 자신감이 넘쳐야 남을 사랑하며 긍정적인 영향을 미칠 수 있다. 더 나은 끝을 설계하고 미래의 나에게 부끄럽지 않은 오늘을 살아야 한다.

나는 때때로 '열여섯 살의 나', '스물여섯 살의 나', '서른여섯 살의 나'가 모여 있는 장면을 상상한다. 이들은 너무 다르면서 또한 너무 비슷하다. 시간을 초월해 여러 명의 내가 이야기하는 모습은 즐겁기도 하고, 설레기도 하며, 때론 감동적이기도 하다. 서로에게 제법 기특하다는 칭찬을 하는 중에 마흔여섯 살의 내가 참석한다. 미래의 나는 태양처럼 눈부시게 빛나고 있다. 그녀가 따뜻한 미소를 지으며 말한다.

"미래에서 기다릴게."

이미 이루어진 듯이 끝에서 시작하자. 꿈꿔 보지 않은 것을 이루는 사람은 없다. 어제보다 나은 오늘을 살면, 성장하는 만큼 더 크고 구체적인 미래를 그릴 수 있다. 나는 오늘도 상상하는 미래에 도달하기 위해 끝으로 달려간다. 누가 뭐라 해도 나는 행복한 이기주의자다.

05

가슴이 뛰는
불가능한 목표에 도전하기

− 류창길

멘탈 트레이너, 마인드 코치, NLP 최면상담사협회 이사, 신기한의원 대표원장
한의사로서 10년간 '말-맘-몸'의 상관성을 연구하고 두려움과 불안증을 치료해 왔다. 잠재의식을 활용해 정체성과 신념을 바꾸는 성공학 코칭 프로그램을 운영하고 있다. 저서로는《함께 만들어가는 나눔 육아법》이 있다
• E-mail omdryu@gmail.com
• Blog http://mindcoach.co.kr
• Homepage http://mindclass.co.kr
• Kakaotalk ID omdryu

내가 잘 아는 사람 중에 굉장한 '또라이'가 있다. 그는 자칭 '또라이 성공학' 전도사다. 남다른 사고방식을 가지고 있던 그는 최근에 직업까지 강사로 바꿨다. 얼마 전 그에게 '10배속 목표 달성의 비밀'에 관한 강의를 들었다. 1년, 한 달, 1일 단위로 세운 세 가지 불가능한 목표에 대한 이야기였다. 그는 또한 불가능한 목표 설정에서 무엇을 배웠는지 전해 주었다. 그가 도전한 세 가지 목표는 다음과 같다.

첫 번째 목표는 '독서'에 관한 것이다. 10년 전, 한 세미나에서

'불가능한' 목표를 설정하라는 말은 들은 그에게 우연히 책상 위에 놓인 책이 눈에 들어왔다. 당시에는 책을 한 달에 두 권 정도 읽었지만 불가능한 목표를 달성하기 위해 '1년에 책 300권 읽기'라는 목표를 세웠다.

두 번째 목표는 '골프'에 관한 것이다. 친구들의 권유로 골프를 시작한 그는 몇 달 레슨을 받아도 실력이 늘지 않는 120타 수준의 왕초보였다. 그러다 우연히 만난 새로운 투어 프로의 실력을 본 뒤 직감적으로 골프를 다시 배워야겠다고 확신했다. 그리고 그는 한 달 안에 80타대 실력을 만들겠다는 목표를 세웠다. 80타대 실력은 보통의 아마추어 골퍼라면 대개 1년 이상을 연습해야 가능한 수준이다.

세 번째 목표는 '체력'에 관한 것이다. 그는 강사이기 이전에 한의사였다. 한의원에서 진료하던 어느 날, '하루에 몇 명을 진료하면 힘들어 쓰러질까?'라는 질문이 머릿속에 떠올랐다. 그는 체력이 약한 편이었지만 '혼자 하루 200명 진료하기'란 목표를 세웠다.

참으로 황당한 목표 설정이다. '또라이'였기에 세울 수 있는 목표였다. 목표가 터무니없이 높으면 도중에 포기하기 쉬운데, 현실적이고 합리적인 목표 또한 아니었다. 그는 이 세 가지 목표를 모두 달성했을까?

결론부터 말하자면 세 가지 목표 달성에 모두 실패했다. 애초부터 불가능한 목표를 세웠으니 당연한 결과다. 그런데 그 목표까지 가는 과정이 매우 흥미로웠다.

첫 번째 목표인 '300권 독서'를 결심한 뒤 그는 가장 먼저 큰 책장을 구입했다. 그 후 자기계발, 역사, 철학, 종교, 영성, 외국어 등 장르를 가리지 않고 닥치는 대로 책을 구매했다. 책장에는 아직 펴 보지도 않은 새로운 책들이 늘어나기 시작했다. 일주일이 지났지만 책 읽는 속도에는 별다른 진척이 없었다. 그러나 그는 근거 없는 자신감을 내세우며 걱정하지 않았다. 오히려 강력한 확신 탓인지, 책장을 볼 때마다 마치 다 읽은 책을 보듯 뿌듯한 느낌이 들었다.

며칠 후 한 친구가 '속독법' 세미나에 같이 가자고 했다. 그 후 속독법에 관한 책을 10권 이상 구해 열심히 비교 분석했다. 그리고 가장 효율적인 자신만의 속독법을 습득했다. 속독법으로 100권의 책을 읽다 보니 정독해도 속도가 훨씬 빨라졌다. 1년이 지났을 때 그는 안타깝게도 목표 달성을 하지는 못했지만 290여 권의 책을 읽는 결과를 얻었다.

두 번째 목표인 '80타대 골프 실력 갖기'를 위해 그는 새로운 프로와 계약을 맺었다. 2년치 레슨비를 선불로 지급하는 조건으로 딱 한 달만 개인 코칭을 받기로 했다. 매일 연습을 하는 것도 부족해서 쉬는 날에는 하루에 두 번(36홀)을 라운딩했다. 한 달

반쯤 지나자 레슨 전보다 비거리는 2배로 늘었고, 스코어는 120타에서 92타로 줄어 있었다. 하지만 80타대 진입이라는 목표에는 미치지 못했다. 이후 그는 이사를 했고 한동안 골프에서 완전히 손을 놓게 되었다.

그러다 6개월 정도 지났을 때, 선배의 부탁을 받아 대타로 참석한 적이 있었다. 연습을 통 못 했고 처음 가는 골프장이라 별 기대를 하지 않았는데 86타를 기록했다. 최고의 스코어였다. 재미있는 것은 그가 다녔던 골프장은 난이도가 높아 5타 이상은 더 높게 나오는 곳이었다는 점이다.

세 번째, '하루에 200명 진료'를 목표로 잡은 그는 진료 시스템부터 바꿨다. 불필요하게 체력과 시간을 허비하게 만드는 절차를 대폭 제거했다. 그리고 오후 체력 안배를 위해 점심시간에 낮잠을 잤고, 평소 안 하던 운동도 시작했다. 평소보다 수면시간도 늘리고, 진료 이외에는 목소리도 아꼈다. 이런 노력에도 그가 정한 목표는 끝내 달성되지 못했다. 190명 조금 넘었을 때 도전을 멈추었기 때문이다. 그리고 얼마 후 부원장을 채용했다.

여기서 '그'는 나다. 목표를 달성하기 위한 과정을 통해 나는 두 가지 깨달음을 얻었다.

첫째, 우리가 가진 가장 소중한 자산은 바로 '시간'이라는 사실이다. '시간'이란 우리의 인생 그 자체다. 많은 사람들이 돈을 벌기 위해 시간을 허비한다. 그러나 크게 성공한 이들은 돈을 써서 시간을 번다. 그리고 그 시간을 더 가치 있는 곳에 사용한다. 빨리 할 수 있는 일을 일부러 천천히 할 이유는 없다. 그러니 당신이 젊다면 돈보다 시간을 먼저 벌어라. 시간이 더 많은 돈으로 바뀔 것이다. 남은 삶이 얼마 남지 않았다면 돈을 써서 더욱더 시간을 벌어야 한다. 벤저민 프랭클린은 다음과 같은 말을 남겼다.

"그대는 인생을 사랑하는가? 그렇다면 시간을 낭비하지 마라. 시간은 당신의 인생을 구성하는 재료이기 때문이다."

둘째, 불가능한 목표에 도전하는 것은 그 과정 자체가 선물이었다는 점이다. 목표에 도전하는 과정에서 가슴이 뛰고 활력이 생겼다. 그리고 불가능한 목표를 달성하려면 상식적인 방법으로는 불가능하기에 의식의 전환이 필요했다. 미처 생각하지 못한 아이디어가 떠오르거나 뛰어난 사람들의 도움을 받게 되었다.

목표에 100% 도달하지 못해도 괜찮다. 실패하더라도 그 과정이 이미 탁월하기 때문이다. 너무 쉽거나 낮은 목표는 우리의 가슴을 뛰게 하지 못한다. 불(不)가능이 아닌 불(火)가능이라고 생각해 보자. 열정에 불붙이기가 가능하다는 뜻이다.

나는 이제 새로운 도전을 준비하고 있다. 죽기 전까지 100권의 책을 쓰겠다는 목표를 세웠다. 사람들은 책 한 권을 쓰려면 최소한 1년 이상은 준비해야 하므로 불가능하다고 말한다. 하지만 나는 10배속으로 목표를 달성하려는 꿈꾸는 '또라이'다.

인생이 단조롭고 지루하게 느껴질 때가 있는가? 그렇다면 이제는 당신만의 불가능해 보이는 목표를 세워 꿈을 향해 나아갈 차례다. 당신의 가슴을 다시 뛰게 만들 불가능한 목표를 찾아 거침없이 도전하라. 도전하는 순간 목표는 가까워지고 당신은 결국 꿈을 이룰 것이다.

06

정답 없는 인생 살기

작가, 스토리텔링 강사, 한국시나리오작가협회 회원, 한국드라마아카데미 대표
영화 시나리오와 TV 드라마 작가 양성기관인 한국드라마아카데미에서 '드라마텔링 기초반', '유대헌
공모반', '장르영화연구반', '미니시리즈공모연구반' 교육을 진행하면서 '수사드라마연구반', '법정드
라마연구반'을 기획·진행하고 있다. 현재 TV 드라마, 영화 시나리오 작법에 관한 개인저서를 집필
중이다.
• Cafe http://cafe.naver.com/koreadramaacademy

"선생님, 저 당선됐어요!"

제자가 감격스런 목소리로 공모전 당선 소식을 전해 왔다. 가
슴이 두근거렸다. 제자의 당선이 마치 내 일처럼 기뻤다. 이것이 9년
전 내가 시나리오 강사를 천직으로 삼게 된 계기였다.

나는 시나리오 강사다. 영화와 드라마, 애니메이션, 웹툰 등의
시나리오 작가 지망생을 지도하는 것이 내가 하는 일이다. 시나
리오 강사가 되려면 일단 성공한 작품이 있어야 한다. 보통 부업
으로 일을 시작하지만 나는 시나리오 공모전과 스토리텔링 공모

전 6회 당선 후 곧바로 강사 일을 시작했다. 나는 시나리오 강사 세계에서 돌연변이이자 변종이다. 그래서 뚜렷한 작품도 없으면서 강의를 한다고 숱하게 욕을 먹었다. 내가 그런 비난에 굴하지 않고 지금까지 강의를 지속한 이유는 나름대로 신념이 있어서다.

10여 년 전, 나는 몇 개의 공모전에 당선된 뒤 현장에서 일을 했다. 하지만 가슴속에는 늘 허전함과 아쉬움이 있었다. 당시 창작에 대한 나의 지식은 산만하게 흩어져 있어 정리가 필요했다. 그래서 잠시 현장 일을 중단하고 관련 지식을 한 줄기로 꿰는 공부를 하려고 했다. 그러던 어느 날 뜻밖의 강의 의뢰가 들어왔다. 처음에는 '내가 해도 되나?', '잘할 수 있을까?' 하는 걱정이 앞섰다. 고민 끝에 일단 부닥쳐 보기로 했다. 강사료는 형편없이 적었지만 신경 쓰지 않았다.

창작은 원래 추상적이고 관념적이다. 그래서 많은 선배 작가들은 창작은 가르쳐서 되는 것이 아니라고 말한다. 하지만 난 그렇게 생각하지 않는다. 교육을 통해 완성된 작가를 만드는 것은 힘들지만 공모전 당선과 데뷔라는 문 앞까지 인도하는 것은 가능하다. 내 역할은 작가 지망생들을 공모전 당선 문 앞까지 인도하면서 향후 작가생활 동안 지치지 않고 끝까지 갈 수 있는 기본기와 내공을 기를 수 있도록 도와주는 것이다.

많은 작가 지망생들이 공모전 당선을 꿈꾼다. 영예롭기도 하지만 작가가 되는 첫 번째 진입장벽이자 관문이기 때문이다. 물론 공모전을 통과하지 않고 작가가 되는 경우도 있다. 하지만 우리나라에서는 신춘문예나 공모전이라는 통과의례를 거치는 것이 일반적이다. 과거 나도 오랫동안 공모전을 준비했기 때문에 작가 지망생들의 간절함을 누구보다 잘 알고 있었다. 그래서 나는 기존 시나리오 수업과는 조금 다른 방식으로 강의를 하기로 마음먹었다. 사람들이 뭐라고 비난하든 수강생들의 실력이 향상되고, 공모전에 당선된다면 좋겠다는 생각뿐이었다. 고민에 고민을 거듭해 '공모전 중심의 시나리오 전문반'으로 강의명을 정하고 그에 맞는 커리큘럼을 짰다. 내게 수업을 들은 수강생들이 절대로 사기당했다는 생각이 들지 않도록 최선을 다해 수업을 준비했다.

처음 시나리오 수업을 시작할 때는 수강생이 단 2명이었던 적도 있었다. 그래도 나는 개의치 않았다. 일주일 3시간 수업을 위해 3일 동안 준비하고 최선을 다해 수업을 진행했다. 그 덕분인지 무려 9년 동안 수강생들의 신뢰를 받으며 지금까지 큰 기복 없이 강의를 하고 있다. 지금은 강좌마다 30명 정도가 수업을 들을 정도다.

내 수업의 콘셉트는 공모전 당선이지만 단순히 공모전에 당선되는 팁만 가르치는 것은 아니다. 공모전 당선에서 가장 중요한 것은 기본기다. 나는 수강생들에게 가장 기본이 되는 핵심 이론들을 먼저 가르쳐 주면서 두뇌 마사지를 시킨다. 그들의 머릿속에 산만하게 흩어져 있는 지식들을 한 줄로 꿸 수 있게 체계화시키는 수업을 한다. 그러려면 작법 이전에 원리를 설명하고, 그 원리로부터 나온 작법을 설명한다. 또한 어떻게 작법을 응용하고 변주해서 자신만의 기술을 만드는지 구체적으로 알려 준다.

어떤 사람은 내게 "왜 자신의 글을 쓰지 않고 제자들 좋은 일만 시키나요?"라고 묻는다. 나는 자신의 일에서 성공하는 것도 좋지만 누군가의 성공을 도와주는 것도 가치가 있는 일이라고 생각한다.

나는 어릴 적부터 누군가를 돕는 것이 진심으로 좋았다. 나의 도움으로 누군가가 성장하는 모습을 지켜보는 것이 뿌듯했다. 20대 초반에는, 이 세상에서 제일 싫은 것이 공부라는 초등학교 중퇴 학력의 17세 친구를 살살 꼬드겨서 3개월간 공부를 가르쳐 준 적이 있다. 그 친구는 공부에 점점 재미를 붙이더니 고졸 검정고시 시험을 거쳐 마침내 서울 소재의 대학교에 합격했다. 그 소식을 듣고 너무나 즐거워했던 경험이 있다. 이런 사례가 몇 건 더 있지만 가장 인상 깊었던 일은 영어 공부를 포기한 중학교 3학년 여학생의 과외를 맡아서 6개월간 영어를 가르친 일이다. 여학생은 나중에 대학에서 영어영문학을 전공하고 고등학교 영어교사가 되었다. 이렇듯 나는 누군가를 가르치는 일을 좋아했다. 게다가 가르침을 받은 대상이 변화하고 성장하는 것을 보면서 희열과 보람을 느꼈다.

시나리오를 가르치는 것도 마찬가지다. 강사 일도 처음에는 개인적인 경제문제와 지식 정리차원에서 시작했지만 수강생들이 공모전에 하나둘 당선되는 것을 지켜보면서 그 성취감에 강사 일을 10년 가까이 해 오고 있다.

나를 찾아오는 수강생은 이제 막 창작을 시작한 초보자부터 5년, 10년 넘게 습작을 하고 있는 작가 지망생들이 많다. 연령층도 20대의 대학생부터 40대 직장인, 50대 주부까지 다양하다. 그중 최고 연장자는 78세의 남성이다. 78세에도 작가의 꿈을 버리지 않고 수업에 열심히 참석하는 모습을 보면 저절로 고개가 숙여진다. 그들의 진지한 모습을 통해 나도 많이 배운다. 나는 이들이 꿈을 포기하지 않도록 최선을 다해서 강의하고, 습작품의 부족한 부분을 짚어 준다. 그리고 개선할 방향과 대안을 마련해 주기 위해 늘 고심한다. 물론 내게 수업을 듣는다고 모두 공모전에 당선되고 작가의 길을 걷는 것은 아니다. 그러나 나는 간절한 마음으로 그들의 꿈과 열정을 응원한다. 그들이 좋은 작가로 성장할 수 있도록 도와주고 싶다.

내 필명은 유대헌이다. 토대·무대 대(臺) 자에 클 헌(憲) 자를 쓴다. '큰 토대' 또는 '큰 무대'라는 뜻이다. 내가 큰 토대가 되어 많은 작가 지망생들이 이 무대에서 잘 자라 주었으면 하는 바람에서 지었다.

처음의 목표대로 800여 명의 수강생들이 내 수업을 들었다. 그리고 약 100회의 공모전에 당선되었고, 영화와 드라마, 애니메이션, 연극, 웹툰, 장르소설 등의 분야에서 50여 명의 작가가 활발하게 활동하고 있다. 1인이 진행하는 강좌치고는 다른 교육기관에 비해 당선자가 많은 편이다. 9년 전, 우연히 시작한 강의가 내 삶의 궤적을 작가에서 강사로 완전히 바꿔 놓았다. 현재는 '한국드라마아카데미'라는 작가 교육기관을 직접 설립해서 작가 지망생들을 위해 다양하고 유익한 강좌들을 진행하고 있다.

나의 삶은 우연한 기회에 작가에서 강사로 바뀌었지만 결코 이 선택을 후회하지 않는다. 인생에 정답이 없듯 산의 정상으로 올라가는 등산로는 하나만 있는 것이 아니다. 정상을 향한 길은 여러 갈래가 있다. 그 길 중 하나를 선택하는 것은 등산을 하는 사람의 몫이다. 9년 동안 강의를 해 오면서 이 길이 내 길이고 천직이란 생각이 든다.

제자들이 성장하는 것을 도우면서 나도 함께 성장했다. 누군가의 삶을 좀 더 풍요롭게 도와주는 것이 내 일이다. 지금 내가 하는 일은 과거 다른 사람들에게 받았던 것을 또 다른 누군가에게 되돌려 주는 일이라고 생각한다.

제자의 당선 소식에 오늘 밤도 불면의 밤을 보낼 것이 분명하다. 기분 좋고 설레는 감정이 나를 잠 못 이루게 할 것이 뻔하기 때문이다.

07

인생의 동반자
최고로 만들기

동기부여가, 자기계발 작가, 가치변화 메신저, 은퇴준비 코치, (주)지강투자법인 대표
자기계발을 통해 가치를 변화시키고자 행복하게 글을 쓰는 중이다. 더 나은 미래를 향한 자신의 변화
를 시작으로, 변화를 원하는 모든 이들에게 인생의 경험을 나누고 의식과 물질들을 공유하는 가치변
화 메신저와 은퇴준비 코치로 발돋움하고 있다. 현재 은퇴 준비에 대한 개인저서를 준비 중이다..
• E-mail pre-retire@naver.com

  나는 직장을 3년 정도 다니다가 퇴사를 당했다. 그 후 전문대
학을 졸업한 뒤 아르바이트를 하고 있던 나에게 친척 언니가 정규
직을 소개해 주었다. 서울 논현동에 본사가 있는 GE Plastics 부
산지사의 사무실 업무보조 자리였다. 누구나 할 수 있는 일이었다.
하지만 나에게는 공부를 다시 해야겠다고 생각한 계기가 되었다.

  편입학 시험 준비를 해서 한 대학의 컴퓨터 관련학과 2학년으
로 편입했다. 3년간의 학부생활은 순식간에 지났고 졸업과 동시
에 대학원에 진학했다. 부모님의 사업이 괜찮았을 때라 부담 없이
여유로운 캠퍼스 생활을 했다. 논문 발표와 함께 학위를 받았고

모교의 시간 강사로 강의를 하기도 했다. 나는 종종 학생들에게 강사가 아닌 선배로서 이런 조언을 했다.

"여러분들이 공부를 계속한다면 또 다른 세계가 보이고 가야 할 길이 다양하게 나타날 것이다. 할 수 있을 때 치열하게 공부해야 한다."

석사 학위를 받던 2000년 2월에 남편을 만나게 되었다. 부모님이 생각하는 결혼의 조건과는 거리가 먼 사람이었다. 2002년 12월에 결혼하기까지 힘든 상황도 있었지만 나의 결혼관은 결혼하고 싶은 때에 사랑하는 사람과 결혼하는 것이었다. 양가 부모님으로부터 결혼 허락을 받고 한 달도 되지 않아 결혼식을 올렸다.

남편과 맞벌이를 하며 열심히 저축하면서 첫 아들도 출산했다. 친정에 아이를 맡기고는 시간 강사 일과 병행해 '정보통신윤리'라는 외부 강의를 하기 위해 한국정보문화진흥원에서 진행하는 교육을 받았다. 전국 각지에서 모여든 강사들이 합숙도 하며 교육을 받았고 교육이 필요한 곳에 지원해 강의를 했다. 교육장에서 정보통신기술 감리를 하던 강사를 만나게 되었다. 강사는 나에게 정보시스템 감리원 교육을 받아 볼 것을 권유했다. 교육을 받기 위해 갖가지 서류를 작성해 행정안전부에 제출했다. 2009년 3월, 교대역 근처에서 일주일 동안 감리원 교육을 받았다. 일주일 동안 교육장 근처의 고시원에서 지냈는데, 3월의 꽃샘추위로 인해 감기 몸살이 심하게 왔다. 몸이 너무 아프고 열이 나며 식은땀까지 흘렸다. 점심시간을 이용해 근처 병원에서 진료를 받고 주사와 약을 처방받았다. 고시원 방에서 아픈 몸으로 잠을 청하면서 굳게 다짐했다.

'이러한 고생은 아무것도 아니다. 노력해서 반드시 성공한다!'

2009년 4월 감리원증을 받고 실무에 투입되었다. 감리 업무는 보통 일주일 동안 진행된다. 사업계획서와 프로젝트 진행 상황 등을 검토하고 계획한 대로 프로젝트가 잘 진행되고 있는지 점검하는 일이다. 최종적으로 감리보고서를 작성하고 사업 주최 측과 프로젝트 실행팀 및 감리팀이 함께 보고하고 논의해 사업을 계획했던 기간 내에 마칠 수 있도록 컨설팅까지 하는 것이다. 남편과 아들을 친정에 놔두고 일주일 동안 객지 생활을 했다. 집에 와서도 보고서 작성 등으로 집안일을 하기가 힘들었다. 매주 하는 일은 아니었지만 보고서를 마치기 전까지 일상이 편안하지는 않았다.

감리원은 여러 가지로 필요한 교육을 미리 받아 새로운 기술과 프로젝트를 연구하고 준비해야 한다. 새로운 지식을 습득하고 발전하도록 계속 업그레이드해 주어야만 한다. 그러던 중 프로젝트 매니지먼트 교육을 받게 되었다. 프로젝트 관리에 있어 다양한 관점을 제시하고 소프트웨어와 더불어 사업을 최적으로 관리할 수 있는 방법이었다. 문득 남편이 생각났다. 남편은 기능직에서 사무직으로 이동하면서 프로젝트를 담당하게 되었는데 여러 가지로 어려움이 많다고 했다. 내가 받고 있던 교육 내용을 이야기해 주고 시간을 내서 남편에게 교육을 받아 볼 것을 적극 권유했다. 또한 이변이 없는 한 시간이 지나면 직급이 올라가니 그에 따른 관리자 교육도 미리 받을 것을 권유했다. 맞벌이였지만 남편이 먼저 나의 실력 유지를 위한 자기계발비를 아낌없이 지원해 주었기에 나 또한 자비로 교육받는 남편을 적극 응원했다. 한 사람이 교육을 받을 동안 아이 돌보기와 집안일은 남은 사람의 몫이었다.

남편은 아버지를 일찍 여의고 홀로 계신 어머니와 형님 밑에서 자랐다. 어머니가 몸이 불편한 탓에 남편은 보호자 역할까지 도맡아 해야 했다. 살림이 넉넉하지 않아 공업계 고등학교를 나와 바로 취업전선에 뛰어들었다. 나처럼 편안히 부모님의 경제력을 빌려 배울 수 있는 기회를 가질 수 있었던 것과는 달랐다. 생계를 책임져야 했기에 또한 직장에서 적응하기 위해 그리고 살아남기 위해 애썼을 남편이 대견하고 애틋했다. 나는 남편이 더 크게 성공하기를 바란다. 우리 부부가 함께 성공자가 되어 최고의 삶을 누리기를 소망한다.

결혼할 때 부모님과 친구들의 반대가 심했다. 하지만 나는 인생의 시작이 중요하지 않다고 생각했다. 마지막을 어떻게 잘 마무리할 것인가와 마지막까지 가기 위해서 서로를 어떻게 바라봐 줄 것인가가 더 중요하다고 여겼다. 사랑의 감정은 3년 정도면 식게 마련이다. 그래서 나는 남편에게 애틋한 마음으로 자주 "사랑한다!"라고 말한다. 때로 사랑의 감정이 식었다고 느껴질 때면 이벤트를 준비해서 예전의 설레는 기분을 만끽하기도 한다.

우리 부부는 4인 가족이 함께할 수 있는 활동을 하나의 이벤트로 생각한다. 여섯 살 작은아이를 데리고 부동산 현장 답사에 나서거나 멀리 해외여행을 다닌다. 문화 공연도 보고, 부산에서 분당까지 〈한책협〉의 김태광 코치를 만나러 가는 일도 이벤트에 속한다.

나는 얼마 전 김태광 코치의 〈1일 특강〉에 남편을 데리고 참석했다. 45세가 되는 남편의 생일을 기념하기 위한 것이었다. 남편은 몇 년 전부터 자신의 책을 쓰고 싶어 했다. 책을 쓰기 위해 필요한 책을 읽으며 준비하고 있었다. 특강의 내용이 정말 좋다며 집중하던 모습이 멋졌다. 함께할 수 있어 행복하고 사랑하며 살 수 있는 시간이 더없이 고맙다.

서로의 상황을 이해하고 배려하며 마음을 맞추어 여러 계획들을 고민하고 실천한다면 못 할 일이 없다. 양보하고 상대방의 입장을 고려해서 응원해 준다면 어떤 시련이 닥쳐도 능히 이겨 낼 수 있다. 함께 행복한 가정을 목표로 나아가고 있다면 배우자를 최고가 될 수 있도록 적극 지지하고 응원해 주자. 긍정적으로 상대를 바라보고 단점보다 장점에 초점을 맞추도록 해야 한다. 사랑하는 남편과 아이들과 함께 더 큰 인생을 만들어 가는 이 순간이 너무나 즐겁고 행복하다. 기적은 다른 곳에 있지 않다. 나의 인생이 바로 '기적'이다.

08

전문가로 인정받는
1인 기업가 되기

'말리언스 컴퍼니' 대표, 메디컬 드림 마케터, 책 쓰는 치과위생사
차별화된 마케팅에 꿈을 더하는 기업 '말리언스 컴퍼니'의 대표로서 다양한 고객관점에서 인사이트
를 찾고, 병·의원만의 가치를 창출해 해답을 제안하는 마케팅 컨설팅을 진행하고 있다. 또한 내부고
객의 진정한 꿈의 설정을 도와주는 동기부여 드림맵 컨설팅도 진행하고 있다. 저서로《1년 안에 병원
매출 10배 올리기》,《되고 싶고 하고 싶고 갖고 싶은 37가지》가 있다.
• E-mail malliance@naver.com
• Blog http://malliance.co.kr
• Cafe http://cafe.naver.com/malliance

'드림 리스트'에 대해 들어 본 적이 있는가? 단어 그대로 풀이하면 '꿈을 적은 목록'이다. 나는 성공한 사람들의 강연과 다양한 책을 통해 "꿈을 적으면 이루어진다."라는 말을 접했다. 나도 드림 리스트를 작성해 보았다.

1. 우수 강사상 받기

2. '한국수퍼스탭 7' 우승하기

3. 다른 병원에서 강연하기

4. 좋은 반쪽 만나기

5. 내 집 마련하기

6. 세상에 내 흔적 남기기

7. 매년 저서 3권 출간하기

이 일곱 가지 항목 중 6개는 이미 이루어졌다. 치과건강보험강사로 소속되어 있는 '대한치과건강보험협회'에서 우수 강사상을 받았다. '메디벤처스'에서 주최한 '한국수퍼스탭 강연대회'에서 전국 4위를 하기도 했다. 그 후 전국에 있는 병·의원 관계자들을 대상으로 활발한 강연을 하고 있다.

올해 초 《되고 싶고 하고 싶고 갖고 싶은 37가지》라는 공동저서를 집필했다. 세상에 흔적을 남기고 싶다는 여섯 번째 드림 리스트를 이룬 것이다. 그리고 얼마 전 《1년 안에 병원 매출 10배 올리기》라는 개인저서를 출간했다. 그리고 지금 집필하고 있는 공동저서가 출간되면 드림 리스트의 일곱 번째 항목까지 이루어진다. 나의 드림 리스트는 일곱 가지로 끝나지 않을 것이다. 나는 드림 리스트를 이루어 가는 과정 중 또는 이룬 뒤에도 드림 리스트 항목을 계속 늘려 갔다. 드림 리스트는 내가 누구이고 무엇을 원하는지 알 수 있게 해 주었다. 꿈을 이루기 위한 공부 전략을 세우게 했다.

나는 치과위생사가 되었을 때부터 서른 살에는 병·의원 교육 컨설턴트가 되는 것이 꿈이었다. 지금도 그 꿈은 유효하다. 다만 꿈이 시작되는 나이를 조금 당겼을 뿐이다. 늘 마음속에서 목표로 삼고 있던 일이 있다. '자기 성찰과 자기 확신을 갖고 꿈, 비전, 소명을 더해 행동하는 1인 기업가의 삶을 시작한다'가 나의 목표다. 나는 목표를 세우고 인생 2막의 시작을 위한 큰 그림을 그릴 수 있게 되었다.

1인 기업가의 삶을 준비하기 위해 책을 써서 전문가로 인정받는 일이 굉장히 중요하다는 사실을 깨닫게 해 준 책이 있다. 병·의원 내부시스템 컨설턴트로 활동하고 있는 '체인지영컴퍼니' 이선영 대표의 《1인 창업이 '답'이다》라는 책이다. 이선영 대표는 나와 같은 치과위생사다. 직장생활의 경험을 토대로 창업해 다양한 성과를 창출하고 있는 1인 기업가의 이야기가 저서에 담겨 있다. 책에는 '1인 창업으로 성공하는 9가지 법칙'이 언급되어 있다. 그중 '최고의 코치에게 배워라'라는 내용에 가장 눈길이 갔다.

"무언가를 배우고 싶다면 그 분야 최고의 코치를 찾아가자. 어중간한 실력을 가진 사람에게 배워서 어중간한 능력을 얻는 것보다 제대로 배워야 한다. (중략) 코치는 당신이 제대로 된 길을 걸어갈 수 있도록 인도해 줄 것이다. 내가 사업을 하려고 하는 분야의 최고 성공자에게 가서 배우자. 그가 겪은 경험 하나하나가 모두 노하우고 성공 포인트다."

나는 〈한책협〉의 김태광 코치를 찾아갔다. 그는 20년 동안 200여 권의 책을 펴내고 5년간 600여 명의 평범한 사람들을 작가로 만들었다. 대표 저서로는 《10년 차 직장인, 사표 대신 책을 써라》, 《서른여덟 작가, 코치, 강연가로 50억 자산가가 되다》 등이 있다. 나는 김태광 코치와 〈한책협〉이 궁금해졌다. 그래서 용기를 내어 〈책 쓰기 1일 워크숍〉에 참석했다. 워크숍을 통해 내가 갖고 있는 지식과 경험, 삶의 깨달음을 책으로 써서 돈으로 바꾸는 기술을 접했다.

"성공해서 책을 쓰는 게 아니라 책을 써야 성공한다."

김태광 코치가 했던 말 중 가장 기억에 남는 말이다. 대부분의 사람들은 성공한 사람들만이 책을 쓴다고 생각한다. 나는 〈책 쓰기 1일 워크숍〉에 참여한 뒤 평소 꿈꿔 왔던 1인 기업가의 삶에 대한 큰 그림을 그리게 되었다. 1인 기업가로 활동할 분야에서 전문가로 인정받고, 나의 비전과 소명, 목표를 통해 성장하고 나아가는 것이 필요했다. 그래서 '책을 써서 전문가로 인정받는 1인 기업가의 삶 준비하기'라는 인생 2막을 위한 전략을 세울 수 있었다.

지금 나에게는 치과위생사, 병·의원 교육 강사, 의료마케터, 동기부여가, 작가 등의 수식어가 따라다닌다. 나는 치과에서 근무하면서 단기간에 병원 매출을 올리는 비결에 대해 공부하고 연구했다. 그 과정에서 내가 직접 관리했던 병원의 블로그와 마케팅을 추진해 몇 배의 매출을 늘리기도 했다. 그때의 경험을 통해 병원 매출을 올리기 위해 어떤 마케팅을 기획하고 실행해야 하는지 제대로 알 수 있었다.

마케팅 대행사를 통해 병원을 광고하는 시대는 갔다. 병원 관계자가 직접 진행하는 마케팅만으로 병원 매출을 올릴 수 있는 비결은 무궁무진하다. 나는 내가 알고 있는 병원 내·외부 마케팅에 대한 지식과 경험, 깨달음을 개인저서에 모두 담았다. 그리고 관련된 내용으로 교육기관과 병·의원에서 강연을 진행하고 있다.

나는 지금 《1년 안에 병원 매출 10배 올리기》 출간과 함께 1인 기업가의 삶을 위한 도약을 준비하고 있다. 이 모든 것은 성공자의 마인드를 갖고 '책을 써야 성공한다'라고 늘 생각하고 있었기 때문에 가능했다. 또한 대한민국 최고의 책 쓰기 코치 김태광 코치의 확실한 코칭이 있었기에 평생 책 한 번 써 보지 않은 내가 여러 권의 책을 쓸 수 있었다.

나는 앞으로 병·의원 관계자들에게 내가 가지고 있는 지적 자산, 경험과 특정한 분야의 원리와 비법, 깨달음을 전수해 주는 최고의 마케팅 코치가 될 것이다. 그리하여 나를 만난 병·의원들의 고객이 폭발적으로 늘어나고 매출 또한 수십 배로 늘어나도록 돕겠다.

09

상상을 현실로 만들기

— 송희진

입시학원 원장, 책 쓰기 교육 CEO, 독서 코치, 교육상담 전문가, 변화경영 전문가
'욕망만큼 강한 모티베이션은 없다'라는 젊은 날의 깨달음을 바탕으로 꿈꾸던 삶의 모습을 하나씩 완성해 가고 있다. '꿈대로 되는 사람'이라는 닉네임을 사랑하며, 소망이 이미 이루어진 듯 살아가는 동기부여가, 변화경영 전문가, 책 읽고 책 쓰며 사업하는 작가로 뜨겁게 삶을 살아가고 있다. 저서로《하루 10분 아침 독서습관》,《미래일기》등이 있다.

세상에 없던 자신만의 방식으로 성공한 사람들이 있다. 누군가가 이미 만들어 놓은 길을 걷는 것이 아니다. 자신만의 길을 만들어 새로운 세상을 꿈꾸는 것이다. 이제 세상은 그들을 주목한다. 그들이 상상하는 모든 일들이 곧 현실이 되고 있기 때문이다. 그들로 인해 세상은 바뀌고 있다. 이른바 비주류로 분류되던 그들은 인생이 끝날 것 같은 실패 속에서도 자신만의 방법으로 독자적인 길을 찾았다. 나는 독서와 성공 워크북, 찬사노트를 통해 사업가와 작가가 될 수 있었다.

나는 책으로 인생을 바꿨다는 사람들의 말을 믿었다. 정말 하고 싶은 일을 하며 즐겁게 살 수 있는 천직을 찾고 싶었기 때문이다. 그렇게 아침독서가 시작되었다. 나만의 방식으로 책을 읽기 시작하면서 어느새 새로운 길을 내며 살아가는 방법들이 보이기 시작했다. 그것은 놀라운 경험과 변화였다. 마침내 나는 평생 죽을 때까지 하고 싶은 멋진 천직을 찾았다. 그것은 늘 상상만 했던 일, 바로 작가가 되는 것이었다. 상상이 곧 현실이 되는 멋진 경험을 하면서 내가 어떻게 책을 통해 나의 길을 만들어 왔으며, 천직을 찾을 수 있었는지 소개하려 한다.

첫째, 독서학기제를 만들었다.

누구나 하는 취미독서로는 성공할 수 없다. 책으로 삶과 운명을 바꾸고 싶다면 같은 일을 하더라도 남과는 달라야 한다. 나는 '나만의 독서학기제'를 발명했다. 한 학기에 3개월, 1년에 총 4학기로 구성된 나의 독서학기제는 나름 탄탄한 커리큘럼을 갖추고 있다. 시간이 흐르면서 독서에 대한 리듬감도 주고, 흥미와 긴장감도 주면서 재미있는 독서법으로 발전해 가고 있다. 먼저 평소에 읽고 싶었던 분야별 책들로 3개월 동안 읽을 책의 목록을 만든다. 다 읽은 뒤에는 마지막 페이지에 간단한 감상을 적는다. 그리고 궁금하거나 삶에 적용할 부분, 다시 읽어야 할 부분, 깨달은 것 등을 체크한다. 학기가 종료된 뒤 얼마나 많은 책을 읽었는지, 읽은 책마다 얼마나 목표에 이르렀는지 '자가평가'를 한다.

이 방법을 사용해 책 읽기를 하면서 새로운 꿈이 생겼다. 그것은 이스라엘 학교의 교육 방식이기도 한 '오전 중 독서하기'와 '나만의 독서학기제'를 적용해, '꿈대로 되는 독서학교'를 운영하는 것이다. 이를 통해 자신의 성장을 평가하고, 꿈을 이루기 위해 탄탄하고 계획적인 독서활동이 얼마나 중요한지 알려 주고 싶다. 자신만의 독서학기제로 차별화된 삶을 만들고, 꿈을 이루어 가는 성취감을 느낄 수 있기를 진심으로 바란다.

둘째, 매달 합쳐 1년간 열두 번의 독서 테마여행을 떠났다.

당시 나는 매일 똑같이 반복되는 일상에 지쳐 있었다. 만약 나와 비슷한 생각을 하고 있는 사람들이 있다면 일상에서 벗어나 신나는 내면여행을 떠나 보라고 말해 주고 싶다. 내면여행을 통해 한 분야의 전문가가 될 수도 있다. 나는 이 방법으로 삶의 재미를 얻었고, 관심 분야에 대해 책을 쓰는 작가도 될 수 있었다. 방법은 아주 간단하다. 매년 세우는 새해 계획을 조금 특별한 방법으로 세우는 것이다. 월별로 자신이 살고 싶은 모습, 이루고 싶은 일 등을 상상해 보고, 해당 분야의 책을 검색한다. 단, 책을 선택할 때는 자신의 독서 수준에 맞춰 흥미를 끄는 책들로 시작하는 것이 좋다. 그와 관련된 활동으로 영화 보기, 일일 특강, 저자 특강, 기타 프로그램들이 있다면 한 달에 한 번쯤은 특별한 이벤트를 가져 보자. 그러한 활동이 한 달 동안 읽은 책들에 대한 관심을 더욱 높여 줄 것이다. 나는 월별로 주제를 정한 독서 테마여행으로 삶을 더 재미있게 살아가는 방법을 터득했다.

셋째, 나만의 북모닝을 시작했다.

에번 페이건은 "하루 중 가장 먼저 하는 일이 가장 영향력이 큰 일이다. 왜냐하면 그것이 나머지 하루에 대한 당신의 마음가짐과 환경을 설정하기 때문이다."라고 말했다. 당신이 아침에 일어나서 가장 먼저 하는 일은 무엇인가? 보다 나은 삶을 살고 싶다면 반드시 하루 중 가장 먼저 하는 일에 신경을 써야 한다. 휴대전화나 TV 리모컨을 내려놓고 평범한 삶을 비범한 삶으로 이끌어 줄 무기를 손에 올려놓자. 최고의 하루, 멋진 하루, 위대한 하루를 시작할 수 있는 기회를 절대 놓치면 안 된다.

지금부터가 시작이다. 당신만의 북모닝을 시작해 보는 것은 어떤가? 아침을 책과 함께 시작한다면 더 큰 세상을 경험하고 위대함을 배우며, 힘든 일도 거뜬히 해낼 수 있게 될 것이다. 당신 안에 잠들어 있는 거인을 자극해 신나고 즐거운 자기혁명의 짜릿함을 맛보자. 북모닝은 내가 평생 하고 싶었던 사업가를 꿈꿀 수 있게 하고, 작가가 되도록 도와주었다. 이제 당신 차례다. 오늘은 당신이 살아온 지금까지의 아침과 이별하기에 가장 좋은 날이다. 책 한 권만 있으면 시작할 수 있다. 아침독서로 하루를 시작하라. 나의 하루가 곧 삶이 된다고 생각하면 더 이상 뭉그적거릴 수 없다.

최선에 못 미치는 아침을 맞이할 수가 없다. 아침은 당신이 원하는 삶을 끌어당기기에 가장 좋은 최고의 시간이다.

책 읽기 방법에 살짝 변화를 주었을 뿐인데 그것만으로도 삶이 바뀐다는 사실을 깨달았다. 하루를 살더라도 가슴 떨리는 삶을 살기 위해 나는 계속 여러 가지 방법을 시도할 것이다. 불안해하지 않고 확신을 가질 것이다. 원하는 것은 나만의 방식으로 반드시 손에 넣겠다는 오만할 정도의 확신이 있었기에 책으로 꿈을 잡는 멋진 현실을 살게 되었다.

"책을 읽는다는 것은 많은 경우에 자신의 미래를 만드는 것과 같은 뜻이다."

미국의 시인이자 철학자인 랠프 월도 에머슨의 말이다. 책을 읽으며 미래를 만드는 것은 나의 생각들이 미래로 길을 내고 있다는 뜻이다. 남들보다 뒤처지고 있다는 생각, 열심히 살아가고 있는데 행복하지 않다는 생각이 들 때면, 의도적으로 삶의 속도를 늦춰 보자. 그리고 잠시 멈춰 서서 나의 미래에 어떤 책으로 어떻게 길을 내어 볼까 생각해 본다. 그 순간 생각의 방향이 달라질 것이다. 내가 초대하지 않은 길, 의도하지 않은 길들은 버리면 그뿐이다. 그래서 나는 누군가에게 '또라이'라는 말을 들을 때, 진정 제대로 살고 있음을 실감한다. 그리고 승리자의 길을 걷고 있음에 감사한다.

치열한 경쟁 속에서 바쁜 일상을 살다 보면 에너지가 소진될 때가 있다. 나는 그럴 때마다 책을 읽으며 힘이 되는 문장, 삶의 방향이 되어 주는 문장들을 만났다. 지치거나 힘들 때, 삶이 내 바람대로 되지 않아 화가 날 때, 나를 일으켜 세워 주고 빛과 희망이 되어 줄 한 문장, 한 단어를 만난다는 것은 기적 같은 일이다. 나는 이런 기적을 만들어 내는 문장들을 수첩에 따로 모아 놓는다. 이 수첩이 바로 '기적의 성공 워크북'이다. 일정한 형식도 없이 작은 수첩에 끼적이듯 적는 이 작은 습관이 나를 엄청난 사람으로 만들고 있다.

기적의 성공 워크북 속에 명언이나 문장들과 함께 적어 둔 나의 감정, 생각, 꿈과 비전을 마주할 때면 큰 위안이 되고 힘이 솟는다. 가슴이 떨려 나태해지거나 나약해질 수가 없다. '나도 할 수 있다!', '나는 반드시 해낸다!'라는 각오를 다지게 된다. 기적의 성공 워크북 속에 담긴 나의 감정들과 생각들은 '찬사노트'로 옮겨지기도 한다. 찬사노트는 내가 되고 싶고, 갖고 싶고, 원하는 것들이 이루어졌을 때, 사람들과 내가 나 자신에게 보내는 찬사와 응원을 모아 놓은 노트다. 마음속에 불안이 밀려오고 비판의 소리가 들릴 때마다, 찬사노트 속의 응원단들이 나를 응원하고 있기에 흔들림 없이 나아갈 수 있었다. 노트를 펼칠 때마다 끝에서 시작해서 처음으로 되짚어 가는 삶을 사는 것이 가능해졌다. 원하는 곳에 도달한 나의 모습을 상상하며 원하는 결과에 집중할 수 있었다. 기적의 성공 워크북과 찬사노트는 삶의 나침반이 되어 내가 어디로 향하고 있는지 기억하게 해 주었다.

멋지고 성공한 인생을 원하는 당신에겐 성공 워크북과 찬사노트가 필요하다. 꿈을 향해 열심히 달리면서도 순간순간 지치고 넘어질 때가 있다. 그 순간 당신을 다시 달리게 할 힘과 용기, 자신감과 에너지를 줄 모든 것들, 내면에서 들리는 찬사와 응원들, 그 모든 것이 성공 워크북과 찬사노트에 채워지게 하라. 인생이 끝날 것 같은 실패 속에서도 다시 일어설 힘이 생길 것이다.

상상했던 일들이 현실로 나타나는 작은 경험들이 쌓이면서 어떻게 이것이 가능해졌는지 생각해 보았다. 결론은 항상 무엇을 하든 자신만의 방법으로 신념을 가지고 움직여야 한다는 것이다. 진정 원하는 것에 초점을 맞추고 헌신할 때 온 우주가 나를 돕고자 움직인다. 당신이 신념을 가지고 헌신할 때, 우주도 당신 편으로 움직인다는 사실을 절대 잊지 마라. 당신이 상상한 일들이 곧 현실이 된다는 사실을 기억해야 한다. 어느 누구도 당신을 무시하지 못하게 될 것이다. 몇 년이 지난 뒤에도 싹을 틔우는 씨앗들이 있다. 당신 안에 있는 잠재력의 씨앗을 많이 뿌려 놓자. 반드시 결실을 맺게 되는 날이 있을 것이다.

10

꿈에 불을 지피기

대학 강사, 영재교육원 수학담당 강사, 학습 컨설턴트
흔들릴 수도 없다는 마흔에 아름다운 역주행 인생을 꿈꾸며 살아가고 있다. 원하는 인생은 만들어 가며 살자는 마인드로 꿈꿔 왔던 미래의 모습을 하나씩 현재로 가지고 와서 살아가고 있다.

나는 여수의 바닷가 옆 시골 마을에서 자랐다. 몇 가구 안 되는 작은 마을이라 모두가 일가친척처럼 지내는 곳이었다. 당시 동네에서 TV를 갖고 있는 집은 두 집뿐이었는데, 그중 한 집이 우리 집이었다. 해가 지기 시작하는 저녁 무렵에는 자연스럽게 동네 사람들이 하나둘 우리 집으로 모여들기 시작했다. 어머니께서는 큰 가마솥에 수제비나 칼국수를 한가득 끓여 내느라 분주하셨다. 정 많고, 억척스럽고, 생활력 강했던 어머니는 마을에서 소문난 살림꾼이었다. 집 앞 갯벌에는 꼬막 등 해산물이 많았는데 어머니는 언제나 다른 사람들보다 많이 잡아 오시곤 했다. 유복하면서도 행복했던 어린 시절이었다.

그러던 어느 날, 어머니께서 갑작스럽게 암 선고를 받으셨다. 아버지는 모든 전답을 급하게 팔아서라도 어떻게든 어머니를 살려 보려고 노력하셨다. 하지만 어머니는 중학교 입학을 앞둔 나를 남겨 두고 세상을 떠나셨다. 이후 가정 형편은 급격히 어려워졌고 아버지는 늘 술로 세월을 보내셨다. 나의 사춘기는 불안과 가난 속에서 외줄타기처럼 아슬아슬하게 지나갔다.

많이 배우지 못하셨던 아버지를 보며, 나는 열심히 공부해 수학과 교수가 되고 싶다는 꿈을 키웠다. 하지만 모르는 것이 있어도 도움을 받을 길이 없어 공부는 늘 제자리걸음이었다. 그래도 허전한 가슴속 무언가를 잘 이겨 내며 청소년 시기를 보내고 대학에 진학할 때가 되었다. 나는 아버지를 졸라 한 학기 등록금만 내주시면 나머지는 직접 벌어서 다니겠다는 약속을 하고 대학에 진학할 수 있었다. 그게 아버지가 나에게 해 주신 유일한 지원이었다. 그리고 나는 어떻게 시간이 갔는지도 모르게 대학을 졸업할 수 있었다. 이후 대학원에도 진학해 석사과정도 잘 마쳤다.

나는 바라는 것이 있을 때 그것이 이루어지는 것을 상상하며 종이에 적곤 했다. 그중 확신과 실행으로 이뤄 낸 몇 차례의 경험이 있다.

대학원 시절 학과 조교로 일할 때였다. 강의실에서 친한 여자

후배와 함께 낯선 대학원생이 공부하고 있는 모습을 보았다. 스치듯 지나간 만남이었지만 머릿속에 계속 남아 있었다. 그 이후 가끔 그녀를 볼 때면 내색하지 않으며 유심히 보곤 했다. 얼마 후 그녀가 후배의 친한 언니이고 룸메이트이며 같은 입시학원에서 일한다는 정보를 얻게 되었다. 그래서 용기를 내어 후배에게 소개팅을 부탁했다. 몇 번의 거절 끝에 겨우 만남을 가졌다.

그러나 두 번째 만남은 이뤄지지 않았다. 그녀는 내가 상처받지 않도록 배려하며 최대한 정중히 나의 마음을 거절했다. 나는 그런 그녀가 더욱 마음에 들었다. 오히려 그녀에 대한 확신을 가지게 되었다. 아니, 집착에 가까울 만큼 좋아하게 되어 그녀를 놓치면 내 인생에 행복은 없을 것 같은 생각까지 들었다. 그녀와 함께 만들 가정을 꿈꾸며 간절한 마음을 담아 종이에 소망을 적었다.

나는 매일 밤 그녀의 직장 앞에 차를 세워 두고 그녀가 나오길 기다렸다. 다행히 출입구가 하나밖에 없어서 매일 그녀를 볼 수 있었다. 하지만 그녀는 매번 가벼운 눈인사만 건넬 뿐 내 차에 타거나 말을 걸어 주진 않았다. 그렇게 한 달 동안 나는 늘 같은 자리에서 그녀를 기다렸다. 결국 나의 정성에 감동한 것인지 그녀가 내 마음을 받아 주었다. 이후 그녀를 따라 교회에 다니면서 그녀의 마음을 얻었다. 어른들에게 잘하는 예의 바른 모습과 사람을 소중히 여기는 그녀가 나는 참 좋았다. 얼마간의 연애 끝에 우리는 결혼했다. 종이에 적으며 상상했던 것이 현실이 된 것이다.

나는 서른을 훌쩍 넘긴 어느 날 불안해진 미래에 결국 공부를 접었었다. 그리고 입시학원 수학강사를 시작으로 새로운 삶을 시작했다. 쉽지는 않았지만, 좋아하는 과목을 가르치면서 돈을 번다는 사실이 좋았다.

하지만 내 가슴속에는 채워지지 않은 꿈 하나가 늘 남아 있었다. 그것은 대학 강단에서 강의하는 꿈이었다. 아마도 어린 시절 그 꿈을 말할 때면 부모님이 좋아하셨던 모습이 떠올라 더욱 마음에 담아 두고 있었던 것 같다. 그래서 아내에게 조심스레 말을 꺼내 보았다. 나 스스로도 용기와 확신이 미약했지만 아내의 반응은 달랐다.

"꿈부터 다시 꾸는 마흔, 멋지다. 역주행 인생도 아름답지. 가슴속에 남겨 둔 꿈들은 언젠가 불쑥불쑥 나타나 당신을 괴롭힐 테니, 더 늦기 전에 시작해서 꼭 대학 강단에 서겠다는 꿈을 이뤄요."

아내의 응원을 받으며 나는 박사과정을 시작했다. 하지만 생업과 병행해야 했기에 세미나 준비나 과제 등을 해내는 일은 벅차고 생각보다 쉽지 않았다. 그러나 나는 반드시 대학 교수가 되겠다는 꿈을 포기하지 않고 강단에 서 있는 내 모습을 상상하며 노력했다.

2015년 3월, 드디어 나는 대학 강단에 섰다. 대학에 출강하고자 했던 꿈이 현실이 된 것이다. 60여 명의 학생들과 한 학기를 시작하면서 교수님이라는 호칭으로 불리던 순간, 나는 가슴속에 간직하고 있던 꿈을 이뤄 냈다는 생각에 뿌듯했다. 스스로 성장하고 발전하고 있음에 감사했다.

교수로서의 첫 학기는 우수한 강의평가를 받으며 성공적으로 마쳤다. 너무 늦은 나이라고 계속 주저하기만 했다면 이루지 못할 꿈이었다. 아마 혼자였다면 힘들었을지도 모른다. 늘 곁에서 응원과 지원을 아끼지 않았던 아내와 꿈에 한 발짝 더 다가갈 수 있도록 여러 도움을 주신 내 인생의 멘토 정재영 교수님께 정말 마음으로 감사드리고 싶다.

나는 어떤 환경 속에서도 간절한 마음으로 꿈꾼다면 반드시 이루어진다는 것을 알고 있다. 앞뒤 재지 않고 시도한다면 상상했던 모든 일들이 기적처럼 이루어진다. 내 인생은 이제부터 시작이다. 누군가는 고작 몇 번의 시도 끝에 일궈 낸 운이 좋은 성과라고 말할 수도 있겠지만 나는 그렇게 생각하지 않는다. 내가 원하는 것을 간절함을 갖고 생생하게 상상하고 실행했기에 일어난 기적 같은 일이다.

나에게는 그 한 번의 시도와 한 번의 도전이 가장 어려웠다. 이제 꿈을 응원해 주는 든든한 지원자인 아내와 새로운 꿈들을

꾸며 즐거운 인생을 살아가고 싶다. 내 인생은 남들이 대신 살아
주지 않는다. 시선 따위는 의식하지 않고 가슴에 담아 두고 있는
꿈들을 하나씩 실현해 나가고 싶다.

11

끝없이 도전하고
열렬히 희망하기

동기부여가, 강연가, 성공학 메신저, 자기계발 작가
24년 차 직장인으로, 자신만의 꿈을 찾아 특별한 삶을 살아가도록 도움을 주는 사람이 되는 것을 모토로 삼고 있다. 책 쓰기를 통해 꿈맥을 찾고 이루고자 하는 가치 있는 삶을 살고 있다. 강연활동과 꿈맥 친구들과의 교류를 통해 꿈을 가꾸는 삶을 지향한다.
• E-mail Ljunhee1@naver.com

나는 20년 넘게 한 회사에서 재직 중이다. 현장 기능 6급 최고 말단으로 입사할 당시에는 이렇게 오래도록 한 회사에서 일을 하리라고는 생각하지 못했다. 부산에서 공업고등학교를 졸업하고 세 번째 입사한 회사다. 입사 당시에는 어리고 현장 경험이 없다는 이유로 많은 어려움을 겪었다. 입사 후 3개월 정도는 직장 선배들의 잔심부름이며 작업이 끝난 뒤 작업장을 정리하거나 청소하는 것은 기본이었다. 가공 기계를 다룰 줄 모른다는 이유로 입에 담을 수 없는 욕도 들어야만 했다. 기름 묻은 옷과 손톱 밑의 기름때는 세탁을 해도, 샤워를 해도 잘 지워지지 않았다. 학교에서 배운 내용과 실제 현장업무는 많은 차이가 있어 힘든 날이 지속되었다.

6개월이 지나면서 조금씩 익숙해졌고 기술도 습득할 수 있도록 배려받았다. 1년 후 새로운 기회가 왔다. 작업 현장에서는 컴퓨터를 사용해 본 동료와 선배들이 없어서 보고서 작성이 어려웠다. 고등학교에서 정보처리 자격증을 취득했던 내 선견지명이 빛을 발했다. 한몫했다. 보고서 작성의 업무를 동료와 선배에게 가르쳐주기도 했다. 도움을 받았던 동료 및 선배들과 친분이 생겼다. 그 후 작업장 업무 중 치공구 설계를 할 수 있는 기회도 주어졌다.

어떻게 하면 나를 차별화할 수 있을지를 고민하던 중에 Auto CAD 프로그램을 이용한 치공구 설계를 생각하게 되었다. 적은 월급이었지만 내게 꼭 필요한 교육이라는 생각에 바로 학원에 등록했다. 6개월 동안 퇴근 후 2시간 동안 교육을 받고, 집에서는 새벽까지 배운 것을 복습하면서 능숙하게 사용할 수 있을 정도의 실력을 갖추게 되었다. 부서에서도 Auto CAD 프로그램을 구매해 본격적으로 치공구 설계를 할 수 있도록 기회를 주었다.

노력한 결과로 기능 6급에서 기능 계장까지 승진하게 되었고 계장 시절 기회가 한 번 더 주어졌다. 회사가 사업을 확장하기 시작하면서 해외의 공장 증설이 진행되었다. 관리하는 부서가 별도로 만들어지면서 참여할 수 있는 기회가 주어졌다. 경험 있는 선배들을 보조하면서 조금씩 업무를 파악하게 되었다. 새로운 프로젝트를 진행하면서 밤을 지새우고 공장 레이아웃 콘셉트 작업도면 수정을 200번 이상 해 본 적도 있다. 계속해서 수정하다 보니 초기 10회 이내의 수정본과 별 차이가 없는 웃지 못할 일들이 벌어지기도 했다.

회사나 선배들은 새롭게 변화된 업무와 프로젝트에 대해 구체적인 교육을 해 주지 않았다. 일정관리에 문제가 발생하면서 힘든 시기를 보내고 있을 때 프로젝트에 대한 교육이 절실하다는 것을 깨닫게 되었다. 관리자로서의 업무관리와 시간관리 방법이 필요한 시점이었다.

회사에 요청해 교육을 받기에는 생소한 분야라 개인적으로 주말에 시간을 내어 서울에서 진행하는 PM(Project Manager) 교육을 받게 되었다. 매주 토요일 아침 9시 강의를 듣기 위해 부산역에서 첫 KTX를 타고 서울로 상경했지만 피곤하다는 생각은 들지 않았다. 이론과 경험이 풍부한 분들이 진행하는 과정이어서 기쁜 마음으로 수강할 수 있었다. 사비로 교육을 받다 보니 좀 더 집중해서 듣고 궁금한 것을 많이 물어보았다. 프로젝트 관리에 관한 이론적인 내용과 실무적인 경험을 공부하게 되었다. 또한 프로젝트 진행 시 필요한 예산관리, 시간관리, 리스크관리 등의 전반적인 과정을 습득할 수 있어서 나에게 꼭 맞는 교육이었다.

또한 전국에 있는 여러 분야의 관리자들을 만날 수 있어서 새로운 인맥을 만들 수 있었다. 다른 분야에서 프로젝트를 진행한 경험을 들을 수 있었던 기회로 정말 많은 도움이 되었다. 교육장의 실무자들이 각자 자기계발을 위한 독서를 하고 있다는 사실에 자극을 받아 관련 도서를 구매해 읽는 계기가 되었다. 이론과 실무를 병행하면서 프로젝트를 진행했고 회사와 함께 성장하기 위해 노력했다.

2년 후 프로젝트의 보조자에서 관리자로 승진하게 되었다. 해외공장 신규라인 증설 투자에 PM으로 발탁된 것이다. 협력업체와 협업해 업무를 진행하면서 프로젝트 팀원으로 있었던 경험을 살려 최선을 다했다. 하지만 신입 PM으로서 예측하지 못한 문제와 협력업체의 납기 지연으로 인해 전체 일정에 차질이 발생했다. 밤을 새워 가며 협력업체에서 검수를 하고, 상사로부터 질타를 받기도 해 마음과 몸이 많이 힘들었다. 심적인 부담이 커졌지만 내 옆에서 나를 지지해 주는 가족이 있어 버틸 수 있었다. 힘든 시기를 보냈지만 가족의 격려와 지인들의 도움으로 문제를 해결했다.

회사생활을 오래도록 하기 위해선 독단적이기보다는 협업이 중요하다고 생각한다. 대부분의 업무들은 독단적으로 할 수 있는 일이 별로 없다. 한 팀이 계획적으로 협력해야지만 업무의 효율이 극대화될 수 있다고 생각한다. 회사는 조직이라는 시스템의 조합이기에 혼자 결정할 수 있는 범위에는 한계가 있다.

회사 초년시절에는 내 일만 열심히 하고 앞만 보고 달려갔다. 일을 하면서도 책임져야 하는 일들이 많지 않았기 때문이다. 혼자

서 하는 일은 다른 사람의 도움 없이도 가능하며, 잘못되면 다시 하면 된다. 하지만 팀장이라는 직책에는 결정에 대한 책임이 따른다. 목표를 수립해서 방향을 제시하고 팀원들이 유기적으로 협업해서 팀의 성과를 창출해 낼 수 있도록 해야 하는 책임이 주어진다.

21년 차 과장 직급에 한 부서의 팀장을 맡았다. 팀장을 맡고 보니 원만한 대인관계가 업무를 하기 위한 필요조건이었다. 20명 남짓한 현장 인원을 가진 조직에 인사 발령을 받고 업무를 파악하면서 개인 면담을 시작하자 2명이 사직서를 가져왔다. 6개월 만에 2명이 더 사직하는 상황이 발생했다.

내부 조직이 불안하고 힘든 부서이기도 했지만 부하직원 4명이 팀장으로 갓 발령받은 나에게 사직서를 제출했다는 것은 나로서는 경험해 보지 못한 충격적인 일이었다. 빨리 내부사정을 파악해야 하는 나로서는 힘든 시간이었다. 검토한 결과 일이 힘들었던 것이 아니라 다른 상사와의 불화로 인한 사직이었다. 원만한 대인관계가 정말 중요하다는 것을 절실히 느끼는 계기가 되었다.

2년 동안 팀 내부의 결속을 다지고 업무를 재분장했다. 팀원 각자에 대해 외부교육을 권유하고 작업장을 쇄신하며 분위기를 순화하려고 노력해 오고 있다. 그로부터 2년이 지났고 안정적인 부서로 자리 잡고 있다.

직급이 바뀌기 전 미리 교육을 받고 자기계발 도서나 선배로

부터 경험을 코칭받을 수 있도록 준비해야 한다. 대리는 과장이 되기 전에, 과장은 차장이나 팀장이 되기 전에 미리 교육을 받고 준비해야 직급이 변경되었을 때 바로 현업에 투입되어 자신의 진가를 발휘할 수 있다.

회사에서 계획적으로 이러한 교육을 해 주면 좋겠지만 현업 경험을 교육한다는 것은 현실상 불가능한 일이다. 그러나 성공하고자 하는 열정이 있다면 책이나 인맥을 통해서는 가능한 일이라고 생각된다. 나 또한 자기계발 도서를 꾸준히 보고 교육을 받으며 끊임없이 노력하면서 선배들의 경험을 사전에 공유했었기에 23년 차에 이 자리까지 올 수 있었다.

요즘은 이직을 많이 한다. 자신의 몸값을 높이기 위해서 그만두거나 회사의 도산 또는 상시적 구조조정에 의해 어쩔 수 없이 사직하는 경우도 있다. 바보처럼 오래도록 한 직장에 머물러 있는지는 모르겠지만 마음으로 아껴 주시는 분들이 내 주위에는 많다. 운이 좋아서인지는 몰라도 한 직장을 20년 이상 다니는 것은 아무나 할 수 있는 일은 아니다. 끝없이 도전했고 열렬히 희망했다. 지금도 성공한 인생 2막을 만들기 위해 계속 도전 중이다.

12

내 안에 잠들어 있는
거인 깨우기

사업가, 행복 메신저, 동기부여가, 자기계발 작가, 극작가 겸 배우
한국철도공사 코레일에서 건축 일을 하던 중 갑작스런 죽음의 카운트다운을 마주하면서 모든 한계의
틀을 깨고 나왔다. 인문학, 철학, 심리학, 성공학, 최면학, 형이상학 등 다양한 분야를 탐구했고 '심장
뛰는 소명'을 찾아 사업가로서 이를 실현하며 산다. '인류의 행복'을 주제로 한 개인저서가 출간될 예
정이다.
• E-mail bluedawn228@naver.com
• Blog http://blog.naver.com/bluedawn228

　　신문의 사회면을 보면 'N포 세대'라는 말을 쉽게 접할 수 있다.
N포 세대란 인생의 결정적 요소들을 포기한 20~30대를 말한다.
이들이 포기한 것에는 연애, 결혼, 출산, 내 집, 인간관계뿐만 아니
라 꿈, 희망 그리고 모든 삶의 가치가 포함되어 있다. 인생의 구심
점이 되는 요소들을 포기할 정도로 경제적 압박과 취업 절벽 속
에서 청춘들은 신음하고 있다.

　　청년 실업률은 사상 최고치에 이르렀다. 오랫동안 대학에 남거
나 공무원 시험 등을 준비하며 비경제 활동인구로 분류되던 청년
들이 취업의 문을 두드리고 있지만 취업문이 그만큼 넓어지지 않

은 탓이다. 그 속에서 사람다운 삶을 포기하는 청년들이 속출하고 있다. 청년층이 취업한다 하더라도 일자리의 질이 낮은 것으로 나타났다. 2015년의 조사에 따르면, 학교를 졸업하거나 중퇴하고 첫 직장을 잡은 청년층 400만 명 가운데 20.3%가 1년 이하 계약직으로 사회생활을 시작했다. 당장 청년들의 눈앞에 펼쳐진 잿빛 현실이다.

나 또한 모든 것을 포기하고 싶었던 힘든 취업준비생 시기가 있었다. 많은 아르바이트로 돈을 벌어 대학을 다녀야 했고, 학업과 동아리 활동, 연애 등 모든 것을 놓치지 않기 위해 안간힘을 써야만 했다. '내 삶'을 지키기 위해 쉼 없이 고군분투하는 것이 일상이었다.

준비된 것 하나 없이 취업전선에 떠밀렸을 때, 나는 1학년 때부터 차곡차곡 모아 두었던 적금을 깨서 스펙 전쟁에 온몸을 내던졌다. 하루빨리 취업에 성공해서 집안의 기둥이 되어야만 한다는 생각에 조바심이 났다. 시간도 없었고 경제적 여유는 더더욱 없었다. 나는 고통에 신음하고 있었다.

그러나 주위에 온통 비슷한 처지의 친구들과 선후배들뿐이라 스스로 고통스럽다는 자각조차 하지 못한 채 그 모든 것들에 익숙해져만 갔다. 우리는 그 상황에 다 같이 젖어 있었고 아무도 이 비현실적인 꿈에서 깨워 주는 이가 없었다. 우리는 악으로 깡으로 버티는 것밖에 할 줄 모르는 바보들이었다. 불행인지 다행인지 끝까지 버텨 낸 바보들은 마침내 스펙전쟁과 취업전쟁에서 승리를 거머쥐었다. 나 또한 신의 직장이라 불리는 공공기관에 입사해 건축의 꿈을 실현하며 살고 있다.

'그래서 모두가 행복하게 잘 먹고 잘 살았답니다'라고 결말을 맺는 행복한 동화 같은 삶이 우리 현실이라면 얼마나 좋을까? 꿈에 그리던 회사에 입사한 지 정확히 3주 만에 동화는 깨지고 현실은 호러물이 되었다. 취업 전쟁을 끝내고 나니 승진 전쟁이 기다리고 있었다. 내 집 마련은 현실을 압박했다. 그리고 사랑하는 가족에게는 병이 찾아와 내 숨통을 조였다. 갓 스무 살이 된 남동생은 삶과 죽음의 경계를 오가기 시작했다. 그로부터 6개월 뒤, 어머니에게는 암이 찾아왔다. 세상에서 제일 사랑하는 사람들을 한순간에 잃을 수 있다는 두려움이 나를 떨게 했다. 죽음이 두려운 딱 그 자리만큼 존재의 의미를 뒤흔드는 질문들이 생겨났다.

'인생이란 과연 무엇일까, 나는 왜 살아야 하는 걸까, 나는 어떻게 살아야 하는 걸까, 나만이 가진 존재의 의미가 과연 있을까.'

삶의 한복판이 죽음을 중심으로 돌아가는 상황이 아이러니했다. 또다시 아무도 깨워 주지 않는 고통스러운 꿈속 어딘가를 헤매며 완전히 길을 잃고 방황했다. 몇 개월 뒤, 나는 매우 중요한 사실 한 가지를 깨달았다. 현실에 변화를 만들어 낼 사람, 내가 원하는 방식과 아주 꼭 맞게 변화를 만들어 낼 사람은 오직 '자신'뿐이라는 것이다. 내 안에는 그 모든 것을 가능케 할 무궁무진한 힘이 있음을 믿기로 했다. 숨 쉬기도 벅찼던 내 영혼에 젖 먹던 힘을 다해 산소 호흡기를 붙였다. 그때부터 닥치는 대로 책을 읽었다. 현자들에게 도움을 구했고 그들로부터 시련을 견디는 단단한 마음을 배웠다. 또한 가족의 병과 관련한 책을 모조리 읽으면서 병을 공부하기 시작했다. 가족이 힘든 상황을 이겨 내는 데 나만이 할 수 있는 일이 반드시 존재할 거라는 실낱같은 희망을 붙들고 있었다.

'죽을 만큼의 절박함으로 하루하루를 최선을 다해 살면 되지 않는가! 나는 아직 살아 있고, 아직 최선을 다하지 않았다. 이 시기를 인생 2막을 펼치기 전 과도기라고 생각하자! 이 역경은 반드시 행운이 된다! 존재의 의미를 찾아낼 엄청난 기회와 마주한 것이 아닌가! 앞으로 사랑으로 충만한 삶을 살라는 기회다!'

여러 분야의 책을 읽고, 정리하고, 글로 토해 내는 과정 속에서 다시 생생하게 살아 있음을 느꼈다. 책으로 갈증이 해소되지 않을 때는 관련 전문가들을 만나 조언을 얻었다. 내가 알게 된 것들을 실제로 가족과 스스로에게 적용해 보면서 긍정적인 '성과'도낼 수 있었다. 절망의 끝에서 얻게 된 교훈들이 차곡차곡 쌓이기 시작하자 개인과 가정을 넘어서서 타인에게 도움이 되는 소중한 가치가 되었다. 내 산소 호흡기는 다름 아닌 나와 같은 아픔을 겪는 모든 사람들을 돕고 싶다는 열망이었다. 습득한 전문지식들이 나와 비슷한 처지의 사람들에게 덜 고생할 방법을 알려 주는 팁이 될 수 있다는 사실은 정말 멋진 일이었다.

많은 역경과 고민들이 훗날 자신을 성장시킨 '감사한 것들'임을 깨달을 수 있다면 역경은 더 이상 역경이 아니며 고민 역시 더 이상 고민이 아니게 된다. 이렇게 자신의 경험과 깨달음을 가지고 다른 사람들의 성공을 돕거나 덜 고생하는 방법을 알려 주면서 엄청난 수익을 창출하는 사람들이 세상에는 정말 많다. 그런 사람들을 '메신저'라고 부른다. 나는 내 북극성을 새롭게 그렸고 나의 소명과 일치하는 메신저의 삶에 거침없이 뛰어들었다.

'너와 나는 존재 자체로 사랑이다'라는 슬로건은 내 인생의 뚜렷한 방향이다. 이 슬로건을 실행할 수 있는 방법은 바로 나 자신이 열정 메신저, 행복 메신저, 드림아키텍처 메신저가 되는 것이다.

열정 메신저의 삶은 모두에게 이로울 수 있는 일에 온 열정을 다해 헌신하겠다는 삶의 자세다. 영혼, 마음, 몸의 균형이 잡힌 건강함을 바탕으로 열정이 넘치는 삶을 사는 것이다. 열정을 쏟고 있는 일이 나와 타인에게 도움이 된다고 느낄 때 엄청난 전율을 경험한다. 잠을 못 자도 피곤한 줄 모르고, 하루 종일 그 일에만 몰두하고 싶은 뜨거운 용광로가 내 안에 있다.

행복 메신저의 삶은 빛을 잃은 사람들과 빛나야 할 미래세대를 돕겠다는 의지다. 작가와 강연가로서 빛을 잃은 사람들에게 동기부여를 하며 그들 안의 빛을 바라봐 주고 더욱 밝게 빛날 수 있도록 돕는다. 물론, 너무 깊은 수렁에 빠져 신음하는 사람들에게는 동기부여 이전에 적절한 치유가 필요하다. 그래서 나는 NLP 최면상담사 과정을 수료했다. 상처 입은 영혼의 트라우마를 명료하게 보고 마치 외과수술을 하듯 그 트라우마를 제거하고 연고를 발라 주는 일을 시작한 것이다.

드림아키텍처 메신저의 삶은 건축 전공을 기반으로 인간, 환경, 지구, 우주에 이로운 건축물을 짓겠다는 목표다. 모든 것은 에너지다. 빛을 얻는 사람들에게는 반드시 빛을 얻는 환경이 존재하며, 빛을 잃은 사람들에게는 빛을 잃을 만한 환경이 존재한다는 가정에서 출발한다. 긍정 에너지가 차고 넘치는 공간을 만들 수 있다면 그 공간에 있는 것만으로 높고 충만한 에너지를 선물받게 될 것이다.

누군가가 내 직업이 무엇이냐고 물은 적이 있다. 건축가, 작가, 강연가, 연극배우, 극작가, NLP 최면상담사 등 나라는 사람을 직업으로 나열하면 도대체 정체가 무엇이냐고 되묻는다. 메신저의 삶에서 내가 행하는 모든 것이 곧 가치로 연결되고 직업이 될 수 있다. 현재 관심을 기울이고 있는 일과 앞으로 관심을 기울이고 싶은 일들이 곧 자신이 되며 이는 수입 창출로 이어진다. 성공에는 정해진 규칙도, 절대적인 어떤 것도 없다. 당신에게 더욱 재미있게 와 닿는 것들이 분명 있을 것이고, 바로 그것이 당신이 정말로 즐길 수 있는 새로운 직업이 될 것이다.

글의 시작을 N포 세대의 절망적인 이야기로 시작했다. 스펙의 끝에서 내가 깨달은 바는 간단하다. 최고의 스펙을 이루고 나면 그다음 스펙은 무엇인가? 그 스펙을 이루고 나면 또 그다음 스펙은 무엇인가? '사회'에 나를 맞추기 시작하면 쌓아야 할 스펙은 끝이 없다. 사회가 부여하는 무한 경쟁을 자신만의 방법을 찾아 하루빨리 끝내는 사람이 곧 '승자'다.

사람은 누구나 원석을 품고 있다. 우리는 모두 원석이며, 무궁무진한 잠재력을 가지고 있는 예비 다이아몬드다. 누구나 불타는 열망을 마주하면 미친 실행력을 장착하게 된다. '누구나' 꿈을 현실로 만들 수 있다.

13

두려워 말고 도전하기

— 김호영

건축회사 직원, 연극영화과 입시생, 자기계발 작가
스무 살이 되자마자 정신적·육체적 질병으로 인해 몇 년간 고통받았다. 정신력으로 이를 극복한 뒤 현재 건축회사에서 일하는 중이다. 건축업, 요식업, 연극영화과 입시 준비 등 인생 영역을 다양하게 확장하고 있다. 현재 청춘에게 꿈과 희망을 주기 위한 개인저서를 준비 중이다.

아버지는 내가 태어난 지 7일 만에 심장마비로 돌아가셨다. 그 후, 우리 가족은 어려운 가정형편 속에서도 꿋꿋이 삶을 살아 가기 위해 고군분투해야 했다. 엄마와 누나가 무엇이든 최선을 다 하는 모습을 보면서 어리고 평범했던 나는 반드시 성공하고 말겠 다는 다짐을 하게 되었다. 그러나 성공에 대한 열망이 가슴속 깊 은 곳에 자리했지만 내가 무엇을 잘하고, 하고 싶은 것이 무엇인 지 알지 못했다.

중학교 3학년 때, 고등학교 진학을 두고 고민했다. 가고 싶은 고등학교를 3곳 써서 제출해야 했는데, 나는 1순위로 자율형 사립 고등학교인 장훈고등학교를 꼽았다. 장훈고등학교는 공부를 잘하는 아이들이 모인 고등학교였다. 그러나 내신 등급 1%가 공부를 잘하는 상위그룹이라면 나는 거의 최하등급인 89%에 드는 학생이었다. 하지만 나는 성공한 미래를 위해서는 공부를 열심히 해야 한다는 믿음을 갖고 있었다. 그래서 입학 원서를 오직 장훈고등학교 한 곳만 써서 제출했다. 담임선생님은 나를 교무실로 부르셨다.

"꼭 장훈고등학교에 입학을 하고 싶니?"
"네. 꼭 가고 싶습니다. 선생님, 저는 성공하고 싶습니다."
"추천서를 써서 너를 그 학교에 보내 줄 순 있지만 나는 네가 그곳에서 적응을 못 할까 봐 겁이 난다."
"꼭 열심히 공부해서 좋은 성적을 내고 좋은 대학교에 가겠습니다."

나의 단호한 결심에 선생님께서는 나에게 '특별 추천서'를 써 주셨다. 몇 주 뒤, 나는 장훈고등학교에 원서를 제출했고 선생님께서는 나를 다시 한 번 교무실로 부르셨다.

"호영아, 너는 절대 가난 때문에 불행하지 않아. '네가 바뀌어서 너의 자식들의 삶까지 바뀔 수 있다는 것'을 알길 바란다. 꼭 성공해서 좋은 모습으로 보자꾸나."

담임선생님의 이 한마디는 가슴속 깊은 곳에 자리해 나의 미래를 바꾸어 놓는 말이 되었다. 나는 고등학교 3년 동안 정말 열심히 공부했다. 중학교 시절 내내 내신 9등급이었고, 놀기만 좋아하던 아이가 고등학생이 되어서는 전교 13등으로 성적이 껑충 뛸만큼 최선을 다했다. 고등학교 2학년 때는 회장이라는 직책을 맡아 '학급 공부분위기 만들기' 프로젝트를 진행하며 아이들을 옳은 방향으로 인솔했다. 그러나 고등학교 3학년이 되자, 나는 또다시 '어떤 대학의 어떤 과를 가고 싶은가?'라는 물음과 마주하게 되었다.

나는 여전히 '성공'에 대한 열망은 있었으나 내가 무엇을 잘하는지 무엇을 하고 싶은지 몰랐다. 그래서 나는 고등학교 졸업 직후 '나만의 특별한 스무 살'을 보내겠다고 다짐했다. 지금이 아니면 할 수 없는 일들을 하면서 내 꿈이 무엇인지 찾고 싶었다.

스무 살의 첫 도전은 두상 모델이었다. 조소과 진학을 목표로 하는 학생들이 나를 둘러싸고 앉아서 머리끝부터 쇄골까지 나를 찰흙으로 빚는 작업을 했다. 학생들의 열정적인 눈빛과 마주하는 일은 신선하면서도 새로운 경험이었다. 두상 모델의 끝 무렵 학생들은 내게 "보통 모델들과 다르게 호영 씨는 지치지 않고 우리와 호흡해 줘서 고마워요. 감동했어요. 이런 경우는 처음이에요."라고 말했다. 나는 형언할 수 없는 뿌듯함을 느꼈다. 그리고 더욱 많은 인연을 만나 열심히 배우고 경험하며 살겠다고 다짐했다.

두 번째로는 하루에 수백 명이 오고가는 베이커리 가게에서 새로운 도전을 했다. 그곳에서 커피와 음료를 만드는 방법과 함께 영업까지 배우게 되었다. 어떤 케이크를 고를까 고민하는 고객님들에게 다가가 취향과 상황에 맞는 케이크를 추천하는 일이었다. "이 케이크는 어떠신가요?"라고 말하면서 고객들의 눈을 일일이 마주하며 교감했다. 시간이 흐르고 일에 익숙해지자 나는 더욱 많은 사람들과 교감하고 소통하고 싶은 욕심이 생겼다. 그래서 베이커리 가게를 그만두고 이번에는 사회와 삶에 부닥쳐 보기로 했다.

세 번째 도전은 성신여대 입구에 위치한 프랜차이즈 패밀리 레스토랑이었다. 레스토랑은 어마어마하게 컸다. 300석이 넘는 좌석과 일하는 직원들만 70여 명에 달했다. 그곳에서 친절 서비스 교육과 와인 판매를 배웠다. 일이 익숙해지자 나는 한 가지 사실을 깨닫게 되었다. 우리 지점은 다른 점포들에 비해 서비스가 최하위로 본사의 블랙리스트에 올라 있는 관리 대상 점포였다. 나는 나부터 바뀌어야 우리 점포의 분위기가 쇄신될 수 있다고 생각했다. 나의 작은 행동과 말에서 서비스가 시작된다고 믿었다.

그런 생각을 실천하기 위해 첫 번째로 고객들이 방문할 때마다 큰 소리로 인사하며 정답게 반겼다. 그리고 자세를 낮춰 한쪽 무릎을 꿇고 고객과 눈을 마주하며 친절하게 미소 지으면서 주문을 받았다. 또한 고객들이 불편함을 느끼고 직원들에게 서비스를 먼저 요청하기 전에 고객들이 필요로 하는 부분을 채워 넣었다. 능동적으로 서비스를 하다 보니 새로운 사실을 깨닫게 되었다. 손님들은 '미리 배려하는 것'을 느끼고 큰 감동을 받으면 당연하게 받아들이지 않고, 반드시 감사함을 표현한다는 점이었다.

"당신을 칭찬하고 싶어요! 사원 칭찬 카드로 감사함을 전하고 싶은데 어디서 작성할 수 있죠?"

이런 상황이 계속되자 총괄매니저는 내 왼쪽 가슴에 붙은 명함 배지를 다른 사원들과 차별화되는 금색 배지로 바꾸어 주겠다는 제안을 하기도 했다.

몇 개월 뒤, 나는 더 큰 꿈을 위해 또다시 큰 결심을 하게 된다. 연기학원에 등록해 배우가 되는 과정을 배우기로 한 것이다. 그렇게 레스토랑과 연기학원을 병행해 다니며 새로운 미래를 향해 발돋움하는 경험을 했다. 연기를 배우면서 호흡과 발성 자세 등을 교정할 수 있었다.

나는 꿈이 없는 사람들에게 다양한 사람들을 만나고 부딪쳐 보길 조언한다. 현재의 방황은 혼란스럽고 과도기이기에 힘들다는 생각도 들지만 자신의 꿈을 추구하려는 시도조차 하지 않는 사람들보다는 행복하다고 생각한다. 고등학교 졸업 이후 나는 가족과 함께 식사 한 끼 할 여유도 없을 만큼 목적만을 좇으며 살았다. '하고 싶은 일 다 하기'와 '지금 아니면 할 수 없는 일 하기'를 목표로 바쁘게 살았고, 아직도 경험하는 과정에 놓여 있다. 이 과정은 매우 힘들지만 뼈저린 경험에 나는 매일 감사한다. 날마다 나아지고 있는 나의 소중한 삶에 대한 확신이 있기 때문이다.

자신의 꿈을 소유하고 그 꿈을 향해 앞으로 나아갈 준비를 하자. 나는 꿈에 미친 또라이이며 나와 같이 꿈을 몰라 방황하는 사람들의 '드림 메이커'가 되고자 한다. 나의 꿈을 통해 이로움을 얻는 사람들에게 선한 영향력을 끼치며 계속해서 성장할 것이다.

14

내 인생 절찬 공연 중!

— 안장혁

MBC 성우, 연극배우, 작가, '안스스피치' 대표, 스피치 컨설턴트, 연기 코치
말과 목소리, 표현력의 향상을 원하는 일반인부터 대학생, 강사, 성우, 배우, 쇼 호스트 지망생까지 폭넓게 코칭하고 있다. 교육 성취 만족도 100% 스피치 컨설턴트를 목표로 하며, 강연공연가를 꿈꾼다.
저서로《보물지도 5》와《미래일기》가 있다.
• E-mail impactspeech@naver.com
• Blog http://blog.naver.com/impactspeech
• Homepage http://www.ansspeech.co.kr/

고등학교 2학년 때의 일이다.

친구와 함께 이름도 생소한 시골 마을로 여행을 갔다. 그런데 그 마을에서 생각지도 못한 소동에 휘말렸다. 상황은 진정되지 않고 점점 더 혼란스러워졌다. 속수무책으로 돌아가는 사태는 어떻게 해결될지 답도 보이지 않았다. 걱정 반, 긴장 반의 심정으로 소동에 대책 없이 끌려가고 있었다. 그때 친구가 모든 걸 한 방에 정리했다.

"재밌지, 진짜 웃긴다. 흐흐."

순간 정신이 들었다. '아, 이거 연극이지'라고 새삼 깨달았다. 친구에게 초대권이 생겨 보러 온 연극 공연이었다. 나는 잠시 소극장을 벗어나 수천 킬로미터 떨어진 유럽의 이름 모를 시골 마을로 순간 이동해 그들과 소통하고 있었다. '무대'가 주는 알 수 없는 힘에 끌려, 나는 현실과 가상의 경계에 서 있었다. 무대라는 공간이 너무도 매력적으로 느껴졌다. 나도 저 가상공간에서 모험하며 무수한 곳을 여행하고 싶었다.

스무 살이 된 나는 바로 연극무대에 뛰어들었다. 극단에 들어가 본격적으로 연기를 배우며 무대수업을 받았다. 내가 처음으로 맡은 역할은 베스 헨리 작 〈마음의 범죄〉의 대사 없는 흑인 역이었다. 공연이 시작되며 조명이 들어오면 앉아 있다가 일어서고 누웠다가 조명이 꺼지면 퇴장하는 역이었다. 1분도 안 되는 분량이었다. 그 1분을 위해 나는 1시간 분장하고 1시간 씻는 노동을 감수했다. 흑인 역이라 도랑(분장용 화장품)과 물감을 섞어 온몸에 검정 칠을 했는데 바르고 씻는 일이 만만치 않았다.

존 스타인벡의 〈생쥐와 인간〉에서는 농장 주인 역을 맡았다. 나이 든 느낌을 내기 위해 만행(?)을 저질렀다. 정수리 쪽 머리카락을 말끔히 밀었던 것이다. '소갈머리 없이' 나타난 나의 기행에 모두 실소를 금하지 못했다. 하지만 그것은 무대에서 값진 경험을 얻기 위한 나의 최소한의 예의였다.

얼마 뒤 생각지도 못한 일이 일어났다. 김지하 시인의 〈금관의 예수〉라는 작품의 주인공을 맡은 배우가 공연에서 하차하게 된 것이다. 공연을 포기해야 하는 심각한 상황이었다. 그러나 극단은 '공연은 관객과의 약속'이라는 입장을 고수하며 강행을 결정했다. 하지만 주인공의 분량이 워낙 많은 데다 당장 배우를 섭외하기가 쉽지 않았다. 더구나 공연 자체가 무대와 객석의 경계가 없는 마당극 형태의 실험적 공연이었다. 이러한 공연에 익숙하지 않은 배우라면 분위기를 숙지할 시간까지 필요했다. 특단의 조치가 내려졌다. 작품을 처음부터 지켜보며 동선과 대사, 극의 분위기까지 거의 익히고 있던 배우가 한 명 있었다. 바로 나였다. 내가 주인공 '문상' 역을 맡게 된 것이다.

개막까지 남은 기간은 10일. 외부 연출가까지 합세해 하드 트레이닝을 시작했다. 무대에서 필요한 표현력을 어떻게 끌어올릴 것인가에 초점이 맞춰졌다. 거기에 상당한 체력적 에너지를 요하는 오광대 춤까지 익혀야 했다. 역할에 몰입하기 위해 거의 무대에서 먹고 잤다. 문둥이 역에 가까워지기 위해 머리와 눈썹도 밀었다. 온종일 손에 붕대를 감고 생활했다. 표정부터 자세까지 세세하게 이미지를 그리며 나는 역할에 온 힘을 다했다. 이 기회를 놓치고 싶지 않았다. 그리고 성공했다. 공연은 입소문을 타며 남녀노소 누구나 찾는 공연이 되었다. 2년 넘는 장기공연을 기록했다.

이 공연으로 나는 크게 성장했다. 공연 진행 중 몇 달은 짬을 내 아동극까지 소화하며 하루 5회 공연을 하는 날도 있었다. 체력적으로 상당한 부담을 느꼈지만 젊음으로 이겨 냈다. 무대에서 살았다. 삶과 무대는 하나였다. 정극, 마당극, 부조리극, 코미디극까지 주어지는 역에 장르를 불문하고 도전했다. '무대'는 계속 나를 끌어당겼고 나 역시 기회를 놓지 않았다.

1993년 나는 새로운 영역에 도전했다. MBC 성우 공채 시험에 응시한 것이다. 3월 12일, 공연을 위해 대구 문예회관으로 향하던 차 안에서 라디오를 켰다. MBC 정오 뉴스를 듣기 위해서였다. 뉴스 끝자락에 차인태 아나운서가 1993년 성우 공채 합격자 명단을 발표했다. 내 이름이 라디오에서 흘러나왔다. 새로운 무대로의 초대장이었다.

마이크 앞은 무대와 닮았다. 배우가 무대에서 맡은 인물로 살아가듯 성우도 캐릭터와 하나 되어 그들의 인생을 산다. 내 시간은 정지되고 영상 속 인물의 숨이 내 숨이 된다. 나는 그 무대에 빠르게 적응하기 시작했다. 애니메이션과 게임 장르에서는 악당이나 독특한 캐릭터에 승부를 걸고 나만의 연기세계를 구축했다. 그러다 보니 답이 안 나오는 캐릭터들이 있으면 나에게 전화가 온다. "선배님, 이 캐릭터는 소리를 어떻게 낼까요?" "장혁 씨, 이 캐릭터가, 아니다! 영상 보내 줄 테니까 보고 알려 줘요." 힘은 들어도 연기하는 맛은 끝내준다.

소리는 훈련할수록 다듬어지고 좋아진다. 평소 나는 소리를 자연스러운 말하기 톤에 맞추고 기술적인 에너지를 집어넣어 듣는 사람으로 하여금 기억에 잘 남는 화술을 추구한다. 화자는 청자에게 '한 번을 들어도 열 번 들은 것 같은 효과'를 남기는 말하기를 구사해야 한다. 목소리로 생각을 표현하고 상대에게 의미를 전달하는 말하기 작업은 종합적 감각을 요구한다. 왜냐하면 목소리 연기는 영적인 에너지와 정신(생각, 감정, 의지), 육체(감각, 표정, 근육)가 하나 되어 이루어 내는 유기적인 작업이기 때문이다. 어느 하나가 부족하거나 무너지면 좋은 표현과 소리는 나오지 않는다.

말하기는 매일 단련이 필요한 평생 운동과 같은 것이다. 특히 성격 강한 캐릭터를 소화하려면 호흡량과 복부 힘, 성량 등이 뒷받침되어야 한다. 그러니 운동도 게을리할 수가 없다. 나는 15년 동안 복싱으로 체력과 호흡을 잡아 왔다. 소리를 쓰는 사람에게 좋은 운동 중 하나다.

"대부분의 사람들은 자신의 인생과 경험을 매우 과소평가한다. 깨달은 바가 있으면서도 그것이 다른 사람들에게 큰 도움이 될 수 있을 거라고는 생각하지 못한다. 아무도 자신의 이야기를 진지하게 듣지 않으리라 여긴다. 그러나 당신이 보잘것없다고 느끼는 그 경험과 깨달음을 세상의 누군가는 간절히 필요로 한다. 그들은 당신의 조언을 들으면서 진심으로 감사해할 것이며 대가를 지불할 수도 있다."

《메신저가 되라》의 저자 브렌든 버처드의 말이다. '메신저'란 자신이 가진 경험과 지식을 메시지로 만들어 다른 이들에게 전달하는 사람이다. 상대가 필요로 하는 가치를 제공하고 세월을 벌어 주는 메신저의 삶을 이 책을 통해 구체적으로 알게 되었다. 막연했던 그림이 그려지기 시작했다. 그리고 실행에 옮겼다.

그 실행 중 하나가 '책 쓰기'다. '지면'이라는 무대를 빌려 무대와 마이크 앞에서의 내 경험과 지식을 나누는 것이다. 나는 책을 쓰고 과정을 만들어 말하기 동기부여 코치로 활동하고 싶다. 말하기 표현력 코치, 감정근육 트레이너, 목소리 향상 컨설턴트로서 말과 표현, 목소리에 어려움을 겪는 사람들을 도울 것이다. 그리고 나만의 화법으로 차별화된 콘텐츠를 만들어 '모노강연공연'이라는 장르까지 개척할 생각이다. 나 자신의 가치를 바로 세우고 진정한 나의 가치를 확인해 보는 작업을 해 나갈 것이다.

책을 쓰면서 매일이 더욱 특별해지고 가치 있어짐에 감사한다. 책을 쓰며 열어 갈 미래에 대한 기대로 내 심장은 뛰고 있다. 성우, 배우, 작가 그리고 강연가로 진화해 가는 나의 성장과 도전에 격려의 박수를 보낸다. 나의 무대는 언제나 진행형이다.

15

또라이처럼
거침없이 직진하기

마케팅 전문가, 1인 창업 컨설턴트, 작가, 강연가
진짜 꿈을 찾기 위해 남들 다 하는 취업 공부를 외면하고 사회라는 정글로 무작정 나왔다. 나만의 특별한 콘텐츠를 만들기 위해 고군분투 중이다. 현재 개인저서를 집필하고 있으며 세상을 바꾸는 기업가가 되기 위해 한 발 한 발 내딛고 있다.
• E-mail oh_rarara@naver.com

　　나는 버스가 다니지 않는 것은 물론, 조그만 구멍가게조차 없던 시골에서 유년시절을 보냈다. 그러다 중학교 진학을 위해 시내로 이사를 가게 되었다. 농사를 지으셨던 부모님께서는 시내에서 식당 겸 정육점 장사를 시작하셨다. 하지만 시내로 나와 마냥 신나기만 했던 내 생활에 차츰 문제가 생기기 시작했다. 시내 친구들이 보기에 시골에서 온 내가 특이하고 신기해 보였나 보다. 아이들은 나를 괴롭히기 시작했다. 내 발을 걸어 넘어뜨리기도 하고, 화장실 세면대에서는 일부러 물을 튀기기도 했다. 하지만 이 집단 괴롭힘을 깔끔하게 마무리 짓게 된 사건이 있었다. 어느 날

한 친구가 내게 일명 '맞짱'을 걸어왔다.

"내일 4시 동아아파트 놀이터로 나와라."

갑작스런 통보였다. 전략이 필요했다. 그래서 부모님께 이 사실을 알렸다. 보통 부모라면 이런 소식을 듣고 놀라고 걱정할 텐데 우리 부모님은 달랐다. 아버지는 싸움에서 이기는 방법을 알려 주면서 연습까지 시켜 주셨다. 아버지는 나에게 이렇게 말씀하셨다.

"먼저 기싸움에서 지면 안 된다. 눈을 호랑이처럼 뜨고 절대 기죽으면 안 돼. 그리고 선방이 중요해. 내일 꼭 구두를 신고 가. 구두 굽으로 상대 다리를 차고 쓰러뜨리면 돼. 그 후에는 머리를 잡든, 귀를 잡든, 한 곳을 잡고 절대 놓아주지 마. 넌 이 싸움을 기회로 성장할 거야. 걱정하지 마렴."

아버지께 싸움컨설팅을 받은 결과는 완승이었다. 나의 독기 서린 발악을 보고 친구들은 혀를 내둘렀고, 그 자리에서 여태껏 나에게 저지른 만행에 대해 사과했다. 이후 남은 학교생활은 편안했다. 그리고 이 일을 교훈 삼아 부당한 일을 당했을 때나 원하는 것을 쟁취하기 위해서는 두려워하지 않고 거침없이 행동하는 성격이 되었다. 그래서 내 주변 사람들은 나를 보고 피곤하게 산다고 말한다. 하지만 그렇게 행동해야 나 스스로에게 떳떳하고, 하루를 마감하며 잠자리에 들 때 후회가 없다.

나의 또라이 에피소드는 이뿐만이 아니다. 나는 20대 중반이 되어서야 부모님에게서 독립할 수 있었다. 그전에는 알바를 하며 용돈은 벌었지만, 잠을 자고 밥을 먹는 것은 부모님께 의지할 수밖에 없었다. 대학을 졸업하고 본격적으로 부모님 품에서 독립해야겠다는 열망이 커졌다. 아무도 뭐라고 하는 사람이 없는데, 괜히 부모님께 죄송하고 눈치가 보였다.

그런데 독립을 하려 해도 두 가지 문제가 있었다. 첫째는 돈이었다. 당장 집을 나가고 싶어도 집을 구할 돈도, 생활할 돈도 없었기 때문이다. 두 번째 문제는 내가 직업이 없었다는 것이다. 집이 있다 한들 생계를 유지할 직업이 없으니 앞길이 캄캄했다. 독립은 해야겠고 방법은 없어서 막막하기만 했다. 그러던 어느 날 머릿속이 번뜩했다.

'내가 왜 안 되는 방법만 생각하고 있지? 무조건 되는 방법만 생각하자!'

먼저 첫 번째 문제인 '돈'에 관한 전략을 세웠다. 집을 구하는 데 드는 돈은 얼마인지, 또 한 달에 나가는 고정비와 생활비는 어느 정도인지 사전 조사를 했다. 어디로 독립을 할 것인가? 충북 충주에 살던 나는 경기도 분당에 살고 싶었다. 평생 가까이 하고 싶은 대한민국 최고의 자기계발센터 〈한책협〉이 분당에 있었기 때문이다.

분당에 있는 부동산 몇 군데에 전화해서 최대한 지하철역과 가까운 곳에 집을 구하고 싶으니 찾아가겠다고 무턱대고 약속을 잡았다. 보증금은 얼마인지 월세나 전세는 얼마인지 그리고 살 만한 공간인지 내 눈으로 직접 확인해 보고 싶었다. 공인중개사가 골라둔 집들을 구경했지만 다 조건이 맞지 않았다. 공인중개사는 지방에서 일부러 올라온 나를 위해 다른 부동산에 연락해서 좋은 집을 소개해 주려고 노력했다. 그 결과 운이 좋게도 보증금도 적절하고 분당 쪽에서는 찾기 힘든 저렴한 월세방을 찾을 수 있었다. 게다가 지하철역과 가까웠다. 원래는 시세만 알아보러 간 것이었음에도 이 집을 놓치기가 너무 아쉬워 그날 바로 계약해 버렸다.

이제 발등에 불이 떨어졌다. 입주하기로 한 날까지 보증금과 생활비를 구해야 했다. 나는 20대 초반에 용돈을 벌기 위해 막노동을 한 적이 있었다. 막노동은 다른 아르바이트에 비해 일당도 세고 하루 단위로 일을 나가기 때문에 일정을 자유롭게 짤 수 있다. 무엇보다 큰 매력은 보수를 당일 현금으로 지급해 준다는 점이다. 예전에 나갔던 인력사무소를 찾아가니 쉽게 일거리를 구할 수 있었다. 매일 새벽 5시 30분에 인력사무실에서 일거리를 기다렸다가 공사현장, 농사현장으로 투입되었다. 난 악착같이 돈을 모아서 보증금을 마련했다.

하지만 두 번째 문제가 남아 있었다. 바로 '직업'이었다. 막노동으로 하루를 보내고 집에 오면 취업을 준비할 시간이 부족했다. 입주 날까지 시간이 부족한 관계로 좋은 직업에 대한 욕심을 버리고 아르바이트라도 구하자는 심정을 가졌다. 구인구직 사이트에서 분당에 나온 일자리라면 어디든지 다 지원했다. 편의점, 패스트푸드점, 식당, 마트, 백화점, 일반 사무직, 학원, 각종 영업회사 등 총 120여 군데에 지원했지만 입주 전날까지도 나는 직장을 구하지 못했다.

나는 럭비 선수가 된 기분이었다. 럭비공을 들고 골을 향해 미친 듯이 뛰어가야 했다. 나를 골에 닿지 못하도록 잡아끄는 상대편 선수들을 따돌리고 말이다. 골에 다다르지 않으면 내가 진다. 모든 정신을 집중했다. 그러자 기적이 일어났다. 터치다운! 극적으로 직장을 구하게 된 것이다. 분당 서현에 위치한 댄스학원에서 학원생을 관리하는 매니저 일을 하게 되었다.

태어나서 처음으로 받은 월급은 96만 7,000원이었다. 월세를 지불하고 각종 고정비를 내고 나면 남는 돈은 거의 없었다. 하지만 그마저도 행복했다. 하루하루 달라지는 삶이 만족스러웠다. 단순히 일을 하는 것이라고 생각하지 않고, 돈을 받으면서 '비즈니스 트레이닝'을 한다고 생각하니 더 즐거웠다. 댄스학원은 3개월 만에 그만뒀지만 나는 거기서 배운 것을 토대로 더 좋은 시너지를 내어 가고 있다.

인생은 럭비 경기와 같다. 럭비 경기는 공을 쥔 선수가 골까지 뛰어가 터치다운하면 이긴다. 가는 동안 방해하는 것들을 전부 뿌리치고 달려야 한다. 하늘은 스스로 돕는 자를 돕는다는 말이 있다. 스스로를 믿고 두려움 없이 밀고 나갈 용기만 있으면 된다. 거기에 약간의 또라이 정신이 가미되면 금상첨화라 할 수 있다.

16

또라이들이여, 웰컴!

영어강사, 작가, 북 큐레이터, 학습 컨설턴트, 수험생 라이프 코치, 진로 상담가
현재 중·고등학생 대상 영어강사로, 청소년들의 입시와 '변화 독서' 멘토로 활동 중이다. 또한 많은
사람들의 변화를 위한 개인저서를 준비 중이다.
• E-mail book-dodream@naver.com
• Blog http://blog.naver.com/book-dodream

"방보람 선생님이시죠? 저 강○○ 엄마 되는 사람인데요."

모르는 번호로 전화가 와서 받아 보니 8개월 전 맞선을 봤던
상대의 어머니였다. 그분은 자신의 아들과 왜 계속 만나지 않았냐
고 물으셨다. 인연이 아니었던 것 같다며 최대한 예의를 갖춰 둘러
댔지만 계속해서 이유를 물으셨다. 애써 잊고 지냈던 8개월 전의
일이 다시 생생하게 기억났다.

그는 만나자마자 이런 말로 나를 당황시켰다.

"제가 전화로 미리 못생겼다고 말씀드렸는데 왜 고개를 갸우 뚱하면서 저를 쳐다보시는 거죠?"

나는 그에게 만나기 전 통화했을 때의 목소리와 얼굴이 매치되지 않아 쳐다본 것뿐이라고 설명했다. 그의 구겨진 표정은 변함이 없었다. 또한 그는 대화하는 내내 자신감 없는 모습을 보였다. 게다가 서로를 알아 가기에도 부족한 시간에 그동안 선을 봤던 여자들에 대한 험담만 늘어놨다. 내 얘기도 아닌데 기분이 나빠서 참다못해 한마디 던졌다.

"여자분들만 그런 분들 있는 거 아니에요. 남자분들도 이상한 분들 있어요."
"어떤 남자요?"
"욕 문자 보내는 남자분도 계시던데요."

욕 문자를 보내온 사람은 이전에 맞선을 본 남자였다. 그는 박사과정까지 이수한 전문직 남성이었다. 나는 첫 만남 이후 그의 애프터를 거절했다. 자존심이 상했는지 그는 같이 식사하고 계산했던 영수증을 문자로 첨부해 비용의 절반을 보내라고 재촉했다. 그리고 익명의 번호로 나를 비하하는 말, 겁을 주는 내용의 문자들을 보내며 괴롭혔다. 스토커 같은 무서운 문자를 받기 싫어 돈을 보낸 뒤에도 한동안 익명의 문자에 시달렸다. 처음에는 나를 오해하는 듯해 대화로 풀어 볼까도 생각했다. 하지만 막무가내로 문자를 보내니 무서워서 피하고만 싶었다.

이런 경험을 들려줬음에도 불구하고 그는 자신의 의견을 굽히지 않았다. 우리의 대화는 점차 남녀 대결구도로 이어졌다. 결국 선 자리에서 서로에 대해 알아보기는커녕 말싸움만 하다 헤어졌다.

충격적인 일은 그다음 날 일어났다. 익명의 번호로 욕 문자가 온 것이다. 범인은 아무리 생각해도 정황과 추측 상 전날 맞선을 본 남자였다. 전날의 대화에서 자신이 이겨서 통쾌하다며 비웃는 듯한 뉘앙스의 내용과 함께 적나라한 욕이 적혀 있었다. 내가 방법을 고스란히 알려 줘서 그 매뉴얼대로 보낸 문자 같은 느낌이 들었다. 스스로 발등을 찍은 것 같아 후회가 밀려왔다. 그런 사람과 맞선을 봤다는 것, 또 그런 무례한 사람이 사회적으로는 인정받고 있다는 것에 적잖은 충격을 받았었다. 그 와중에도 좋은 경험을 했다고 스스로 위로하며, 좋은 사람이 나타나길 기다리고 있었다. 하지만 연이어 상식적으로 이해되지 않는 그와의 맞선으로 한동안 우울했다.

그 이후로도 누가 봐도 이상한 남자들을 만났다. 소개팅이나 맞선은 일회성 만남이라 얼마든지 본인을 최대한 좋게 포장할 수 있는 자리다. 하지만 내가 만난 남자들은 그 짧은 시간에도 자존감과 자신감이 결여된 모습만 보여 줬다. 전문직에 종사하며 사회적인 인지도가 있음에도 불구하고, 이성으로 인정받지 못하게 되면 공격적인 태도를 보이는 것이 이상하게 느껴졌다. 그로 인해 나는 한동안 그들의 심리 상태와 더불어 그런 상황들을 연속적으로 겪은 나 자신에 대해서도 깊이 살펴봐야 했다.

친구들은 "넌 왜 또라이들만 만나는 거야? 일부러 그런 사람들만 모아 놓은 것처럼 하나같이 그런 사람들만 만나는 것도 신기해."라며 의아해했다. 하지만 남자 보는 눈을 기르게 된 좋은 경험이었다며 위로 아닌 위로를 해 줬다. 게다가 돈 주고도 살 수 없는 경험이라며 나의 특이한 이 경험들을 부러워하기도 했다.

그때부터 나는 그 이상한 경험들이 주는 교훈에 대해 스스로에게 질문해 보기 시작했다. 대체 어떤 결핍이 있어서 그들이 그런 행동을 하게 되었는지 원인을 알고 싶었다. 자연스럽게 그 해답을 알고자 심리, 인문, 경영, 자기계발 서적들을 닥치는 대로 읽기 시작했다.

책을 읽으면서 많은 것들을 알게 되었다. 어릴 적 상처와 결핍이 제대로 치유되지 않고 자신도 모르게 쌓여 있는 상태에서 성인이 된 사람은 사회활동을 하면서 어릴 적 미성숙한 자신의 모습을 고스란히 드러내게 된다고 한다. 어떤 상황에서 거절을 당했을 때 그것을 수긍하지 못하는 '어린 성인'은 마음을 다스리는 방법도 잘 모를뿐더러 현 상황과 비슷한 감정을 느꼈던 예전의 경험과 상처를 끌고 와서 상처받은 아이의 모습으로 상대를 대하는 태도를 보인다는 것이다.

타인에 대한 이해가 시작되면서 그들의 관점에서 나를 돌아봤다. 그들은 애매한 태도를 보이는 내가 원망스러워서 그런 행동을 했을 수도 있다. 상황에 따라서는 상대를 위해 정확한 거절 의사를 표현해야 함을 깨달았다. 빠른 거절이 상대에게는 상처가 될 것이라고 생각해서 애매하게 행동한 것이 오히려 상처를 준 것이다.

독서는 사람들을 내 기준으로 추측하고 판단하는 '인지적 구두쇠'의 모습을 탈피하도록 도와주었다. 독서 분야가 넓어지면서 몰랐던 내 모습도 발견하게 되고, 책 속 글귀와 힌트들에서 '되고 싶은 나의 모습'을 찾아가고 있었다. 책에 빠지게 된 이후로 삶의 목표와 방향을 재설정하고, 그에 주파수를 맞추어 오롯이 목표에 도달하고자 노력하는 모습을 갖추게 되었다. 타인에 대한 이해에서 나에 대한 깊은 이해와 성찰로 확장된 것이다.

맞선을 본 남자들은 나의 사고방식까지 바꿔 놓았다. 나를 힘들게 했던 그들과의 만남도 결과적으로는 깨달음과 변화를 준다고 생각하게 되었다. 이러한 긍정적인 마음의 변화가 현실에서의 나를 성장시켰다. 다양한 사람들과의 잊고 싶었던 만남에서 시작된 독서의 여정 속에서 나도 잘 몰랐던 나를 발견했다. 또한 글쓰기를 통한 치유와 함께 작가의 길을 걸을 수 있게 되었다. '또라이 같은 남자들'이 나를 작가의 길로 들어서게 한 것이다.

찰스 해낼은 이런 말을 했다.

"우리에게 찾아오는 조건과 경험은 모두 우리를 위한 것이다. 어려움과 난관은 우리가 그 지혜를 흡수하고 성장에 필요한 핵심적인 것들을 모을 때까지 계속 나타날 것이다."

나를 더욱 성장시켜 줄 어려움이라면, '베스트셀러 방 작가'에게 글감을 선물로 줄 이상한 사람과의 만남과 난관이라면, 이제는 반갑게 "웰컴!"이라고 외칠 수 있다.

17

장애를 긍정 에너지의
원천으로 삼기

자기계발 작가, 강연가, 동기부여가, 글쓰기 전문가, 청년 사업가
단 한 번뿐인 인생, 하고 싶은 일을 하면서 살아야 한다며 직장을 박차고 나와 사업가로 변신한 당찬
20대 청년이다. 많은 이들에게 긍정 에너지를 전파하는 삶을 살고 있으며, 솔직하고 담백한 필력을 바
탕으로 1인 창업에 관한 개인저서를 집필 중이다. 철저히 자기관리를 하는 삶을 살고 있는, 내일이 기
대되는 남자다.
• E-mail jeongyeop25@naver.com
• Blog http://blog.naver.com/jeongyeop25

27년간 어떤 삶을 살았냐고 물어보면 결코 평범한 삶을 살진
않았다고 말할 수 있다. 고등학교를 선택하는 것부터 군 생활, 편
입준비생 시절, 직장생활까지 평탄한 삶은 없었다. 어릴 적부터 나
의 주관이 개입되지 않은, 그저 남들과 같은 평범한 삶을 살기를
철저히 거부했던 나는 꿈이 수시로 바뀌었다.

군대를 전역하고, 친구들은 도서관에서 각종 어학공부, 자격
증 공부를 할 때 나는 지게차 자격증을 취득했고, 천장 크레인 자
격증을 취득하기 위해 김해를 왔다 갔다 하며 무난하게 합격해

자격증을 취득했다.

울산에는 거대한 공단이 몇 개나 있고 공장이 많기 때문에 어학점수보다는 내가 취득한 자격증이 무조건 유리하게 적용되어 친구들보다 빠른 시기인 스물여섯 살에 첫 사회생활을 시작했다. 그러나 이제 막 일을 배우기 시작하는 신입사원이었는데 회사와 동료들은 기다려 주지 않았다. 신입사원이라도 그날 할당된 알루미늄 코일을 생산하지 못하면 위에서 질책이 쏟아졌고, 그 비난과 질책을 받은 동료들은 오로지 내 탓으로만 생각했다. 일을 못해서 들은 꾸중에 대해선 다음 날 조금의 실수도 하지 않기 위해 집중해서 일하는 것으로 메꿨지만 인격적인 모독은 견딜 수 없었다. 그래도 난 포기하지 않았다. 나를 욕하는 사람에게 웃으면서 커피도 타 주고 담배도 건네며 내 나름대로는 정말 최선을 다했다.

2014년 6월 8일 새벽 2시경, 그날은 함께 일하는 동료들을 조금이라도 편하게 하기 위해서 식사를 하고 15분 일찍 들어와서 일하고 있었다. 사실 그날도 어김없이 독설을 들어서 약간 멍한 상태였다. 야간에는 정신을 더욱 바짝 차리고 일해야 한다. 중장비를 다루는 공장이다 보니 순간의 실수는 큰 사고로 이어질 수 있기 때문에 더욱 주의를 기울였어야 했다. 그러나 코일의 위치를 바꾸기 위해 리모컨을 들고 크레인을 조정하던 중 '쾅' 하는 소리와 함께 왼손이 크레인과 코일 사이에 끼는 사고를 당했다. 처음에는 괜찮은 줄 알았지만 5초 정도 뒤 나의 왼손은 두 겹의 장갑을 뒤덮고도 모자라 바닥에 뚝뚝 떨어질 정도로 심한 출혈을 일으켰다. 놀란 나는 메인 작업자를 찾아가 상황을 설명하고 즉시 응급실로 향했다.

식사를 한 직후에 사고를 당했기 때문에 당장 수술을 할 수 없었다. 장갑을 걷어 내고 소독을 할 때 다친 손을 봤다. 신경이 심하게 놀라서 그런지 통증을 느끼지 못했기 때문에 나는 오히려 태연한 자세로 앉아 있었다. 너무 큰 사고를 겪다 보니 그 순간 크레인이 가슴으로 향하지 않은 것에 감사한 마음을 가지게 되었고, 손을 쓰는 데 지장이 없을 거라는 좋은 생각만 했다. 병원에서 회사 쪽에 부산에 있는 큰 병원으로 가야 한다고 요청해서 구급차를 타고 부산으로 향했고, 수술은 다음 날 오후 5시가 되어서야 진행되었다. 다행히도 신경을 피해 가긴 했는데 손이 워낙 복잡한 조직으로 이루어져 있어서 예전처럼 쓸 수 있을지는 담당 의사조차도 장담을 못했다.

밤마다 지속되는 통증으로 인해 진통제를 맞지 않으면 잠을 잘 수 없었지만 정신만큼은 살아 있었다. 병원에 입원해 있는 동안 나는 회사에서 인간 이하의 취급을 받았다는 생각을 하며 내가 잘하는 일이 무엇인지 찾기 시작했다. 한 달 보름여간의 병원 생활은 하루 종일 책을 읽으며 사색을 할 수 있는 최적의 환경이었다. 나는 서서히 회사를 벗어나려는 준비를 하고 있었다.

병원생활을 마감하고 회사에 복직한 뒤 사고에 대한 보상금 2,000만 원이 통장에 입금되면서부터 나는 본격적으로 변화를 꾀할 수 있었다. 내 손과 바꾼 돈이라는 생각을 하니 씁쓸함이 발끝부터 머리끝까지 치밀어 오르면서 그 돈을 반드시 내가 큰일을 하는 데 쓰겠다는 다짐을 했다.

독서를 하면서 여러 가지 일들을 찾아보며 지내던 중 작가가 되어 강연을 하고 싶다는 생각이 들었다. 독서를 좋아하던 나에게 작가란 직업은 업무의 일부 중 하나가 독서라는 것이 정말 매력적으로 다가왔고 군 생활을 하던 중 후임병들에게 읽은 책을 소개하며 진로 상담을 해 줄 때 희열을 느꼈던 기억이 났다. 나는 단순하게 좋아하는 일을 하고 싶지 않았다. 돈을 많이 벌어 크게 성공하는 것이 왼손에게 보상해 줄 수 있는 길이라고 생각했기 때문에 큰돈을 벌 수 있는 일을 하고 싶었다.

그때 내 눈에 들어온 책이 대한민국 책 쓰기 명장 김태광 코치의 저서 《서른여덟 작가, 코치, 강연가로 50억 자산가가 되다》였다. 한마디로 강력한 메시지를 전달받은 기분이었다. 책을 읽으며 가슴이 미어질 때도 있었고 무엇보다도 정말 치열하게 살며 자수성가한 김태광 코치의 삶이 전해 주는 메시지가 가슴 깊이 와 닿는 것을 느꼈다.

며칠 뒤 회사에 사표를 쓰기로 결심하고 김태광 코치에게 이메일을 한 통 보냈다. 김태광 코치는 만사 다 제치고 〈1일 특강〉에 참석하라는 답변을 주었다. 나는 주 6일 근무를 하며 일요일도 출근하고 있었지만 선임자에게 양해를 구하고 〈1일 특강〉에 참석했다. 〈1일 특강〉을 들으며 김태광 코치님께 책 쓰기를 배우기로 결정하고 지금은 작가와 강연가의 길을 걷기 위해 더욱 정진하고 있다.

이 글을 쓰는 내내 1년가량 나타나지 않던 손의 통증이 다시금 찾아왔다. 마치 그때를 떠올리며 더욱 열심히 살라는 메시지를 받은 기분이다. 나는 장애를 가지고 있다. 의사들도 이렇게까지 회복될 줄은 몰랐다고 말했지만 주먹이 제대로 쥐어지지 않고 오른손처럼 자유자재로 왼손 손가락을 움직일 수 없다. 평생 이렇게 살아야 할지도 모르지만 장애를 가지고 있는 이 손은 나의 에너지의 원천이다. 장애를 가지고 있다고 해서 절대 기가 죽거나 남들에게 보이고 싶지 않다는 생각은 일절 하지 않았다.

누군가가 손에 대해서 물어보면 당당하게 대답을 해 주는데, 그럴 때면 상대방은 대부분 안쓰러워하는 표정을 짓는다. 나는 그 표정이 그다지 달갑지는 않다. 이제 막 사회생활을 시작한 나이에 큰 사고를 겪어서 손에 장애가 생겼지만 그 덕분에 내 나이에 맞지 않는 정신력을 얻게 되었기 때문이다. 그리고 차가운 사회를 냉정하고 치열하게 살아 내겠다는 강력한 포부까지 갖게 해 주며 나의 손은 나에게 큰 힘이 되고 있다.

나와 비슷하거나 더욱 심한 장애를 가진 사람들에게는 당당하고 멋지게 살아가는 모습을 보여 주고 싶고, 장애를 가지지 않은 사람들에게는 한쪽 손에 장애를 가져도 이렇게 성공할 수 있다는 모습을 보여 주며 동기부여를 해 주고 싶다.

　세상에는 나의 도움을 필요로 하는 사람들이 무수히 많고, 동기부여를 받고 삶을 바꾸고자 하는 사람들은 지속적으로 늘어나고 있기에 나는 크게 될 수밖에 없다. 반드시 크게 되어야만 한다. 그들에게는 내가 희망이고 롤모델이기 때문에 나는 오늘도 최고의 하루를 살아간다.

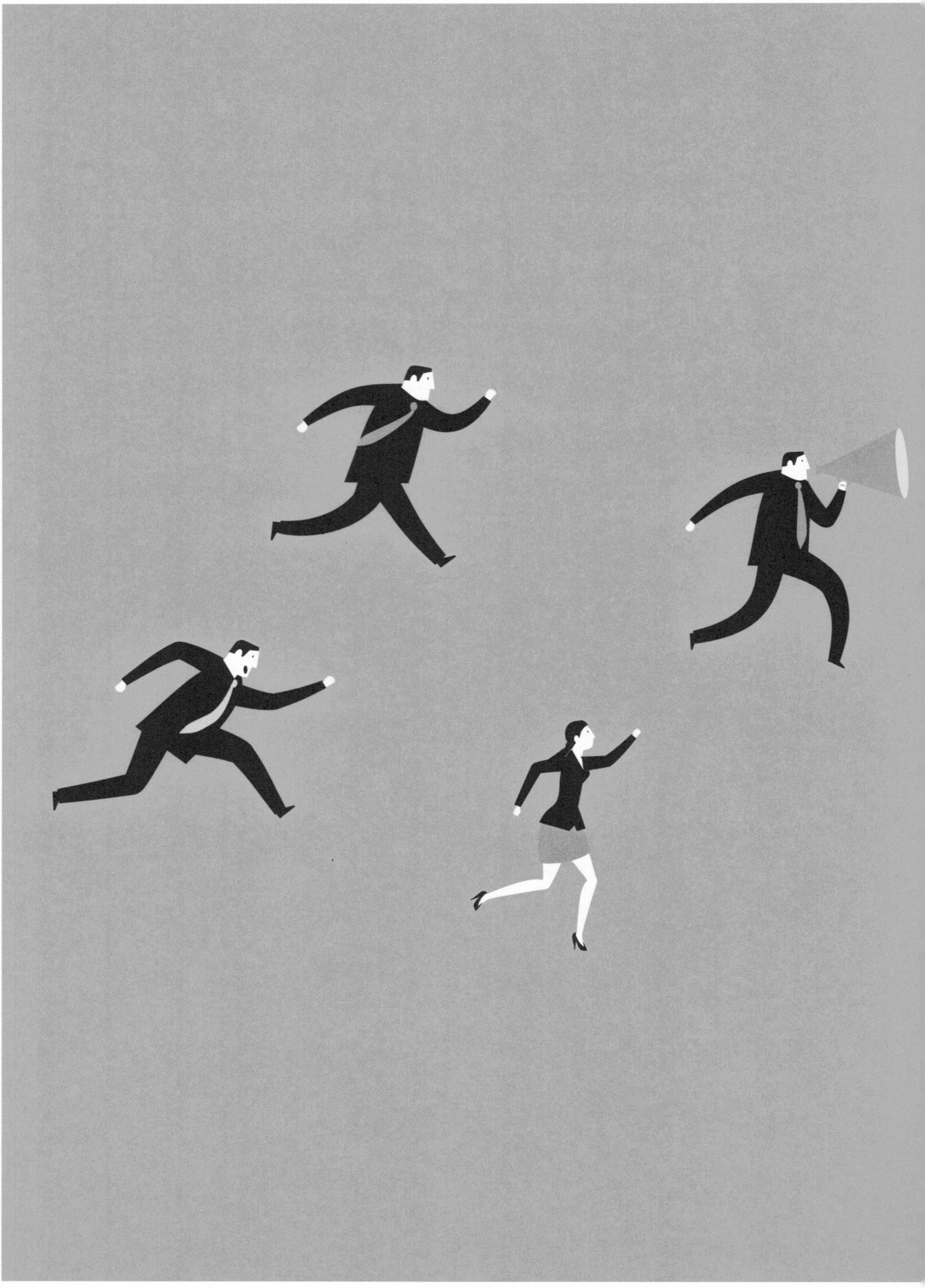

18-34

진찬란 주유희 이진규 김경현 정도미
박설희 이명호 임경원 박성민 신성호
김인희 권영욱 이승희 장성오 정윤경
임원화 손정호

또 라 이 들 의   전 성 시 대

18

내 인생의 주인 되기

— 진찬란

〈한책협〉, 〈한마협〉 코치, 세일즈 코치, 자기계발 작가, 동기부여가
현재 〈한마협〉과 〈한책협〉에서 세일즈 코치로 활동하며 지난 12년간 실제 세일즈 현장에서 터득한 노하우를 사람들에게 전수하고 있다. 더 상세한 노하우를 원하는 이들을 대상으로 TM 코칭 과정과 세일즈 코칭 과정을 준비 중이다. 저서로 《버킷리스트 8》, 《미래일기》가 있고, 현재 세일즈 관련 개인 저서를 준비 중이다.
• E-mail amazingchanran@naver.com
• Blog www.amazingchanran.com

"난 엄마처럼 살지 않을 거야!"

"너도 시집가서 너 같은 딸 낳아 봐야 내 속을 알지."

나이가 들면 엄마와 딸은 친구가 된다고 했던가. 하지만 항상 평행선을 달리는 엄마와 나에게는 해당되지 않는 말 같다.

나는 태어날 때부터 교회를 다녔다. 독실한 기독교 신자였던 엄마는 아빠의 프러포즈를 받아들이는 조건으로 '주일예배와 수요예배는 무조건 참석'을 내걸었고 엄마와의 결혼이 절실했던 아빠는 바로 엄마의 요구에 응했다. 그렇게 우리는 기독교 집안이 되었다. 초등학교 때까지는 잘 몰랐는데 중학생이 되고부터는 교회가 답답하게 느껴졌다. 교회 학생부 야유회에 가기 싫어서 동네를 돌아다니다가 엄마한테 걸려서 교회로 질질 끌려간 적도 있다.

내가 교회를 싫어하기만 한 것은 아니었다. 나름대로의 종교철학도 가지고 있었고, 하나님을 믿고 있었다. 그리고 교회에 가면 친구들이 많았다. 학교 친구는 졸업하고 따로 모임을 가지지 않는 이상 사이가 점점 더 멀어지게 된다. 하지만 교회 친구는 그렇지 않았다. 싫든 좋든 매주 봐야 했기 때문에 결국 남는 사람은 교회 친구들밖에 없었다. 하지만 내 자유의지가 아니라 엄마의 강요로 다녀야 한다는 것이 마음에 들지 않았다.

내 꿈은 소설가다. 나는 소설가가 되기 위해 단기간에 책 쓰기를 가르쳐 준다는 〈한책협〉의 〈1일 특강〉을 듣기로 했다. 그런데 공교롭게도 특강이 일요일마다 있었다. 한두 번은 다른 핑계를 대고 교회를 빠질 수 있었지만 계속 그럴 수는 없는 노릇이었다.

"교회 안 다닐 거면 내 집에서 나가."

내가 교회를 빠지려 할 때마다 나오는 엄마의 단골멘트다. 〈한책협〉의 김태광 대표에게 내 고민을 들려주었더니 그는 간단하게 대답했다.

"집을 나와 독립하세요."

생각해 보면 간단한 일이었다. 하지만 이미 친동생이 직장 때문에 집을 나가 혼자 살고 있었기 때문에 내 마음속에서는 두 가지 생각이 싸우게 되었다.

'나까지 집을 나가면 엄마는 혼자 있을 거야. 혹시라도 엄마가 병에 걸리면 어떡하지? 요새 독거노인들이 집에서 죽어도 사람들이 몇 달씩 모른다는데.'

한편으로는 이런 생각도 했다.

'어차피 이건 내 인생이잖아. 아무도 내 인생을 대신 살아 줄 수 없어. 이대로 있다가는 엄마를 피하기 위해 아무 사람이나 만나서 결혼할까 봐 무서워.'

결국 나는 내가 하고 싶은 일에 집중하기 위해 집을 나왔다. 현재 나만의 작은 집에서 앞으로 펼쳐질 나만의 인생을 상상 중이다.

"벗어나야 보이는 것들이 있다."라는 말이 있다. 독립하고 나서 보니 엄마는 혼자가 아니었다. 같은 아파트에 작은삼촌이 살고 있고, 지하철역 세 정거장만 가면 엄마의 베스트프렌드인 작은이모가 살고 있다. 그리고 그 외에도 엄마는 교회 안에서 왕성한 커뮤니티 활동을 하느라 바쁘다. 엄마와 나는 서로의 일이 바빠 거의 주말에나 얼굴을 보거나 그것도 아니면 주일에 교회에서 인사한 날도 여러 번 있었다.

생활면에서도 엄마를 벗어나자 보이는 것들이 있었다. 휴지, 칫솔, 치약 같은 생필품은 나의 월급에 어떠한 영향을 주지 않았었다. 하지만 독립 첫날부터 내 돈으로 생필품을 사야 했다. 그리고 쌓여 가는 빨래더미와 쓰레기들 속에서 잠을 잤다. 하지만 그런 경험이 있었기에 엄마와 살았던 따뜻하고 깨끗한 집에 감사하게 되었고, 가계 관리와 주변 정리에 능하게 되었다.

사람은 나이가 들수록 안정을 추구하게 되고 내가 가진 것을 지키려는 심리에 따라 안으로 수축할 수밖에 없다. 하지만 20~30대는 그러면 안 된다. 더 넓은 세상을 향해 호랑이가 포효하듯 맹렬한 자세로 세상과 맞서야 한다.

나는 지금 무척 행복하다. 지금 내 방 여기저기에는 내가 하고 싶은 것들, 내가 가지고 싶은 것들이 적힌 종이가 붙어 있고, 매일 책으로 둘러싸인 집에서 잠을 자고 일어난다. 그리고 요새는 성경책도 읽기 시작했다. 나에게 성경책이란 항상 깨끗하게 봐야 하는, 접거나 메모를 하면 안 되는 책이었다. 하지만 지금은 다른 책들과 마찬가지로 읽다가 내 마음을 빼앗는 글귀에는 밑줄을 긋고 메모를 하고 책 귀를 접는다. 그랬더니 더 친근하게 다가왔다. 그리고 가끔 엄마가 보내는 '우리 딸 사랑해' 같은 문자에 감동을 받는다.

나는 내 인생을 독립적으로 살고 싶다는 생각을 자주 했었다. 하지만 늘 그 자리에서 맴돌 뿐이었다. 왜냐하면 나는 생각만 하고 행동은 하지 않는 몽상가였기 때문이다. 하지만 이번에는 내 인생에서 뭔가를 해 보고 싶다는 강한 결심과 함께 행동으로 옮겼기 때문에 반드시 찬란한 결과를 이루리라고 믿는다. 내가 하고 싶은 일, 내가 앞으로 가야 할 길은 내가 선택하고 그 결과에 책임을 질 것이다. 나는 내 인생의 주인이다!

19

꿈으로 성장하는 작가 엄마 되기

– 주유희

책 쓰는 회사원, 긍정 메신저, 자기계발 전문 강연가
공기업에서 10년간 근무 중이다. 작은 일상에도 긍정적인 의미를 부여하고 항상 "좋은 일이 생깁니다!"라고 외치는 드림위커다. 마음의 소리를 놓치지 않고 생각하는 대로 살아가기를 실천하고 있다. 현재 긍정적으로 살아가는 실천론적인 방법들에 대한 자세한 이야기를 다룬 저서와 강연, 코칭 프로그램을 기획 중이다. 저서로 《버킷리스트7》, 《미래일기》가 있다.
• E-mail surimaasuri@naver.com
• Blog http://blog.naver.com/surimaasuri

결혼 전의 일이다. 출산휴가를 끝내고 회사에 복귀한 직장 선배가 있었는데 퇴근시간이 되자 기다렸다는 듯이 급하게 가방을 챙겨 뛰어나갔다. 나는 "왜 그렇게 급하게 서두르세요?"라고 물었다. 선배는 "오늘 저녁에 우리 딸 수업이 있는데 수업 준비물이 있어 사러 가야 해."라고 말했다. '수업 준비물이라니? 그렇게 큰 딸이 있었나?'라고 혼자 갸우뚱거리며 "이제 6개월 된 아기 아니에요?"라고 다시 한 번 물었다. 그러자 "응, 맞아. 우리 딸 백일부터 베이비 수업 받고 있어."라는 대답이 돌아왔다. 나는 깜짝 놀라 한동안 입을 다물지 못했다. 그 뒤로 직장 선배를 볼 때마다 정말 극성스러운 엄마라고 생각하며 그 행동을 이해하지 못했다. 선배의 모습은 나와는 거리가 먼 이야기로만 생각했다.

몇 년이 흘러 결혼을 해서 아기를 낳고 보니 어느새 나도 선배와 같은 극성스러운 엄마가 되어 있었다. 아기를 데리고 아파트 주변을 산책하던 중에 우연히 베이비 수업을 진행하는 선생님을 만난 적이 있었다. 아파트 공원에서 잠깐 육아 관련 이야기를 나누다가 집으로까지 모셔서 시간 가는 줄 모르고 반나절 내내 육아 정보를 얻기도 했다. 심지어 6개월 된 아이의 베이비 수업을 신청하기까지 했다.

육아 정보를 접하고 아이에게 관심을 가질수록 예전에 얼핏 들었던 이야기들도 다시금 새록새록 떠올랐다. 아이를 위한 일은 무엇이든지 하고 싶었다. 집 안 환경을 아이 위주로 꾸미면 좋다는 이야기에 거실 가구 배치를 최대한 아이 위주로 바꾸었다. 거실 한복판을 차지하고 있던 소파와 TV는 한구석으로 밀려났고 아기 교구와 책으로 가득한 아기 책장들이 거실 한복판을 차지하게 되었다. 가구 배치를 바꾼 첫날 퇴근하고 집으로 들어온 신랑이 아기 교구와 책으로 발 디딜 틈 없는 광경을 보고 눈이 휘둥그레지면서 했던 말이 아직 생생하다.

"이게 뭐야? 집이 왜 이래? 내가 꿈꿔 왔던 집은 이런 집이 아니야."

이런 남편의 말에도 아랑곳하지 않고 가구 배치를 바꾼 뒤로는 본격적으로 아이 책을 사들이기 시작했다. 이사를 하면서 내부 인테리어 공사를 조금 했었는데, 그때 사장님께서 아이 방 한쪽 벽면을 책장으로 사용하도록 목재로 만들어 주신 책장이 가장 소중하게 느껴졌다. 그리고 어느새 한쪽 벽면을 차지하고 있는 책장 제일 아래 칸 한 줄이 알록달록한 책들로 가득 찼다.

하루는 아이 방의 책장을 본 신랑이 "이제 아이 책은 그만 사자."라고 말했다. 지금 있는 책도 다 읽지 못하는데 있는 것부터 다 읽고 난 뒤에 새로운 책을 사 주라는 것이었다. 나는 남편의 한숨 섞인 말에 별다른 말대꾸 한마디 없이 단번에 "응. 아이 책은 이제 그만 살게. 아빠가 반대하는 육아는 나도 반대야."라고 대답하고 더 이상 아이 책은 사지 않기로 했다.

아빠의 무관심으로 키우는 아이보다 엄마 아빠 모두의 관심과 사랑을 받고 자란 아이가 더 행복할 것이다. 그래서 굳이 아빠가 동의하지 않는 방법까지 동원해 가면서 혼자 끙끙대고 고집을 부리며 아이를 키우고 싶지는 않았다. 대신에 아이를 잘 키우기 위한 다른 육아 방법을 육아 서적을 통해 새롭게 찾기 시작했다.

그 가운데 독서영재 푸름이 아빠로 잘 알려진 최희수 작가의 《푸름아빠의 아이를 잘 키우는 내면여행》이라는 책이 가장 절실하게 와 닿았다. 그중에서 나를 먹먹하게 만들었던 구절이 있어 소개한다.

"아이는 부모의 성장만큼 성장합니다. 부모가 세상을 바라보는 시각과 아이가 자신을 바라보는 시각은 똑같습니다. 아이는 부모의 속마음을 읽고 부모를 닮기 마련이거든요. 그래서 자신의 상처를 극복하고 성장한 부모 밑에서 자란 아이는 자신의 상처를 치유하는 법도 배웁니다. 반면 자신의 상처를 외면한 부모 밑에서 자란 아이는 상처를 받았을 때 쉽사리 무너지거나 다른 사람에게 똑같은 상처를 주고 말지요."

아이에게 좋다는 책을 많이 사서 책꽂이에 꽂아 주기에만 바빴던 내 모습이 떠올랐다. 나의 행동을 돌이켜 봤다. 내가 성장하지 못한 채로 아이의 성장만 강요할 수 없는 일이었다. 문득 어렸을 적 사촌 언니 집에 놀러 갔을 때가 떠올랐다. 언니 집에 놀러 갈 때마다 나는 언니랑 놀고 싶었는데 언니는 항상 책을 읽고 있었다. 특히나 잠자리에 들 때면 머리맡에 책을 쌓아 두고 잠들 때까지 읽었다. 언니와 같이 있는 시간이 재미는 없었지만 항상 언니처럼 책에 파묻혀 책 읽는 재미에 푹 빠져 보고 싶었다.

어렸을 때부터 책 읽는 집안 환경에서 자라지 못했고, 책 읽는 습관이 들지 않아서인지 어른이 될 때까지 책 한 권 읽기가 힘들었다. 비록 나는 책 한 권 읽기를 버거워하지만 우리 아이는 그렇게 키우고 싶지 않은 마음이 컸다. 그래서 아이를 위한 일이라고 자부하며 읽어 주지도 않을 책들을 정신없이 사들였다. 하지만 깊이 돌이켜 보니 그 책들은 내 아이를 위한 책이 아니라 내 어린 시절 언니에 대한 열등감으로 한없이 작아진 꼬마아이에게 주는 책이란 생각이 들었다. 그 순간 가슴 깊숙이 응어리져 있던 무엇인가가 풀리는 것을 느꼈다. 더 이상 내가 읽고 싶었던 책들을 아이에게 읽도록 강요해서는 안 되겠다고 결심했다.

그 뒤로는 인터넷 서점에 들어가면 육아 관련 책보다는 내가 읽고 싶은 책을 먼저 찾아 구입해서 읽기 시작했다. 처음에는 어떤 책을 어디서부터 어디까지 읽어야 할지 몰라 도서 검색창 앞에서 키보드만 만지작거리며 한참을 망설였다. 그렇게 망설이다 검색창에 입력한 단어가 '버킷리스트'다. 버킷리스트라는 책을 검색하고 싶었던 것이 아니라 다른 사람들은 어떻게 꿈을 꾸고 어떻게 꿈을 실천해서 이뤄 나가는지가 궁금했다. 그렇게 《버킷리스트 6》이라는 책을 읽게 되었고, 놀랍게도 지금은 《버킷리스트 7》을 출간한 작가가 되었다.

작가가 된 요즘은 책장의 책 제목들만 훑어봐도 가슴이 벅차오르고 두근거린다. 이번에는 내 책으로 가득 찬 책장을 보고 남편이 놀라 "책을 왜 자꾸 사는 거야?"라고 물었다. 나는 "아이 책

을 사는 대신 내가 읽고 싶은 책을 사서 읽고 내 꿈에 먼저 투자
하기로 했어."라고 말했다. 엄마가 꿈꾸는 만큼 아이도 꿈꿀 수 있
고, 엄마의 꿈이 성장하는 만큼 아이의 꿈도 성장할 것이라 믿기
때문이다.

나는 아이에게 책을 사 주지 않으면 불안한 엄마 증후군에서
벗어나 내가 읽고 싶은 책을 읽으며 꿈으로 성장한 행복한 작가
엄마가 되었다. 쌓아 두고 읽지 못했던 책들을 한 권 두 권 읽으면
서 버킷리스트를 써 나가기 시작했다. 지금도 버킷리스트를 하나
씩 이뤄 나가며 어제보다 더욱 성장하는 작가로서의 새로운 삶을
누리고 있다.

20

만족되지 않으면
과감히 떠나기

'JK ENGLISH' 영어 공부방 방장, 학습 동기부여가
많은 경험을 가진 영어강사로서 JK English 영어 공부방을 7년째 성황리에 운영해 오고 있다. 영어
학습뿐만 아니라 공부에 대한 동기부여, 꿈과 희망을 멘토링하는 선생으로서 학생들의 인생에 터
닝 포인트를 만들어 주려 노력하고 있다. 저서로 《영어 학원에서 알려주지 않는 47가지》가 출간될
예정이다.
• E-mail jklee0907@naver.com
• Blog http://blog.naver.com/jklee0907

"1년에 2억 원 이상 벌 수 있고, 캐나다 영주권을 받게 해 줄
테니 부모님도 모시고 와서 함께 살아 보는 게 어때?"

2005년 캐나다 토론토에서 내가 일하던 회사의 사장님이 나
에게 건넨 말이다. 약 3년간의 캐나다 생활을 마치고 한국으로 돌
아가려 준비 중이던 나에게 사장님의 제안은 솔직히 솔깃했다. 나
이전에 여러 직원이 위와 같은 방식으로 많은 연봉을 받고 자신
의 가게를 차려 토론토에 정착해 살고 있었기 때문에 한국으로
돌아가야겠다는 나의 결심이 잠깐 흔들렸던 순간이었다. 하지만

딱 일주일만 생각하고 사장님께 말씀드렸다.

"저에게 멋진 제안을 해 주셔서 감사합니다. 하지만 저는 한국에서 제가 이루고자 하는 뜻을 반드시 이루겠습니다."

사실 캐나다에서 학교를 마치고 귀국하기 전 1년 동안은 일주일 동안 하루도 빠짐없이 일을 했다. 아침 6시에 가게를 오픈해 밤 11시까지 총 3군데에서 하루도 빠짐없이 일했다. '캐쉬어'는 캐나다 현지인들과 대화를 많이 할 수 있고 시급도 무척이나 좋았기에 내게 굉장히 소중한 일이었다. 6개월 동안 매일 아침마다 지인에게 테니스를 쳐 주고, 저녁에는 그의 가게에서 무료로 일하면서 배운 기술이었기 때문에 더욱 가치 있게 느껴졌다.

돈을 쓸 시간이 없으니 자연스럽게 저축이 되었다. 1년 동안 일하면서 생활비와 여행비를 제외하고도 약 4,000만 원의 돈이 통장에 모였다. 내가 캐나다에 올 때는 주머니에 달랑 한국 돈 6만 원이 전부였다. 지금까지 부모님의 도움을 받지 않고, 학교에 다니고 여행을 하며 3년간 머물렀는데도 돈은 수십 배 불어나 있었다.

캐나다를 떠나 지금의 아내가 된 여자 친구와 약 한 달간의 유럽배낭여행을 거쳐 한국으로 돌아왔다. 나는 1년에 2억 원 이상 벌 수 있는 능력자라는 말을 가슴에 품고 한국에서 '제대로 된 영어를 가르쳐 보자'라는 결심을 몸소 실천하기 시작했다. 그리고 나의 첫 번째 영어 학원에서의 생활이 시작되었다.

캐나다에서 24시간 중 17시간을 일하던 나에게 학원에서 영어를 가르치는 일은 정말 일도 아니었다. 보통 학원 출근 시간이 3시였는데 나는 이른 아침부터 성인 영어회화를 가르치고 부동산 경매를 배우며 헬스장에서 운동까지 마치고 출근했다. 다른 선생님과 달리 나는 수업시간 중간에 쉬는 것을 싫어했고, 4시부터 수업이 시작되면 밤 12시 수업이 끝날 때까지 쉬지 않고 학생들을 가르쳤다. 그런 나를 보고 부원장님이 이런 제안을 했다.

"이진규 부장, 우리 이번에 학원 분점을 내잖아. 앞으로 그곳 원장을 맡아 주어야겠어. 내부적으로는 이미 결론이 났거든. 우리와 함께 성공가도를 달리자."

"존경하는 부원장님, 정말 감사합니다. 그러나 내년쯤에 저도 저만의 학원을 만들어 보고 싶습니다."

나는 내 꿈을 위해 정중히 부원장님의 제안을 거절했다. 얼마 지나지 않아 학원에서는 선생님들의 월급을 줄이는 계획안을 회의시간에 발표했고, 그때 교수부장이었던 나는 이 사안에 대해 반대했다. 결국 계획보다 이르게 퇴직을 결심했다. 그때 나는 '선생들을 자기 부하처럼 마음대로 부리고, 월급을 줄이는 횡포를 일삼는 학원은 오래가지 않는다. 나는 당당하게 내 학원을 차리고 잘하는 모습을 꼭 보여 주겠다'라고 굳게 다짐했다.

갑작스런 퇴사로 창업 준비가 제대로 되어 있지 않던 나는 일단 숨을 고르기로 했다. 그리고 '지금 대한민국에서 제일 잘나가는 학원에 입사해 대형학원의 시스템을 배워 보자'라고 생각했다. 그리고 이력서를 들고 분당에 있는 A학원 본사로 직접 찾아갔고, 특별채용이라는 명목으로 A학원에 들어가게 되었다.

A학원은 외부에서 보는 것과는 전혀 달랐다. 높은 교육비와 자체 교재를 만들어 쓰는 세련된 이미지와는 다르게 선생님들에 대한 예우는 거기에 미치지 못했다. 하지만 학원을 창업하기 전에 잘나가는 대형학원의 시스템을 경험한다는 생각으로 버텼다. 나는 아침시간에는 자기계발에 더욱 몰두하고, 퇴근 후 저녁시간과 주말에는 근처 학생들을 대상으로 과외를 시작했다. 이 학생들이 나중에 내 학원을 시작할 때 초석이 될 것이라는 믿음이 있었기에 더욱 많은 노력을 기울였다.

2009년 9월에 드디어 나는 열망하던 'JK English'를 열었다. 비록 조그마한 아파트 1층을 빌려 시작했지만 열정 하나로 열심히 학생들을 지도하기 시작했다. 불과 3개월 만에 학생들을 더 이상 받지 못할 정도로 인기 있는 학원으로 자리 잡았다. 나에게 수업을 받고 싶어 하는 학생들이 대기자 명단에 쌓였고, 이대로 1년 간 수업을 한다면 수입은 캐나다 토론토에서 제안받은 연봉을 훨씬 뛰어넘을 정도였다.

'빡세고 즐거운 영어'를 모토로 지금까지 아이들을 가르치고 있다. 아이들은 항상 이 말을 잘 이해하지 못한다. "선생님, 어떻게 공부가 빡센데 즐거워요?"라는 질문을 많이 한다. 그럼 나는 아이들에게 항상 "해 봤어? 해 보지고 않고, 한번 해 봐! 그럼 빡세고 즐거운 영어가 무엇인지 알게 될 테니까. 여기가 바로 대한민국 최초로 '빡세고 즐거운 영어'를 하는 JK English거든!"이라고 대답한다.

처음에는 많은 양의 과제와 조금의 방심도 허용하지 않는 테스트로 많은 아이들이 힘들어했다. 우는 것은 예사고, 학원을 아예 오지 않으면 직접 집으로 학생을 데리러 갔다. 시간이 지나면서 아이들은 영어를 좋아하고 즐거워했다. 열심히 하니까 점차 자신도 모르게 영어실력이 향상된 것이다. 그리고 영어실력이 향상되니 아이들은 자신감도 생겼고, 다른 학생들에게 알려 주기도 하며 스스로 공부하는 방법을 터득하기 시작했다.

또한 나는 우리 학생들을 위해서 즐거운 이벤트도 많이 한다. 특히 학생들 생일에 내가 직접 학교 앞 정문에서 생일파티를 열어 주는 것으로 유명하다. 그냥 평범한 생일파티가 아니다. 선생님이 케이크와 선물을 들고, "생일 축하해!"라는 현수막을 학교 정문 앞에 건다. 그리고 음악을 크게 튼다. 생일을 맞은 학생이 수업을 끝내고 나오면 마침내 많은 학생들과 다 같이 노래를 불러 주고 폭죽을 터뜨리며 케이크를 얼굴에 바르기도 하면서 생일파티를 마무리한다. 그리고 각 학교 시험이 끝나는 날에는 정문 앞에 마중을 나가 모든 아이들에게 사탕을 주기도 하고, 우리 JK 학생들에게는 PC방도 가라면서 문화상품권을 나누어 주는 이벤트도 한다.

나는 앞으로 현재 이룬 결과에 안주하거나 멈추지 않을 것이다. 이제부터가 다시 시작이다. 더 많은 아이들이 영어를 즐겁게 공부할 수 있도록 정진하고자 한다. 지금보다 열정적이고 밝은 이진규의 세상이 다가올 것이다. 물론 기대해도 좋다.

21

아이의 눈높이에 맞춘 육아하기

다개국어 교육 · 책육아 전문가, 영어학습 컨설턴트
많은 아이들을 가르친 영어강사로서의 경험과 깨달음을 바탕으로, 유아시절에 많은 나라 언어를 즐겁게 대할 수 있는 다개국어 학습을 진행하고 있다. 또한 아이들에게 책과 자연을 평생의 좋은 친구로 만들어 주는 행복육아를 실천하고 있다.
• E-mail wobo04@naver.com
• Blog http://blog.naver.com/wobo04

"두 아이를 어린이집에 보내지 않고 데리고 있는 거예요? 어떻게 하루 종일 같이 있어요? 힘들지 않아요? 대단하시다!"

　두 딸과 함께 공원에서 만난 한 아주머니가 물었다. 녹음이 짙은 한여름, 둘째가 낮잠에서 깬 3시쯤이면 아이들과 함께 집 근처 공원으로 간다. 푸르른 자연을 느끼기 위해서다. 층간소음으로 스트레스를 받는 좁은 집보다는 맘껏 뛰어놀 수 있는 공원이 더 좋다. 준비물은 저녁으로 먹을 볶음밥과 간식, 스케치북, 크레파스가 전부다.

우리는 평소처럼 영어와 중국어를 하며 숨바꼭질을 하다 잔디에 누웠다. 하늘을 바라보며 그림을 그리고, 벤치에 앉아 노래하고 연극을 하며 시간을 보냈다. 너무 깔깔대며 놀았는지 지나가는 행인마다 신기하게 쳐다보기도 했지만 그런 시선 따위는 중요치 않았다. 내겐 두 아이와 함께하는 그 순간이 중요했다. 우리는 이 세상 누구보다 행복했다. 돌아오는 길에 큰아이가 "Mommy, I'm so happy!"를 연신 외쳐 댔다. 마음속에 벅찬 감동이 차올랐다.

책 속에서 지금의 육아법을 찾기 전까지 나는 누구보다 평범한 엄마였다. 큰아이를 낳기 전까지 영어 강사로 일했던 나는 아이를 낳고 단둘이 집에 있는 시간이 너무나 힘들었다. 남편도 영어 강사였기 때문에 늘 늦게 퇴근했다. 오전에 남편과 함께 있는 잠깐의 시간을 제외하면 육아는 오로지 나의 몫이었다. 새벽마다 자지러지게 울어 대는 아이를 컴컴한 거실에서 달래고 있노라면 나도 모르게 아이를 때리는 무서운 상상을 하곤 했다. 그러다 다시 잠든 아이의 얼굴을 보며 밀려오는 죄책감에 서럽게 꺽꺽 울기를 반복했다. 내 마음은 사랑보다는 남편에 대한 원망, 아이에 대한 미움과 우울함으로 가득했다.

힘들어하는 나에게 친정엄마는 나가서 누구라도 만나라고 조언했다. 나는 동네 친구를 찾기 시작했다. 나와 같은 처지의 엄마들을 만나게 되면서 육아를 빙자한 외출 시간이 많아졌다. 그들과 웃고 떠들면서 '나는 육아를 위한 만남을 갖고 있어. 이들과 함께하는 육아 라이프는 정말 즐거워'라며 거짓 행복으로 스스로를 속였다. 돌아오는 길에 항상 느끼는 쓸쓸하고 공허한 감정은 그냥 무시했다.

어느 날, 엄마들과 '수다타임'을 갖기 위해 외출하려던 중 딸아이가 우유를 달라고 떼를 쓰기 시작했다. 빨리 나가야 해서 마음이 급했다. 급하게 우유를 뜯어 주었는데, 아이가 실수로 우유를 쏟고 말았다. 순식간에 옷과 바닥이 엉망이 되어 버렸다. 끓어오르는 화를 주체하지 못한 나는 소리치며 딸아이의 뺨을 때렸다. 아이가 놀라 서럽게 울기 시작했다. 나는 놀란 가슴으로 딸아이를 끌어안았다. '내가 지금 무슨 행동을 한 거지? 이 작은 아이의 뺨을 때리다니!' 그날 밤, 남편에게 울면서 고해성사를 했다. 얼마 후, 자주 만나던 엄마들 모임에도 빨간불이 들어왔다. 남의 이야기를 하는 것을 좋아하던 엄마들끼리 사이가 나빠진 것이다. 결국 자주 가지던 '수다타임'도 없어졌다.

하루는 남편이 나에게 육아 책 한 권을 선물했다. 그 책은 나에게 한 줄기 빛이자 육아방법의 터닝 포인트가 되었다. 몰입해서 책을 읽은 뒤, 나만의 육아 원칙을 하나씩 만들었다.

첫째, 육아의 기본은 독서다.

둘째, 모든 스케줄은 아이의 생체 리듬에 맞춘다.

셋째, 아이가 원하고 좋아하는 활동만 한다.

넷째, 다양한 언어(영어, 중국어, 스페인어)를 즐겁게 접하도록 해준다.

기준을 세우고 나니 아이를 바라보는 시선도 긍정적으로 달라졌다. 아이와 함께하는 나의 하루하루도 빛이 났다. 나는 이 행복한 육아법을 주변 사람들에게 알리고 함께하고 싶었다. 그러나 쉽지 않았다. 그래서 큰 결심을 했다. 동네 엄마들의 '카더라 통신' 육아에서 벗어나 아이와 단둘이 노는 '나 홀로 육아'를 하기로 말이다. 주변 사람들이 나를 비웃고 깔본다 해도 나와 아이의 멋진 미래를 위해 도전해 보고 싶었다.

늘 에너지가 넘쳐 눈을 떼지 못하게 했던 아이가 독서에 흥미를 갖기 시작했다. 한 번 책을 읽기 시작하면 두 시간이 훌쩍 지나가 버렸다. 그러다 신나게 한바탕 놀고 나서 다시 책을 읽어 달라고 했다. 전집은 사 주는 족족 하루 만에 다 읽어야 성에 찼다. 아이의 책에 대한 욕심과 집중력을 볼수록 나는 더 즐거운 독서 육아를 할 수 있었다. 아이가 책 속에 빠져들수록 나도 육아 책에 빠져들었다. 육아 책은 나에게 육아법을 알려 주는 동시에 상처받은 마음을 치유해 주었다. 더 이상 인터넷 카페와 동네 엄마들의 '카더라' 통신에서 허우적거리지 않게 되었다. 하루하루가 기쁜 나날의 연속이었다.

　시간이 흘러 둘째가 태어났다. 갓난아기인 만큼 조용히 해야 하는 시간이 많아졌다. 엄마가 함께해 주는 시간이 줄어들자 큰 아이는 힘들어했다. 나도 예전처럼 놀아 주지 못해 많이 미안했다. 그러자 큰애는 책에서만 봐 왔던 어린이집에 관심을 보이기 시작했다. 급기야는 어린이집에 보내 달라고 말했다. 하지만 나는 아이가 하루 중 대부분의 시간을 어린이집에서 보내게 하고 싶지 않았다. 그래서 둘째의 낮잠 시간인 오전 9시부터 낮 12시까지 딱 3시간만 어린이집에 보내기로 원칙을 세웠다.

　어린이집을 다닌 지 6개월이 지나고 일주일간의 방학이 있었다. 큰아이는 그간 어린이집을 다니느라 읽지 못한 책에 대한 갈증을 한꺼번에 풀어내는 것처럼 온종일 책에 집중했다. 이제 어린이집을 그만둬야 할 타이밍이라고 느꼈다. 돌쯤 된 둘째도 이제 함께 놀 수 있겠다는 생각에서였다. 그렇게 큰아이의 짧은 어린이집 생활이 끝나고, 아이 둘과 함께하는 나 홀로 육아 2장의 막이 올랐다.

　모두들 우리 아이들이 정말 밝다고 말한다. 처음엔 그냥 칭찬으로 하는 말인 줄 알았다. '아이들이 다 밝지, 어두운 아이가 어디 있어?' 그런데 시간이 지나고 주변의 아이들을 보니 아이들의 눈빛을 따라가는 육아가 아이들을 밝게 만든 것이라는 확신이 든다. 우리 아이들은 틈만 나면 어디든지 앉아 책을 본다. 외출할 땐 큰아이와 작은아이 모두 책 보따리를 꾸린다. 늘 재미있게 책을 읽어 주고 책 속에서 답을 찾는 엄마의 모습이 책을 좋아하는 아이들로 만들었다.

"어머, 영어 유치원 다녀요?"
"외국 살다 왔어요?"

영어로 말하기를 좋아하는 아이들을 보고 종종 주변 사람들이 묻는 질문이다. 늘 책과 함께 아이가 좋아하는 역할극으로 재미있게 접하게 해 준 영어가 외국인과 이야기하는 것을 두려워하지 않는 아이로 만들었다.

"엄마, 나는 인도 말을 공부해서 인도에 여행 가 보고 싶어."

그런가 하면 러시아에 가고 싶어 하는 할아버지에게는 "할아버지, 제가 러시아어를 공부하고 있으니 조금만 기다려요. 같이 여행 가요!"라고 말할 정도다. 다양한 외국어를 접하게 해 준 덕분에 전 세계가 자신의 무대이자, 가슴에 세계를 품고, 꿈을 꾸는 아이가 되었다.

　이 모든 것이 한순간에 이루어지지는 않았다. 지금도 나와 우리 아이들은 매일이 축제이고 미래를 향해 행진 중이다. 어떤 어려움이 와도 두렵지 않다. 지금까지 나 홀로 이겨 냈으니 말이다. 누구나 엄마가 되는 순간 잘 키워 보겠다는 육아 DNA를 보유하게 된다. 어떤 육아 방법도 스스로의 선택에 달려 있다. 많은 부모들이 가는 넓은 길을 선택하기보단 좁고 험난하지만 아이의 손을 잡고 눈빛을 보며 보내는 하루를 선택해야 한다. 나와 내 아이가 세상의 중심에 서는 가슴 뛰는 육아를 하자.

22

바람처럼 자유롭게
나만의 삶 살기

— 정도미

'도미토미 디자인 스튜디오' 대표, 책 쓰는 디자이너, 자기계발 작가, 동기부여가
그림도 그리면서 글도 쓰는 디자이너다. 아름다운 세상을 디자인하겠다는 목표로 지역과 창업 통합
브랜딩 일을 하고 있다. 디자인을 하고자 하는 모든 이들의 멘토로 동기부여가로도 활동하고 있다.
• E-mail jtomi@daum.net
• Blog http://blog.naver.com/domitomiblog
• Homepage www.domitomi.com

　　나는 직장을 다니면서 불면증에 시달렸다. 특히 일요일에 해가 서쪽으로 넘어가면 불안감은 점점 커져 갔다. 벤처기업의 디자이너였던 시절, 별 보고 출근하고 별 보고 퇴근하는 일이 다반사였다. 인정받아야 살아남을 수 있다는 강박은 나를 일중독자로 만들었다. 나는 출근하는 기계 같았다. 몇 년간의 직장생활로 이명증과 불면증, 과로로 인한 간 이상이 왔다. 하지만 가족 누구에게도 아프다고 말하지 않았다.

　　당시 아버지는 10년째 뇌출혈을 앓고 계셨다. 엄마는 아빠의 병간호를 지극히 하시며 생계 또한 힘들게 이끌어 가고 계셨다.

오빠는 일찍 가정을 이뤄 엄마를 크게 도와드릴 수 없었고, 나 또한 서울로 상경해 이 한 몸 버텨 내는 것도 큰 숙제였다. 경제적으로 엄마를 도와드렸지만 많은 도움이 되지는 못했다. 몸이 약한 엄마는 아빠의 병간호로 인해 서서히 지쳐 가셨다. 엄마는 큰딸이었던 나에게 의지했고, 엄마의 스트레스는 고스란히 나에게 전달되었다. 그런 상황에서 아픈 내 모습까지 보여 줄 수는 없었다.

어느 날, 나는 새벽 2시까지 빈둥거리다 불을 끄고 억지로 잠을 청하고 있었다. 출근길을 생각하니 답답해졌다. 잠을 청하려 몸을 누이고 얼마 지나지 않아 이상한 불빛이 베란다 창문을 훑고 지나갔다. 그리고 한 시간가량을 잠이 오지 않아 엎치락뒤치락하고 있는데, 베란다 쪽에서 이상한 소리가 났다. 무거운 몸을 억지로 일으켰다.

당시에 나는 원룸 3층에 살았다. 습관적으로 베란다 문을 열기 위해 걸어갔다. 불을 켜지 않아 아무것도 보이지 않았지만 뭔가 이상했다.

"누구세요?"
"가만히 있으면 살려 줄게!"

작지만 날카로운 남자의 목소리가 들렸다. 그리고 어둠 속에서 서서히 그놈의 형체가 보였다. 다리 하나를 창문에 걸치고 내려오려는 순간 나와 눈이 마주친 것이다. 순간 어떻게 이 상황을 모면할지 생각했다.

있는 힘을 다해 소리를 질렀다. 격한 소리를 내지르는 순간 갑자기 두려움이 물밀듯이 밀려왔다. 재빠르게 베란다 문을 닫고 머리맡의 휴대전화를 들고 현관으로 뛰었다. "도둑이야! 도와주세요!"라고 크게 몇 번을 외쳤다. 한 발은 복도에 한 발은 현관에 두고 섰다. 같은 층의 누구도 나오지 않았다. 조금 있으니 옆집에 인기척이 느껴졌다. 혹시 옆집에 사는 사람일지도 모른다는 생각을 했다. 아무도 문을 열어 보지 않는 각박한 세상 인심에 화가 났다. 대략 5~10분 정도를 그대로 서 있었다.

인기척을 살핀 뒤, 현관문을 열어 둔 채로 다시 집으로 들어갔다. 베란다를 확인하니 놈은 도망가고 방충망은 찢어져 있었다. 서둘러 베란다 문을 잠근 뒤 다시 뛰어와 현관문을 잠그고는 방 한가운데에 섰다. 몸이 떨려서 앉을 수가 없었다.

정신을 차리고 근처에 사는 오빠에게 전화를 했다. 내가 30초만 행동이 늦었어도 어떤 일이 벌어졌을지 상상하니 끔찍했다. 더욱이 그놈이 베란다 문을 열면 바로 내가 누워 있는 형국이었다. '나쁜 일을 당했더라면 나의 삶은 어떻게 되었을까'라고 생각하니 폭탄이 터지듯 설움이 밀려왔다.

10대에는 어려운 형편에 미술을 공부하느라 아등바등 살았지만 대학에 들어가면 달라질 거라 믿었다. 그런데 졸업하는 해에 IMF가 터져 취업이 어려워졌다. 거기다가 아버지가 뇌출혈로 쓰러지셔서 나는 급히 충무로 인쇄소 골목에서 일을 시작했다. 힘들었지만 정말 성실히 살았다. 그런데 지금 나에게 남은 것이 무엇인지 생각하니 삶의 회의가 밀려왔다. 어려운 형편에도 굴하지 않고 공부한 디자인도 의미 없게 느껴졌다.

다음 날 바로 사표를 냈다. 퇴근 후에 집으로 오는 건널목에서 갑자기 흐르는 눈물을 멈출 수가 없었다. 서른 살이 되면 멋있는 사회인이 되어 있을 것이라는 막연한 기대감을 가지고 있었다. 그런데 지금의 나는 그냥 평범한 직장인이다. 내가 내 삶을 방치하고, 되는 대로 살고 있었다. 후회스런 마음과 후련함 그리고 미래에 대한 두려움으로 집에 오는 내내 눈물이 멈추지 않았다.

두 달 반 정도 필리핀으로 도피성 단기 어학연수를 갔다. 온전한 나만의 시간은 나를 치료해 주었다. 꿀 같은 휴식 기간을 보내고 집에 돌아왔을 때, 아버지가 폐암 진단을 받으셨다는 소식을 들었다. 나는 천국에서 다시 지옥으로 떨어졌다.

몸이 약한 엄마가 밤낮으로 병실을 지킬 수 없으니 밤에는 내가 간호를 했다. 똥오줌을 받아 내는 것보다 제일 견디기 힘들었던 것은 암세포가 기도를 막으면서 숨을 제대로 못 쉬는 아빠를 지켜보는 일이었다. 누우면 암세포 덩어리가 기도를 막아 주무실 때도 앉아서 주무셔야 했다. 무서운 암과 숨 쉴 수 없는 공포로 두려움에 떠는 아빠를 밤마다 지켜봤다. 동전의 양면 같은 삶과 죽음에 대해 생각했다. 3개월 후 아버지가 돌아가셨다. 나는 마음을 잡을 수 없었다. 이대로 산다는 것이 더 이상 의미 없게 느껴졌다.

이 땅을 잠시 떠나 있기로 했다. 마음을 잡지 못하는 내가 안타까웠는지 필리핀에서 만난 친구가 자신이 있는 호주로 오기를 권유했다. 사십구재가 끝나기도 전에 떠났다. 3개월은 그저 쉬었다. 아침에 일어나, 하늘 보고 햇빛 받고, 친구들도 만나면서 마음의 안정을 찾아갔다. 이후 어린이 영어태솔 학원에 등록해 수료를 하고 서울로 돌아왔다.

처음 계획은 6개월만 쉬고 다시 돌아와 취업을 하는 것이었다. 그런데 다시 출근을 한다고 생각하니 지옥으로 걸어 들어가는 것 같았다. 내 시간을 어떻게 쓸지는 내가 결정할 거라 결심하곤 취업하지 않기로 했다. 그리고 돈벌이와 상관없이 원하는 일을 하기로 마음먹었다.

제일 먼저, 고등학교 시절 가난하게 살 수 있다는 어른들의 만류로 화가의 꿈을 접고 디자인을 선택했던 나는, 돈이 되지 않는 그림을 그리기로 했다. 그리고 서른두 살에 예술대학에 다시 들어갔다. 거창한 계획 없이 마음이 이끌리는 대로 행동했다. 평일에는 학교에 다니고, 주말에는 디자인 아카데미에서 아트웍을 가르치며 생활비를 벌었다. 직장을 다녔을 때와 비교하면 빠듯했을 돈인데도 짬짬이 여행도 다니고 후배들에게 밥을 사 주는 정도는 할 수 있었다.

나는 현재 포기하려 했던 디자인 일을 하며 살아가고 있다. 그만두려 했던 디자인을 가르치게 되면서 나의 일에 대해 되돌아보게 되었다. 직장에서 나오니 일이 다시 좋아졌다. 지금은 작지만 알찬 디자인 스튜디오를 운영하며 내 일에 자부심을 느끼고 있다.

식물은 바람이 없으면 자라지 못한다. 사람도 바람이 불어야 어느 쪽으로 기울어지지 않고, 균형을 맞추며 꿋꿋이 살 수 있다. 지금 나는 바람에 귀를 기울이며 산다. 나는 더 이상 불면증에 시달리지 않으며 그 어느 때보다도 건강하고 행복한 일상을 만끽하고 있다. 내게 불어오는 바람에 몸을 맡기어 자유롭게 내가 원하는 삶을 살아 나가겠다.

23

내일이 기대되는 삶 살기

공무원, 자기계발 작가, 동기부여가
대한민국 10년 차 공무원이다. 변화를 꿈꾸는 이들을 돕는 변화성공 메신저로 희망을 전하고 선한 영향력을 끼치는 삶을 살고 있다. 찬란한 꿈을 실현하기 위해 오늘도 최선을 다하며 가슴 뛰는 삶을 찾아 매일 달린다. 현재 직장인을 위한 자기계발서를 준비 중이다.
• E-mail soar0007@naver.com
• Blog http://blog.naver.com/soar0007

우리는 완벽하지 않은 인간으로 태어났다. 삶은 변화하는 자신을 만나는 시간의 연속이다. 삶은 세상에 유일무이한 나, 누구도 대신할 수 없는 나를 다듬고 성인으로 만들어 가는 연마의 시간이다. 익숙한 생활에 만족하며 행복을 느끼고 살 수도 있다. 하지만 그 행복은 오래가지 못한다. 익숙함은 곧 나태함으로 변질되기 쉽다. 익숙함이 깨지지 않기를 바라는 사람들은 변화를 두려워하고 거부하며 바뀌는 세상에 불만을 품게 마련이다. 어차피 변하는 세상이라면 내가 만든 변화를 통해 꿈꾸는 삶을 실현하며 살아야 한다.

나는 평범한 10년 차 직장인이다. 내가 부족하다고 생각한 적도 있었다. 어쩌면 이런 생각이 변화를 통해 많은 것을 배우고 채워서 더 나은 내가 되어야 한다는 동기부여가 되었을지도 모른다. 그래서 평범함을 넘어 비범함을 꿈꾸게 되었다. 내 꿈은 변화 메신저가 되는 것이다. 평범한 삶을 살고 있는 이들이 일상에서의 자극을 통해 매일 변화하며 어제보다 더 나은 특별한 삶을 살도록 도와주고 싶다. 꿈을 향해 나아가는 사람과 그렇지 않은 사람은 분명히 다르다. 꿈을 가지고 평범에서 비범으로 달려 나가는 사람은 내일이 기대된다. 세상에 변하지 않는 것은 없고 지금 이 순간도 모든 것이 변하고 있다. 그 변화를 따라가는 것이 아니라 나의 의지로 변화한다면 그것만큼 멋진 삶은 없을 것이다.

변화 메신저로서의 첫 번째 실험 대상은 바로 나다. 나는 평범한 삶에서 벗어나 이제는 비범한 삶을 꿈꾸며 날마다 새로운 변화를 시도하고 있다. 변화를 위해서는 의식적으로 좋은 습관을 만들어야 한다. 아리스토텔레스가 "자신의 모습은 습관이 만든다."라고 말했듯이 얼마나 좋은 습관을 가지고 있는지에 따라서 매 순간 삶을 대하는 자세가 바뀌고 인생이 달라진다. 나쁜 습관을 좋은 습관으로 바꿔 행동하면 꿈을 현실로 만들 수 있다. 습관 하나를 내 것으로 만드는 데 21일이 걸린다고 한다. 1년이면 18개의 변화된 습관을 만들 수 있다. 매일 좋은 습관들을 만들고 이뤄 나가는 것만으로도 삶을 의지대로 살고 있다는 희열을 느끼며 가슴 벅찬 하루를 살게 될 것이다.

나는 가장 먼저 새벽 5시에 일어나서 기도를 하고 30분 동안 실내 사이클을 타는 습관을 만들었다. 하루의 시작이 달라지니 삶의 모든 것이 달라졌다. 전에는 시간에 쫓기며 하루를 시작했었다. 이제는 감사히 하루를 맞이하며 생각을 정리하는 여유가 생겼다. 하나의 습관으로 시간에 쫓기던 삶에서 시간을 주도적으로 사용하는 삶으로 바뀌었다. 시간을 활용할 줄 아는 나를 발견한 것 자체가 기쁨이다.

나는 드라마를 보는 것을 좋아했다. 관심 있는 배우가 나오면 그 드라마가 끝날 때까지 두세 달은 드라마에 푹 빠져 살았다. 다음 회를 기다리며 인터넷 검색을 하는 등 삶의 모든 것이 오직 드라마에 집중되어 있었다. 하지만 어느 순간부터 드라마 자체에 흥미를 잃었다. 만들어 낸 이야기에 시간과 생각을 허비하는 것이 아까웠다. 작가가 만든 주인공의 드라마틱한 삶을 동경하는 것에 더 이상 의미를 두지 않았다. 내가 바로 내 인생의 작가이자 주인공이라는 생각이 머릿속에 강하게 박히면서 오히려 나만의 스토리를 만드는 것에 더 큰 의미를 부여하게 되었다. 그 어떤 드라마보다 나의 변화이야기와 성공스토리가 가장 기대된다. 세상에서 가장 무서운 것은 나 자신이다. 내 안의 잠든 거인이 어떻게 깨어날지 모르기 때문이다. 삶이라는 무대에서 나는 작가이자 주인공이다. 앞으로 펼쳐질 내 인생스토리가 그 어떤 드라마보다 기대되는 이유다.

꿈을 가지고 열심히 걸어가다가도 슬럼프에 빠질 때가 있다. 부정적인 생각이 떠올라 내일이 두려워진다. 나는 그럴 때마다 '결국 나는 이길 것이다'라는 생각을 반복하며 잠재의식에 각인시키려고 노력한다. 세계적인 성공철학자 나폴레온 힐은《결국 당신은 이길 것이다》에서 다음과 같이 말했다.

"부정적인 마음과 자기의심이 나의 한계를 만들고 그로 인해 두려움이 찾아온다. 부정적인 마음 상태는 결국 사람들이 방황하는 습관을 형성하도록 이끌기 때문에 나는 이길 것이라는 강한 확신과 신념을 통해서 불안함을 떨쳐 내야 한다. 나의 한계는 내가 만드는 것이다. 우리의 마음은 우리가 항상 생각하는 것들을 끌어당기기 때문에 내 모든 의식을 명확한 목표 긍정적인 생각으로 만들어야 한다."

나는 성공 한계점은 없다고 확신한다. 그래서 미래가 기대된다. 성공 관련 책들을 읽다 보면 잠재의식을 활용해 '부'의 생각을 하는 것이 중요하다고 한다. 인간은 자신의 잠재의식 속에서 생각하는 그대로 된다는 것이다. 오리슨 S. 마든은《아무도 가르쳐 주지 않는 부의 비밀》에서 "습관적인 사고, 확신, 꿈, 신념 등은 모두 잠재의식에 새겨져 최종적으로 당신의 현실에 반영된다."라고 했다. 나는 '인생은 스스로 창조하는 것'이라고 믿는다. 그래서 변화된 모습과 꿈을 이루는 부의 생각을 의식적으로 잠재의식에 각인시키고 있다. 꿈을 반복해서 생각하다 보면 모든 행동과 생각이 한 곳에 집중하게 되고 우주의 끌어당김 법칙에 따라 현실로 나타난다는 것을 믿는다.

삶의 변화를 꿈꾼다면 자기계발 실천은 필수다. 자기계발의 시작은 책 읽기이고 자기계발을 넘은 자기혁명의 시작은 책 쓰기다. 책 읽기가 사고의 폭을 확장해 준다면 책 쓰기는 삶을 바꿀 수 있는 계기를 만들어 준다. 내 인생은 책을 쓰면서부터 바뀌었다고 당당하게 말할 수 있다. 책 읽기는 취미에 머무를 수 있지만 책 쓰기는 관련 지식을 확장시켜 주는 활용법을 넘는 생존법이자 자신의 가치를 세상에 알리는 자기혁명의 과정이다. 200여 권의 책을 쓴 김태광 작가는 《생산적 책쓰기》에서 "책 쓰기는 눈부신 인생 2막을 위한 자기혁명"이라고 했다. 누구나 작가가 될 수 있다. 자기계발을 넘어 자기혁명을 원한다면 자신만의 스토리가 있는 책을 써라.

나는 꿈을 실현하기 위해 매 순간 최선을 다하는 삶, 떳떳하고 정직한 삶을 살아갈 것이다. 매 순간 나 자신에게 떳떳한 삶을 산다면 어디에서든 무엇을 하든 당당할 수 있다. 최선을 다해 노력한 삶이었음에도 결과가 없다면 그저 때가 아닐 뿐이다. 나는 개의치 않고 더 높이 나아갈 것이다. 한계를 모르고 뻗어 나갈 내가 무섭다. 나는 내 인생이 가장 설레고 기대된다. 나는 세상을 변화시킬 '또라이'다. 내 인생 3년 후, 5년 후를 기대한다.

24

또라이 억만장자 되기

– 이명호

동기부여가, 마인드 코치, 군대 전역 컨설턴트, 청소년 멘토, 작가
꿈이 없는 청년들을 위한 마인드 코칭 및 컨설팅을 진행하고 있다. 현재 군 장병을 위한 군대생활 자기계발에 대한 저서와 전역 후 진로에 대한 프로그램을 기획하고 있다.
• E-mail noble_raven@naver.com
• Blog http://blog.naver.com/noble_raven

나는 '또라이'를 이렇게 정의하고 싶다. 남들과 다른 생각을 하고 남들의 생각 저 너머를 생각하는 사람이라고 말이다. 쉽게 말해 또라이는 대중과 다른 길을 가는 사람이다. 언제나 평범함보다는 특별함을 추구하고 남들이 망설일 때 그들은 먼저 행동한다. 이것이 평범한 사람과 또라이의 가장 큰 차이다. 생각이 미치면 먼저 행동이 앞서는 '지르고 보는 스타일'이 바로 또라이다. 많은 사람들은 행동 전에 많은 생각을 하기 때문에 또라이가 되지 못한다.

또라이는 평범한 사람과는 다르다. 스스로에 대한 확신과 무조건 잘될 것이라는 믿음으로 가득 차 있기 때문에 한 번 판단이 서면 더 생각하지 않고 바로 행동한다. 대학교 때, 한 선배는 "생각이 많아지면 행동이 없다."라고 말했다. 그 말은 나에게 일종의 행동 강령이 되었다. 생각이 많으면 이것저것 따지는 것이 많아지기에 나중에는 생각에 생각이 꼬리를 물어 결국 행동을 못 하게 된다. 이것을 단적으로 보여 주는 예가 있다.

대학교 시절, 이상형을 만나기 위해 마음에 드는 여성을 만날 때마다 연락처를 물어보았다. 그런데 막상 '저 사람에게 연락처를 물어봐야겠다'라고 생각하고 다가가려고 하면 두려움이 엄습했다. '주변 사람들이 이상하게 보면 어떡하지?', '나 말고도 잘생긴 사람이 정말 많은데?', '저 여자에게 연락처를 못 받고 다음에 마주치면 얼마나 창피할까' 이런 생각들이 나의 머리를 어지럽혔다. 억누르려고 해도 결코 억눌러지지 않았다. 하지만 망설임을 멈추고 다가가서 물어보면 이런 생각들은 언제 그랬냐는 듯이 종적을 감춰 버렸다. 일단 행동하는 순간 복잡했던 생각이 하나로 정리되었다. 이때 확실하게 느꼈다. 생각이 많아지면 행동할 수 없다는 것을 말이다.

장교 전역 후, 나는 성공 비법에 관한 책 한 권을 알게 되었다. 120만 원의 고가임에도 불구하고 덜컥 구매해 버렸다. 한참 자기계발을 하던 내가 생애 처음으로 지불한 비싼 자기계발 비용이었다. 하지만 나는 그 정도로 절실했다. 군대 전역 후 무조건 성공해야겠다는 강박에 사로잡혀 있었다. 그래서 나의 군 생활 중 주말에 가 있는 곳은 늘 카페 아니면 도서관이었다. 닥치는 대로 책을 읽고 무엇을 하면 성공할지에 대해서 고민했다. 특이해 보이는 사람에게 다짜고짜 다가가서 "무슨 일을 하시나요?"라고 물어본 적도 있다.

〈한책협〉의 대표이자 '또라이 성공학'의 창시자인 김태광 코치는 미치지 않고서는 성공할 수 없다는 것을 몸소 보여 주는 분이다. 〈한책협〉과 김태광 코치를 만나게 되면서 나는 행동을 향한 발판을 마련할 수 있었다. 나는 비싼 자기계발 비용도 필요하다고 생각되면 깊게 생각하지 않고 질러 버리곤 한다. 특히 책 쓰기 수업의 경우 1,000만 원의 높은 비용이 들지만 반드시 필요하다고 생각해 단 1시간 만에 수강을 결정했다. 당시 수중에 돈이 없었음에도 불구하고 나는 먼저 계약서를 쓰고 방법을 마련하기로 했다. 왜냐하면 지금 이 순간 행동하지 않으면 다음에 행동하리라는 보장이 없기 때문이다. 당시 갑자기 1,000만 원짜리 강의를 듣는다고 여자 친구와 어머니께 말했지만 그들은 놀라지 않았다. 왜냐하면 나는 그전에도 비슷한 전적이 있었기 때문이다.

내가 이렇게 자기계발에 투자하는 데는 다 이유가 있다. 지금 돈을 모아 봤자 큰돈을 모으지는 못한다. 그렇다면 차라리 나를 성장시키는 것이 장기적으로 더 큰돈을 벌 수 있을 것이라고 생각했다. 비록 지금은 보이지 않지만 나는 내가 지금보다 몇 십 배는 더 큰돈을 버는 사람이 될 것이라는 확신이 있었다. 그래서 남들이 뭐라 하든 월급을 모으지 않고 다 썼다. 심지어는 빚까지 낸 적도 있다.

책에서 말하는 대로 미리 부자가 된 것처럼 느끼기 위해 80만 원대의 장지갑과 120만 원짜리 시계를 샀다. 그리고 최고급 호텔에서 숙박하며 그곳 레스토랑에서 식사를 했다. 부에 대한 경험을 해 봐야 부자가 된다는 것이 어떤 느낌일지 내 머릿속에 확실하게 각인될 것이라 생각했다.

또한 내가 원하는 차에 시승하기 위해 아우디, 람보르기니, 벤틀리, 롤스로이스 매장까지 얼굴에 철판을 깔고 가 보았다. 꽤나 따가운 시선을 견뎌야 했지만 나는 당당했다. 왜냐하면 앞으로 그 차들을 다 소유할 것이기 때문이다. 사실 그 시선이 즐겁기도 했다. 아무나 가질 수 없는 차라는 느낌이 들었기 때문이다. 롤렉스 시계가 차고 싶으면 롤렉스 매장에 냉큼 들어가서 시계를 찬 뒤 사진을 찍고 돌아왔다. 매장에 들어가면 나는 점원에게 당당히 묻는다.

"여기서 제일 비싼 건 뭐예요?"

그러면 점원들은 살짝 당황하다 내가 원하는 대로 안내하면서 시계를 채워 주곤 했다.

나는 정말로 부자가 되고 싶다. 똑같은 사람으로 태어나서 누군가는 하고 싶은 대로 하며 살고, 다른 누군가는 돈을 벌기 위해 일에 얽매인 삶을 사는 것이 너무 싫었다. '왜 나는 백화점에서 기호가 아닌 가격을 보아야 하는가?', '왜 나는 늘 일을 해야만 먹고 살 수 있는가?', '왜 부자들은 최상의 물건을 사용하며 더 행복하게 사는가?'라는 질문을 해 오며 '나도 부자가 될 수 있다', '경제적인 자유를 얻어 누리며 살 수 있다'라고 늘 믿고 있다. 내가 욕망에 대해 말하면 이상하게도 주변 사람들 또한 그 욕망을 닮아 간다. 모든 사람은 마땅히 그럴 자격이 있다.

고등학교 때부터 나는 꿈을 낮추는 것을 싫어했다. 그래서 남들이 고등학교 3학년 때 대학교의 기준을 낮출 때조차 나는 낮추지 않았다. 육군사관학교에 떨어지자 고려대학교를 목표로 삼았다. 나는 스스로에 대한 가치를 늘 높게 잡았다. 그래서 어디서 내가 무엇을 하든 반드시 성공하리라는 것을 믿어 의심치 않았다. 인간의 능력은 무한하며 만물의 영장인 인간은 스스로를 어떻게 생각하고 규정하느냐에 따라 능력이 달라진다고 믿었다. 벼룩을 유리병에 가둬 놓으면 병의 높이에 점차 순응해 유리병을 열어도 도망가지 못한다고 한다. 사람 역시 스스로의 그릇을 작게 만들어 놓으면 그 안에 갇혀 더 큰 능력을 발휘하지 못한다.

나는 늘 바뀌고 변화하며 발전하는 사람이 되었다. 성격이나 혈액형 따위를 믿지 않고 내가 되고 싶은 모습에만 초점을 맞춰 살아왔다. 그렇게 지금의 모습을 만들어 왔다. 지금 만나는 그 누구도 과거 내가 남 앞에서 말 한마디를 못하고 심지어 가게에서 물건 하나도 제대로 사지 못했던 것을 모를 것이다. 나는 나를 바라보는 다른 사람의 시선과 기대에 자신을 맞추지 않았다. 누가 뭐라 해도 나의 가능성을 믿었다.

나는 억만장자가 될 것이다. 아니, 되어 가고 있다. 누군가가 안 된다고 이야기해도 나는 귓등으로도 듣지 않는다. 그 사람은 억만장자가 되어 본 적이 없기 때문이다. 성공하려면 성공한 사람들의 말만 들어야 한다. 그런데 사람들은 종종 실패한 사람들의 말을 듣는다. 그래서 믿음을 잃고 성공의 길을 포기해 버린다.

나는 어떤 두려움에 의해서 스스로가 하고 싶은 것을 포기하거나 바꾸는 것을 싫어한다. 어렸을 적 말하는 것에 그렇게 자신감이 없었음에도 '강연가'를 꿈꿨다. 왜냐하면 나를 극복했을 때의 기쁨이 너무 좋기 때문이다. 자신감의 부재를 이겨 낼뿐더러 다른 사람들이 내 말을 듣고 눈을 반짝이던 순간의 기쁨을 나는 잊을 수 없다.

나는 스스로를 '변태형 또라이'라고 규정하고 싶다. 나에겐 어떠한 한계도 없으며 늘 내가 원하는 모습으로 변화하고 끊임없이 발전한다. 나는 인간의 무한한 가능성을 깊이 신뢰한다. 이왕 믿는 것 적당히 믿지 않고 온전하게 나 자신을 던질 것이다. 나는 무한한 능력을 가진 존재이기 때문이다.

25

드림백 프로젝트, 가방으로 책 쓰기

– 임경원

도쿄 탐험가, 드림백 디자이너, 꿈&희망 메신저
꿈과 희망 제로, 존재의 가치도 없이 방황의 굴레를 헤맸다. 무식하면 용감하다고 '용기' 하나만 들고
무작정 도쿄행 비행기를 탔다. 도쿄에서 새로운 도전과 꿈을 만났다. 세상이 나를 버릴지라도 포기하
지 않는 방법과 자신을 사랑하는 법을 배워 가고 있다. 꿈과 희망 메신저로 거듭나고 있는 자신의 모
습에 설렘을 갖고 오늘도 도쿄에서 신나는 하루하루를 보내고 있다.
• E-mail imkyungwon@naver.com
• Blog http://blog.naver.com/imkyungwon

"저는 가방을 이용해서 책을 쓰겠습니다."

12월의 크리스마스가 얼마 남지 않은 졸업 작품 아이디어 프
레젠테이션 때였다. 나는 주위 사람들을 의식하지 않고 마치 폭
탄 던지듯 의견을 내던졌다. 그러자 다들 나를 향해 조롱의 비웃
음을 던졌다. 일부는 나를 괘씸하다는 듯 바라보았다. 그들의 얼
굴에는 '쟤는 제정신이 아니야! 막돼먹은 놈'이라는 표정이 역력했
다. 순식간에 강의실은 찬 바람이 부는 날에 얼음물까지 끼얹은
듯한 분위기로 바뀌었다. 잠시 후 몇 명의 선생님들은 도무지 무

슨 말을 하는지 모르겠다며 좀 더 구체적으로 말해 보라면서 질문공세를 퍼부었다. 나는 이렇게 말했다.

"저는 저를 위한 가방을 만들고 싶습니다. 저의 꿈을 담은 꿈가방(Dream Bag)을 만들겠습니다. 재료는 소가죽, 컬러는 네이비블루, 겉모양은 책을 형상화하고 안에는 4개의 클러치백 형식의 가방을 넣고, 거기에 제가 좋아하는 명언을 새길 것입니다. 4개를 넣은 이유는 4페이지 형식으로 봄, 여름, 가을, 겨울 사계절의 의미를 담아서 365일 저의 꿈을 잊지 않기 위해서입니다. 또한 책장을 넘기듯 움직이게 하고 분리도 가능하게 만들 것입니다."

아니나 다를까, 반응은 혹평과 독설이 난무했다. 한동안 냉랭한 기운이 감돌았다. N선생님은 도무지 이해를 못하겠다는 표정을 지었다. 그러면서 어떻게 움직이고 분리가 된다는 것인지에 대해서 물었다.

"물론 아직 아이디어일 뿐입니다. 필요한 재료나 만들 방법은 아직 잘 모르겠습니다. 선생님들과 의논해 가며 만들겠습니다. 섬세한 아이디어 스케치 준비가 부족하고, 표현을 제대로 못해서 죄송합니다. 하지만 이번에는 저의 의지를 굽히지 않겠습니다."

질문과 답변이 이어지는 동안에도 선생님들이나 학생들은 도무지 무엇을 만들려는지 이해가 안 된다는 표정들이었다. 나는 사람들의 반응에 개의치 않았다. 의지가 강했기에 어떤 말에도 흔들리고 싶지 않았기 때문이다.

기시미 이치로·고가 후미타케의 《미움받을 용기》에 보면 이런 말이 나온다.

"자신의 삶에 대해 자네가 할 수 있는 것은 '자신이 믿는 최선의 길을 선택하는 것', 그뿐이야. 그 선택에 타인이 어떤 평가를 내리느냐 하는 것은 타인의 과제이고, 자네가 어떻게 할 수 없는 일일세."

내가 이렇게까지 미움받을 용기가 발동한 이유는 아이디어가 계속 떨어졌고 마감기간이 얼마 남지 않았기 때문이다. 11월부터 시작해서 1월 말까지 졸업 작품을 준비하고 2월 11일 졸업 전시회를 열겠다는 목표로 진행되었다. 내가 졸업 작품으로 드림백을 만들기로 결심한 결정적 계기는 책 속의 한 문장에서 비롯되었다.

2015년 12월 9일 잠을 자던 중, 갑자기 눈이 뜨였다. 다시 잠들려고 해도 도무지 잠이 오지 않았다. 아무래도 졸업 작품 준비 때문에 너무 신경을 쓴 탓 같았다. 전기스위치를 켰다. 읽다 말고 책상 위에 놓아 두었던 사이토 히토리의 책《당신이 변하는 315가지

의 말》이 눈에 들어왔다. 책을 양손으로 무작정 펼치고 읽기 시작
했다.

"할 수 없는 것에 대해 한탄하지 말아요. 못해도 괜찮아요. 공
부를 못해도 괜찮아요. 운동을 못해도 괜찮아요. 당신은 당신만
이 할 수 있는 것이 반드시 있으니까요. 못하는 것은 안 해도 상
관없어요. 아무것에도 소질이 없는 사람은 이 세상에 없으니까요."

이 문구에서 시선이 멈추었다. 그 순간 다른 사람을 위해서,
다른 사람에게 보이기 위해서 졸업 작품을 만들 것이 아니라 나
를 위한 졸업 작품을 만들자는 생각이 들었다. 드림백을 만들고
싶다는 아이디어가 떠올랐다. 그렇게 생각을 바꾸니 마음이 한결
가벼워졌다. 이렇게 필요한 타이밍에 또 한 권의 책은 나에게 운명
처럼 다가와 나를 다독여 주었다.

크리스마스를 일주일 남겨 두고 본격적인 작업에 들어갔다. 디자
인도 겨우 통과되었다. N선생님이 재료는 정했냐고 물어 오셨다.

"전에 말씀드린 대로 가죽을 염색하려고 생각하고 있습니다."
"임 군, 가죽을 염색해 본 적 있어?"
"없는데요."
"지금은 시간적으로 염색까지 하기에는 무리야. 재료를 바꾸고

마감일에 맞추는 것도 선택이다. 마감일에 맞추지 못하면 너의 꿈
도 무너져."

그 순간 "저의 꿈이 무너지게 놓아둘 순 없어요!"라고 외치고
싶었지만 "네, 생각해 보겠습니다."라고 짧게 대답했다. 결국 시간
상 재료를 바꾸고 염색도 하지 않기로 결정했다. 재료의 컬러는
네이비블루 계열을 생각하고 있다고 S선생님에게 문의했다. S선생
님은 나의 생각을 듣고 사진을 보여 주며 인디고 블루가 어떻겠
냐고 추천해 주셨다. 역시 그 색이 딱이었다.

크리스마스와 연말연시에 접어들어 재료를 파는 가게들이 연
초까지 휴가에 들어갔다. 학교도 일주일 이상 짧은 겨울방학을
시작했다. 마감일까지 제작수업은 7회가 남았다. 그 외는 각자가
시간을 만들어서 작업해야 했다. 그렇다고 내 생각대로 후다닥
만들 수도 없는 일이었다. 그만큼 선생님들의 도움과 가르침이 절
실했다. 영화 〈명량〉에서 이순신 장군이 "아직 신에게는 12척의
배가 남아 있사옵니다."라고 말한 명언이 떠올랐다. 그렇다. 아직
나에게는 7회의 제작수업이 남아 있다고 관점을 바꿨다.

만드는 과정에서 셀 수 없을 정도의 많은 실수와 돌발상황들
이 신기록을 갱신하며 계속 닥쳐왔다. 예를 들면 사이즈 1mm는
넘치거나 부족해서 나를 여러 번 울렸다. 재봉틀 박음질의 선이

빗나가고 땀의 간격이 틀려서 뜯어내고 손바느질을 해야 했다. 도중에 실이 끊기고 바늘이 부러지기까지 했다. 나의 드림백만 아니라면 당장 쓰레기통에 던져 버리고 싶었다.

그럴 때마다 나에게 힘을 준 두 번의 큰 계기를 되새겼다. 1학년 때 오리지널 가방과 신발 발표회가 있었다. 31명의 학생이 참가했고 칭찬표도 31개가 지급되었다. 나는 그중 2장의 칭찬표를 받았다. 2학년 가을축제 때 열린 오리지널 가방 판매 행사에서는 오픈 1시간 만에 내가 만든 가방 4개가 전부 팔렸다. 나는 이때의 기억을 되새기며 힘을 얻었다.

작업 기간에는 아르바이트도 휴가를 내고 오로지 작업에만 몰입했다. 수업이 없는 날도 학교에 등교했다. 학교가 8시에 문을 닫아 버리면 학교 밖에서 작업 가능한 도구와 재료를 챙겨서 24시간 영업하는 맥도날드 또는 카페에서 작업을 했다. 시간은 부족하고 작업실도 없었기에 말 그대로 시간과의 싸움이었다. 그럼에도 불구하고 대충 할 수 없으니 미칠 노릇이었다.

어느새 시간은 흘러 마감일이 다가왔다. 드디어 가방을 완성했다. 3개월이라는 대장정의 졸업 작품 준비가 끝나고 전시회가 열렸다. 전시회장에서 마주치는 사람들마다 내 작품을 칭찬해 주었다. 신발 코스의 한 학생은 가방에서 나의 꿈이 전해진다며 친하게 지내고 싶다고 해 연락처를 교환하기도 했다.

모든 행사와 학기가 끝나는 날, 선생님들은 성적이라는 무기로 나를 심판하셨다. '최선'이라는 단어의 의미를 몸소 가르쳐 준 나의 드림백은 그들만의 법칙을 어긴 괘씸죄가 반영되어 결국 F라는 점수를 받았다. 하지만 학교 밖에서는 칭찬과 가능성을 엿보았다. 그렇게 시원섭섭한 데뷔전을 치렀다.

전시회가 끝남과 동시에 당분간 가방을 만들 수 없는 상황으로 점점 다가가고 있었다. 그러면서 나의 생각도 변해 갔다. 그들은 만드는 것을 잘하니까 나는 그들을 이기기 힘들다. 대신 나는 가방에 관한 책을 10권 이상 쓰겠다. 책에 사인을 해서 학교에 기증할 것이다. 내 오리지널 가방을 들고 특강하러 가서 프랭크 시나트라의 'My Way'를 부르겠노라고 상상의 일기를 썼다.

단지 가방을 좋아한다는 이유만으로 가방 만들기에 과감히 도전장을 던졌다. 그림과 디자인 실력 제로, 재능과 감각 제로, 손재주 제로인 내가 전혀 못 하는 것, 서투른 것에 도전해 보고 싶었다. 해 보지도 않고 후회하느니 해 보고 후회하자고 결단을 내렸다. 2년간 가방 코스를 다니면서 많은 것을 깨달았다. 좋아하는 것과 잘하는 것은 확실히 달랐다. 나는 만들고 디자인하는 것이 서투르다는 것을 확인했다. 그럼에도 불구하고 나는 가방이 좋다. 가방과 디자인에 대한 관심이 늘어났다.

나는 먼저 내 이름으로 된 책을 쓰고 나서 나만의 오리지널 가방을 만들기로 다짐했다. 그리고 나아가 장학재단을 만들어 많은 사람들의 꿈 실현을 돕고 싶다. 나는 이미 미래의 시간 속에 꿈이 실현되어 있다고 확신한다.

26

남들이 가지 않은
길에서 꿈 찾기

— 박성민

정보보안 컨설턴트, 조직경영 코치, (주)테이크네트웍스 대표이사
10년간 기업을 운영하면서 조직경영의 노하우와 새로운 조직변화의 모델을 만들어 왔다. 정보보안 서비스사업을 운영하고 있으며, 랜섬웨어로부터 기업의 디지털 자산을 보호하는 안티랜섬웨어 서비스를 출시하였다. 현재는 사업경영의 경험과 지식을 바탕으로 1인 기업가를 꿈꾸는 사람들을 위해 창업성공 메신저로서 활동하고 있다.
• E-mail seongmin.bak@gmail.com
• Blog http://blog.naver.com/silioss
• Facebook www.facebook.com/silioss

내가 초등학교 4학년 때 아버지가 갑작스러운 교통사고로 세상을 떠나셨다. 내 삶의 좌절과 포기는 이때부터 시작되었다. 나는 인문계를 포기하고 실업계를 선택해야 했다. 1남 4녀의 독자인 나는 가장 역할을 해야 했다. 고등학교 졸업 후 교장선생님의 추천을 받아 외국어고등학교 행정직으로 사회생활을 시작했다. 안정적인 수입, 쉬운 업무, 정확한 출퇴근으로 이른바 꿈의 직장이었지만 미래의 내 모습에 대한 확신이 없었다.

나는 퇴사를 결심했다. 깊은 고민 중에 '아직 젊고 시간이 있으니 직업을 통해 나의 인생을 찾아보자'라는 생각이 들었다. 그래서 나는 돈을 내는 대학 진학보다는 돈을 벌며 공부할 수 있는 직장을 선택했다.

나는 컴퓨터 프로그래머가 되고 싶었다. 프로그램 개발 회사에 취직하기로 결심하고 내가 다니고 싶은 회사에서 근무 중인 학교 선배에게 대표님을 만나게 해 달라고 요청했다. 대표님과의 미팅 자리에서 나의 꿈과 비전에 대해 말씀드렸다. 하지만 근무할 자리가 없어서 곤란하다고 거절을 당했다. 나는 대표님께 3개월간의 수습기간을 요청했다. 대표님께서 한참을 고민한 뒤 나에게 기회를 주셨다. 꿈의 직장이었기에 혼신의 힘을 다해 열정을 쏟아부었다.

나는 경영정보시스템인 Management Information Systems (MIS) 업무용 프로그램 개발에 관심이 많았다. 그래서 영업관리, 생산관리, 자재관리, 회계관리에 관련된 서적을 구입해 읽고 또 읽으며 독학했다. 이런 노력 끝에 고객의 니즈에 맞는 업무프로세스와 프로그램을 개발할 수 있게 되었다. 나의 열정을 기특하게 본 개발 실장님이 멘토가 되어 나의 부족한 부분을 코칭해 주셨고, 그 덕분에 나는 빠르게 성장할 수 있었다. 수익을 내는 프로젝트를 성공시키고 첫 월급을 받았을 때는 말로 표현할 수 없는 성취감을 맛보았다.

일에 대한 자신감이 넘쳐 나던 어느 날 갑작스런 통보가 날아들었다. 바로 군 입대 소식이었다. 나는 3대 독자이면서 아버지가 일찍 돌아가셨기 때문에 군 입대 면제가 확실하다고 장담하고 있었다. 확인 결과 군제도가 일부 수정되어 방위로 결정되었다고 했다. 그래도 다행인 것은 집에서 가까운 곳으로 근무지가 배정되었다는 것이었다. 집에서 출퇴근하며 군 생활이 가능하기 때문에 회사에서 일부 개발용역을 받아 생활비를 벌 수 있었다.

전역 후에는 군 생활을 계기로 새로운 일자리를 찾게 되었다. 당시 삼성서비스센터에 다니던 선배가 컴퓨터 관련 전문가를 급하게 구하고 있다는 정보를 주어 해당 서비스센터로 달려갔다. 입사 면접 인터뷰 당시 나는 컴퓨터 프로그램 개발에서 습득한 업무프로세스와 기업용 서버 및 컴퓨터 수리 경험이 서비스센터의 업무역량 강화에 충분히 도움이 될 수 있으므로 내가 이 회사에 반드시 필요한 인재임을 자신 있게 어필했다. 대표님은 그 자리에서 나를 채용하셨고 나는 다음 날 바로 출근하게 되었다.

처음 맡은 업무는 기술상담 업무였다. 컴퓨터 사용이 미숙한 고객의 전화를 받아 상담을 통해 불편함을 해결해 주는 일이었다. 손재주가 있던 나는 고객이 직접 센터로 가지고 온 노트북, 컴퓨터 및 서버 등을 바로 수리해 주었다. 나는 기술력을 인정받아 내가 수리한 제품으로 인해 생긴 수익금의 일부를 인센티브로 받을 수 있었다. 그동안 업무용 프로그램을 개발하면서 쌓은 업무지식 그리고 서버와 컴퓨터 수리경험이 도움이 되어 짧은 시간에 우수 직원으로 인정받게 되었다. 이 시절에 배운 고객관리 및 서비스업무가 현재 하는 사업에 큰 도움이 되고 있다.

나는 일찌감치 결혼을 포기했다. 나는 3대 독자로 태어났고 1남 4녀로 시누이가 많은 데다 아무것도 가진 것이 없기에 결혼을 욕심내기엔 내가 가진 직장이나 연봉이 너무 부끄러웠다. 그러나 나와 같은 또라이 정신을 가진 통 큰 아내를 만났다. 나는 결혼과 동시에 실업자가 되었다. 다니던 회사의 대표님과 사업 방향에 대한 견해가 달라 과감히 퇴사했다. 그러나 아내는 나를 기다려 주고 꿈을 이룰 수 있도록 페이스메이커 역할을 해 주었다. 우리 부부는 서로의 꿈과 비전이 명확했다. 아내는 나에게 삶의 윤활유와 같은 존재가 되어 주었다.

나의 꿈은 30대 초반에 1인 사업가로서 퍼스널 브랜딩하는 것이었다. 20대에 인생 목표를 '20대에는 월 200만 원, 30대에는 월 300만 원, 40대에는 월 400만 원, 50대에는 월 500만 원, 60대에는 월 600만 원만 벌자'라고 적었다. 현실성 없는 계획일 수 있지만 나는 자신이 있었다. 당시 준비하던 사업 아이템이 나의 꿈과 목표를 이루어 줄 수 있는 확실한 아이템이었기 때문이다.

사업을 결심하면서 제일 걱정되었던 부분은 나의 소심한 성격이었다. 회사를 다니면서도 미수금 독촉 업무가 가장 처리하기 힘든 업무였다. 나는 고민 끝에 단점을 극복하기 위해 대부업 자격증을 취득했다. 어린 시절 경제적인 어려움으로 겪은 마음의 상처를 벗어나고자 돈을 편하게 버는 사업 아이템을 찾았다. 그래서 통신서비스를 유통하는 사업을 시작하게 되었다. 나는 30대 초반에 1인 사업가로 시작해 현재 12명의 직원과 함께 일하는 법인 대표가 되었다. 현재 법인회사로 전환 후 연 매출 목표 30억 원에 도전하고 있다.

내 인생의 세 가지 성공 키워드는 천복(天福), 인복(人福), 전화위복(轉禍爲福)이다. 사업은 천운이라 했던가? 당시 기존 요금보다 통신비를 절감해 주는 인터넷 전화사업과 초고속인터넷 공급 사업은 혁신적이었으며, 영업 초보인 나에게는 블루오션 영역이었다. 그러나 사업이 순탄하게 진행되던 중 생각하지 못했던 위기가 찾아왔다. 퇴사한 직원의 퇴직금 소송으로 한 차례 큰 위기를 겪어야 했다. 회사 직원들도 이런 분위기에 동요했고 나와 직원 간의 신뢰관계에 문제가 생기기 시작했다. 대한민국의 법률이 몸서리치게 불평등하다는 것을 느끼게 된 시점이었다.

나도 변호사를 만나서 법적으로 할 수 있는 모든 수단을 동원해서 해결할 수밖에 없었다. 그러나 이 사건이 새로운 사업에 눈을 뜨게 해 주는 전화위복의 기회가 되었다. 현재 내가 하고 있는 사업은 중소기업에서 잠재적 배임사건을 차단하며 회사의 영업비밀 보호를 위한 법적 대응방안을 컨설팅해 주는 사업이다. 기존의 사업은 안정화되어서 지금까지 함께한 직원들과 새로운 사업에 도전할 수 있는 기회까지 잡았다.

　나는 스펙이 아니라 열정으로 성공한 사업가다. 나의 꿈을 이루기 위해 창업하지 않고, 두려움에 결혼을 포기했거나 위기에 좌절했다면 나의 꿈은 일장춘몽이 되었을 것이다. 그러나 나는 지금 내가 목표하던 행복한 삶을 살고 있다. 나의 아버지가 누려 보지 못했던 행복한 가정을 이루고 꿈같은 삶을 살아가고 있다. 가 보지 않은 길은 누구나 두렵다. 그러나 그 길을 간다면 나의 미래와 인생은 분명 새로운 도전으로 인한 성공한 삶이 될 것이다. 앞으로 나는 현실 속에서 미생(未生)으로 살아가는 사람들에게 비범한 인생을 살아갈 수 있도록 도와주는 희망의 메신저가 되고 싶다.

27

긍정 에너지를 끌어당겨
꿈의 기적 이루기

건강성공학 코치, 강연가, 영양학 박사, (주)이롬생명과학연구소 연구원
현재 (주)이롬생명과학연구소의 연구원으로, 생식의 효능성에 대해 알리고 있다. 국가공인유전자검
사기관인 (주)휴젠바이오 학술고문을 겸임하고 있다. 15년간 대한민국 건강 메신저로서 학교, 병원,
기업체에서 현대인들의 식생활과 건강세미나를 진행하고 있으며, '똑똑맘 프로젝트'를 통해 가정의
식탁혁명을 위한 건강 솔루션을 제공하고 있다. 저서로《하루 한끼 생식》,《보물지도 5》,《미래일기》
가 있다.
• E-mail hoyas2@naver.com
• Blog http://blog.naver.com/hoyas2

"난 꿈이 있어요. 그 꿈을 믿어요. 나를 지켜봐요. 저 차갑게 서
있는 운명이란 벽 앞에 당당히 마주칠 수 있어요. 언젠가 나 그 벽
을 넘고서 저 하늘을 높이 날을 수 있어요. 이 무거운 세상도 나를
묶을 수 없죠. 내 삶의 끝에서 나 웃을 그날을 함께해요."

내가 즐겨 부르는 카니발의 '거위의 꿈'이다. 내가 마흔이라는
나이에 세상 가운데에서 당당히 서 있을 수 있었던 이유는 삶의
어두운 터널 속에서도 나에게 희망을 주는 생생한 꿈이 있었기
때문이다.

나의 꿈은 교수였다. 그러나 꿈을 이루는 데 있어 여러 시련이 나를 가로막곤 했다.

우리 가족은 부모님이 지인에게 섰던 빚보증으로 인해 살던 집을 팔고 월세 생활을 해야 했다. 우리를 위해 휴일이면 야유회를 준비해 주시던 부모님의 이벤트는 사라지고 생계를 유지하기 위해 생이별을 해야만 했다. 부모님은 밤낮으로 일을 하셨기 때문에 얼굴을 뵙기가 어려웠다.

나는 초등학교 시절에 부모 없는 아이처럼 생활을 해야 할 상황이 많았다. 심지어 목욕탕도 혼자 다녔다. 계절이 바뀌면 혼자 옷을 사러 다녀야 했다. 엄마 없이 혼자 다니는 내 모습을 곁눈질하는 사람들의 시선이 싫었다. 고아와 같은 취급을 받을 때면 마음이 약해서 지인의 부탁을 거절하지 못했던 부모님의 모습이 떠올라 더욱 화가 치밀어 올랐다. 나는 어른이 되면 절대로 부모님처럼은 안 살겠다고 다짐하고 또 다짐했다.

어려운 생활고는 중·고등학교 시절에도 계속되었다. 그래서 선택한 것이 바로 독서실 생활이었다. 독서실은 세상의 차가운 시선에서 벗어나 혼자 집중하고 꿈을 키울 수 있는 유일한 안식처였다. 그러나 한 달에 20만 원이라는 큰 비용이 필요했다. 용돈을 모아 독서실 생활을 시작했지만 매달 독서실 비용을 어떻게 감당할지 고민하고 있었다. 그때 독서실 주인이 내가 제일 늦게까지 공부하고 가장 일찍 나오는 모습을 보고 나에게 독서실 아르바이트를 제안했다. 덕분에 독서실을 공짜로 다니면서 책임감을 갖고 가장 늦게까지 공부하고 가장 일찍 나오며 더 많은 공부를 할 수 있는 기회를 갖게 되었다. 나는 '하고자 하는 곳에는 반드시 길이 있구나'라고 생각했다.

대학시절에는 학비 때문에 아르바이트를 멈추지 못했다. 학원강사, 커피숍 아르바이트, 사우나 아르바이트를 하면서 다양하게 인생을 살아가는 사람들을 만나게 되었다. 대학에서 배우지 못하는 진짜 인생수업을 하며 자신감을 얻었다. 그러나 갑자기 부산으로 귀농을 하신 부모님께서 대학을 졸업하면 부산으로 내려오라고 하셨다. 나는 아무런 연고도 없는 부산에서 새로운 인생을 시작하고 싶지 않았다.

내 삶이 후퇴하는 기분이 들었다. 나는 매일 밤 울고 또 울었다. 벼룩시장의 구인광고를 보고 있는 내 모습이 참으로 처량해 보였다. 나는 결국, 공부를 더하고 싶어서 대학원 진학을 알아보았다. 얼마 후 나에게 합격통지서와 함께 입금고지서가 날아왔다. 부모님은 나를 대학원에 보내고 싶어 하셨지만 워낙 주변에서 반대하는 터라 돈을 빌리기가 어려웠다. 한 달 안에 입학금을 내지 않으면 입학이 무효가 되는 급박한 상황이었는데 오토바이를 타고 다니시던 아버지가 집에 돌아오시는 길에 갑작스런 교통사고를 당하는 일까지 벌어졌다. 이러한 사고는 생전 처음 겪는 일이었다. 병원에 도착해 얼굴이 찢어지고 다리가 부러져 깁스를 하고 누워 계신 아버지를 보았다.

나는 대학원에 가는 대신 돈을 벌기로 마음먹었다. 그러나 아버지는 결국 나에게 입학금을 만들어 주셨다. "빨리 가서 대학원 입학금 넣어야지?"라며 돈뭉치를 담은 두툼한 흰 봉투를 주셨다. 이 돈은 아버지가 교통사고로 받으신 합의금이었다. 아버지는 그 돈으로 빨리 입학금을 내라고 하셨다. 아버지의 사고로 받은 합의금으로 입학금을 내려고 하니 마음이 찢어졌다. 마음을 다잡고 입학을 하며 이 은혜는 평생 잊지 않고 살겠다고 굳게 다짐했다.

나는 그렇게 시작한 대학원 공부를 바탕으로 석·박사 학위를 딴 뒤 15년간 강연을 하며 살아가고 있다. 나의 과거의 상처들이 나에게 축복의 열매로 돌아왔다. 간절히 원하니 우주의 법칙은 나에게 필요한 에너지를 계속 공급해 주며 꿈이 이루어질 수 있는 상황을 만들어 주었다. 나는 오히려 세상을 바라보는 마음근육이 더욱더 단단해졌다. 부모님에게 의지하기보다 스스로 학비를 벌어 가면서 절망 끝에 희망을 붙잡으며 살아가게 되었다.

무슨 일이든 간절히 원하면 반드시 기회는 찾아온다. 내가 부정의 원인만을 찾아내고 불평했다면 지금의 나는 없을 것이다. 오히려 과거의 쓴 뿌리가 꿈의 원동력이 되었고 감사의 제목이 되어 축복과 성공의 열매를 맺을 수 있게 되었다. 부산은 나에게 황무지가 아니라 새로운 약속의 땅이자 기회의 땅이었다.

나는 꿈과 전문성을 더욱 다지는 기회를 가졌고, 무엇보다도 평생의 꿈 친구인 남편을 만날 수 있게 되었다. 남편과 나는 주변을 의식하지 않고 서로의 비전과 꿈만 가지고 결혼했다. 보증금 500만 원에 월 35만 원이었던 월셋집에서 큰 꿈을 꾸며 새로운 삶을 시작했다. 우리 부부는 타인의 시선을 의식하지 않았다. 세상이 정해 놓은 성공의 잣대를 거부하고, 우리가 정말 하고 싶은 것은 무엇인지를 발견하는 인생을 살고 싶었다.

현재 결혼 10년 차가 된 우리 부부는 하나님이 주신 최고의 기업이자 열매인 두 자녀를 건강하게 양육하고 있으며 부부 작가이자 50억 자산을 꿈꾸는 1인 기업가로 활약 중이다.

간절히 원하면 꿈은 반드시 이루어진다. 나는 무엇을 소원하든 나에게 부와 풍요를 끌어올 수 있는 힘이 있다는 것을 믿는다. 감사의 마음은 감사의 에너지를 끌어당기고 긍정은 긍정의 에너지를 끌어오고 있다. 우주의 힘은 삶이 풍요롭기를 꿈꾸는 이들 누구에게나 열려 있다. 나는 끌어당김의 법칙을 통해 우주의 힘을 이용하며 살아가고 있다. 나의 또 한 가지 성공 비결은 기록하는 습관이다.

헨리에트 앤 클라우저의 《종이 위의 기적, 쓰면 이루어진다》에서는 꿈을 이루는 기록의 힘에 대해 이야기하고 있다. 자신이 원하는 것이 무엇인지를 알고 끊임없이 노력하는 자에게는 반드시 꿈의 기적이 찾아온다고 말한다.

꿈을 적는 행위는 나의 간절한 메시지를 우주에 보내는 것과 같다. 열정이 남긴 기록은 그 상황으로 나를 안내하고 있으며 나의 기록이 나의 삶을 움직이고 있었다.

나는 지금까지 인생을 살면서 누구보다도 더 많은 것을 이루었고, 더 많은 경험을 했다. 내가 깨달은 것들이 다른 사람에게 도움이 될 수 있다고 생각한다. 그래서 메신저의 삶을 살며 인생에서 얻은 경험과 지식으로 꿈 친구들을 돕고 싶다. 앞으로는 시련을 극복하고 꿈을 향해 전진했던 경험을 통해 다른 사람들을 기꺼이 도와주는 가치 있는 삶을 살아가기로 다짐한다.

28

남들과 다르게 살아가기

구강 관리 상담사, 치과 시스템 강화 컨설턴트, 치과 스태프 경력 관리 상담사
소아치과 치위생사로 20년간 재직하며 아이들의 구강 위생 관리를 도왔다. '아이 연령에 맞는 구강
관리법'을 부모들에게 교육하고 있다. 치위생사 후배들에게 직장생활 및 자기계발에 대해 교육하고
있으며 경력 관리에 도움을 주고 있다. 치과병의원의 성장을 위한 시스템 강화 컨설팅을 하고 있다.
저서로 《미래일기》가 있으며, 현재 아이 치아 관리에 관한 개인저서를 집필 중이다.
• E-mail shining-babyteeth@naver.com

　　나는 나와 비슷한 처지이거나 비슷한 경험을 가진 사람들을
그냥 지나치지 못한다. 그들에게서 내가 싫어했던 나의 모습이 보
이기 때문이다. 이런 성향을 가진 사람들은 대부분 자신이 만든
굴레에서 쉽게 빠져나오지 못한다. 고집이 세기 때문이다.

　　나는 평범하게 살고 싶었다. 어릴 적에는 TV 드라마에 나오는
뽀글이 파마를 한 아줌마들이 엄마였으면 했다. 돈이 없어도 따
뜻한 아빠를 원했다. 때로 욕을 하며 싸우더라도 그 안에 사랑이
느껴지는 그런 가족을 원했다. 하지만 현실은 정반대였다. 부모님
께 투정을 부려야 할 사춘기인 중학교 2학년 때 부모님은 별거에

들어갔다. 부모님이 나보다 더 힘들어하니 나의 고민은 속으로 삭일 수밖에 없었다.

지금 나의 큰아들이 그 시절의 나와 같은 중학교 2학년이다. 나는 아들에게 사춘기를 마음껏 겪으라고 이야기했다. 그저 몸만 상하지 않으면 된다고 했다. 성장 과정에서 자연스럽게 오는 것이 사춘기다. 무사히 지나갔다고 괜찮은 것이 아니다. 언젠가는 사춘기를 겪게 된다. 성인이 되어 겪는 사춘기는 매우 끔찍하다. 모든 것은 때가 있는 법이다.

한 후배 녀석이 자신의 가족에 대해 이야기한 적이 있다. 나와 별반 다르지 않았다. 얼마나 힘들지 느껴졌다. 빠져나올 수 있다고, 극복할 수 있다고 손을 내밀어 봤지만 쉽지 않아 보였다. 후배에게는 시간이 필요했다.

"남자를 못 만나겠어요. 아버지 같은 사람 만날까 봐요. 아니, 제가 믿지 못하고 살까 봐요."

우리나라는 OECD 국가 중 이혼율 1위다. 너무나 많은 가정이 깨지고 있다. 그 과정에서 아이들의 절망감은 높아져 간다. 문제는 아이들이 버림받았다는 피해 의식을 갖게 된다는 것이다. 피해 의식은 마음속 깊이 박혀 떨쳐 내기 어렵다. 안 좋은 일이라도 생기면 '그럼 그렇지. 내가 무슨… 요즘 너무 재미있게 산다 했어'라는 생각이 들면서 모든 것을 놔 버리고 싶은 기분이 드는 것이다.

나도 꽤 오랫동안 그렇게 살아왔다. 숨죽이고, 참고, 받아들이고, 버림받지 않기 위해 억지로 웃었다. '좋은 게 좋은 거다'라며 자위했지만 시간이 흐를수록 나 자신을 잃어버리고 있었다. 받아들이고 사는 나 자신이, 나에게 더 이상의 것을 기대하지 않는 주변 사람들을 참을 수가 없었다.

한때는 '친절한 인희 씨'라는 별명도 있었다. 버림받았다는 피해 의식 때문에 다른 사람에게 상처받고 싶지 않아 친절하게 대했던 내 태도로 인해 붙은 별명이다. 며칠 전 읽은 가토 다이조의 《착한 아이로 키우지 마라》를 보면 착한 아이들은 사랑받기 위해서, 사랑을 확인하기 위해서 자신의 의지와 상관없이 다른 사람들에게 맞추어 살아간다고 한다. 아이의 마음속에 자리한 불안함, 초조함, 우울함, 좌절감, 열등감은 더 나아가 분노가 된다. 한 가지도 빠짐없이 내 이야기였다. 직장 초년 시절, 나는 상사에게 칭찬받고 싶어 처리한 일들에 대해 일일이 보고를 했다. 그래서 종종 "인희 씨는 너무 많이 확인을 받으려고 해."라는 말을 들었다.

그렇다. 내 인생의 주인이 아닌 삶, 그저 사랑받고 관심 받고 싶은 삶은 재미가 없었다. 어디서부터 잘못된 것일까? 내겐 변화가 필요했다. 분명 인생의 무언가가 와장창 깨져 있었다. 깨진 곳을 찾으려면 다시 상처를 꺼내 볼 수밖에 없었다. 힘들고 무서웠지만 내게 부족한 것을 들여다볼 수 있는 용기가 필요했다. 그것을 인정하는 것부터가 변화의 시작이었다.

변화하기 위해 직장에서 여러 가지 의견을 내 보았지만 내게 돌아오는 말은 "네가 하면 더 잘할 것 같아?"였다. 주변 사람들의 나에 대한 기대치는 매우 낮았다. 나의 예전 모습을 알고 있는 집단은 나를 더 이상 크게 보려 하지 않았다. 가장 가까운 가족들도 마찬가지였다.

"끈기가 부족해서 면허증을 따지 못할 거다."
"돈도 없는데 무슨 집을 사느냐."

나는 그저 평범하게 보통 사람으로 살고 싶었다. 그런 나에게 안 될 것이라는 이야기를 하는 사람들이 너무 많았다. 바꾸고 싶었고 뒤집고 싶었다. 운전면허증을 못 딸 것이라는 편견을 뒤집고 나는 한 달 만에 면허증을 땄다. 매우 기뻤다. 안 된다는 것을 넘은 첫 번째 성취 경험이었다. 두 번째로 적당한 수준의 아파트를 찾아 계약했다. 처음에는 너무 무리한다며 펄쩍 뛰던 가족들도 나의 선택이 옳았다는 것을 알자 아무 말도 하지 못했다.

나는 피해 의식을 조금씩 없애 나가기로 마음먹었다. 언제까지 가정환경만을 탓할 수는 없었다. 부모와 다른 선택을 하면 된다. 거꾸로 살아보겠다는 결심을 한 순간부터 일, 가정, 사회적 역할에서의 책임을 받아들일 준비를 하고 있었다. 직장도 옮겼다. 능력 있는 중간 관리자가 되고 싶었다. 나를 알아봐 줄 곳이 필요했다.

인생에서 거창한 것만이 도전의 대상이 되는 것은 아니다. 남들이 나에게 더 이상 기대하지 않는 것부터 바꾸어 나가는 것이 거꾸로 살아가기의 진수가 아닐까? 무엇이든 해 봐야 진짜 원하는 것을 찾아낼 수 있다. 요즘 세상이 어렵기만 한 것은 아니다. 더 정확히는 내가 원하는 것, 내가 잘하고 싶은 것을 찾기 어려워 포기하게 되는 것은 아닐까?

기시미 이치로의 《미움받을 용기》에서 아들러는 이렇게 말한다.

"순응하지 마라! 경험에 의해 결정되는 것이 아니라, 경험이 부여한 의미에 따라 자신을 결정하는 것이다."

아들러는 주관성과 자유의지를 인간의 핵심으로 놓는다. 우리에게 진정으로 중요한 질문이란 단 하나다. 그것은 바로 '지금 이 순간 우리는 어떤 선택을 할 것인가'다. 모든 것은 선택에 달려 있다. 심지어 과거조차도 그렇다. 과거를 어떻게 해석할 것인지도 우리의 주관적 선택이기 때문이다. 만약 내가 마음의 상처 때문에 계속 불행하게 살 수밖에 없다고 생각하고 살았다면 지금처럼 살지 못했을 것이다.

사람들은 누구나 가치 있는 존재가 되길 원한다. 우리가 살아온 삶을 증명받았다고 느낄 때 다음을 살아갈 원동력이 생긴다.

나는 지금 같이 일하고 있는 동료들과 원장님께 감사의 마음을 전하고 싶다. 나의 노력과 의지를 알아봐 주고 따르는 그들이 있어서 내 삶을 전환할 수 있었다. 내가 스스로를 아끼지 않으면 남들도 나를 아끼지 않는다. 내가 좋은 것과 옳은 것을 선택하고 제시할 때 사람들은 내 뜻을 존중하고 따르게 된다.

일과 가정의 균형을 찾아 중요한 것에 집중할 수 있는 삶도 중요하다. 인체의 균형이 깨지면 질병이 오고 조직의 균형이 깨지면 문제가 발생한다. 인생도 마찬가지다. 존폐의 문제가 아닌 집중의 문제다. 문제가 생기면 집중하기 어렵다. 삶에서 가장 중요한 것에 집중해 보자. 목표를 이루었을 때의 성취감은 이루 말할 수 없을 것이다. 사람들은 자신이 처한 상황에 익숙해지면 변화하기를 싫어한다. 하지만 그 익숙함에 빠져 버린다면 머지않아 도태되고 말 것이다.

변화를 진정으로 원하는 사람은 단번에 알아볼 수 있다. 이런 생각을 가진 사람들은 자신의 존재감을 드러내는 것에 관심을 가진다. 조직에서 눈에 띄고 싶어 한다. 왕따를 원하는 사람은 아무도 없다.

나는 종종 병원 직원들을 교육한다. 그들이 성장하길 바라기 때문이다. 수동적으로 시키는 일만 하던 시대는 지났다. 스스로 성장하고 폭을 넓혀야 한다. 먼저 병원의 상황과 개인의 능력을 고려한 주제를 정해 준 뒤 함께 고민한다. 단, 스스로 답을 찾도록 유도한다. 나무를 예로 들면, 기둥을 주고 가지와 잎사귀는 스스로 찾아 채우게 하는 것이다. 그래야 자기 것이 될 수 있다.

세미나에 참석했다고 가정해 보자. 강의를 들을 때는 매우 감동을 받고 모두 알 것만 같다. 하지만 막상 실행하려 하면 어려울 것이다. 그 이유는 강의 내용이 아직 내 것이 아니라 강의를 준비한 사람의 것이기 때문에 그렇다. 직접 경험해 봐야 안다. 그래야 내가 무엇을 모르고 무엇을 원하는지 알 수 있다.

나는 내 인생에 책임을 지며 살기로 결심했다. 나는 단 한 번뿐인 인생의 주도권을 단단히 쥐고서 진짜 인생을 만들어 갈 것이다. 훗날 인생을 되돌아보았을 때 '참 잘 살았구나'라는 생각이 들도록 매일 매 순간 변화하고 성장하기 위해 노력하겠다.

29

뻔뻔하고
당당하게 살기

– 권영욱

동기부여가, 자기계발 작가
대학교를 졸업하기 전부터 직장에 얽매이지 않는 인생을 꿈꿨다. 자기계발을 통해 의식성장을 이룬
뒤, 경험과 지식을 메시지로 만들어 다른 이들에게 전달하는 메신저의 길을 가고 있다. 현재 개인저서
를 준비 중이다.
• E-mail kwon_yeonguk@naver.com

'회사는 내 인생을 책임져 주지 않는다.'

이는 우리 사회의 현실이며 내가 대학생 때부터 갖고 있던 생
각이다. 누구나 알고 있는 사실이기도 하다. 그렇다면 왜 알면서
도 막연한 취업 준비에 올인하는 것일까?

나는 대학생들의 천편일률적인 취업 준비에 회의감을 느꼈다.
대기업, 공기업에 취업하거나 공무원이 되는 것을 성공의 척도로
여기며 연봉과 복지에서 행복을 찾는 시스템이 싫었기 때문이다.
하지만 평범한 취업 코스가 아닌 다른 길에 대해서 아는 바가 없

었고, 이와 관련해 내게 조언을 해 줄 수 있는 사람 역시 없었다. 이따금 지인들과 취업에 관해 이야기를 나눌 때면, 이렇게 말하는 나를 대부분 이상한 놈으로 보곤 했다. 그렇게 나 역시 현실에 순응해 보통의 회사에서 월급쟁이 생활을 하게 되었다.

내가 근무한 회사는 유명하거나 연봉과 복지가 우수한 곳은 아니었지만 잔업, 특근 수당을 챙겨 주는 곳이었다. 나는 바쁜 일이 없어도 주중에는 한두 시간씩 자발적인 잔업을 했고, 토요일 역시 자발적으로 특근을 했다. 왜냐하면 회사에서 보낸 시간만큼 수당이 더 붙는 재미를 알았기 때문이다. 그렇게 수당을 받기 위한 자발적인 주 6일제를 실천하며 시간을 돈과 바꾸는 나날이 이어졌고, 나는 점점 수당에 목매는 삶을 살게 되었다.

어느 날, 나는 단독으로 프로젝트를 관리하게 되었고, 그때부터 잔업과 특근은 필수가 되었다. 나는 달력에 잔업을 몇 시간 했는지 적곤 했는데, 1~2시간을 적던 시절과 달리 대부분이 4시간으로 도배되어 있었다. 사무실 문을 잠그고 퇴근하는 것은 내 몫이었고, 토요일도 만근인 것은 말할 필요도 없었다. 눈뜨면 출근하고, 퇴근하면 자고, 다시 눈뜨면 출근하는 나날이 이어졌다. 주 6일을 일하고 일요일은 반나절을 잠으로 보냈다. 매일이 똑같이 반복되는 직장인의 삶에서 나는 조금씩 초심을 기억해 냈고, 당연하다는 듯이 받아들인 삶을 거부하기 시작했다. 이제라도 내 인생을 제대로 찾고 싶었다.

과거의 나는 호불호가 뚜렷하며 기존의 규율을 순순히 따르는 것을 굉장히 싫어했다. 그 덕에 다른 사람들과 싸운 적이 많았다. 특히 군대에서 선임, 동기들하고 많이 싸웠다. 하지만 다수의 지인보다 소수의 친구를 지향하기에 후회한 적은 없다. 확실히 평범한 성격은 아니었다. 그랬던 내가 회사를 다니며 세상의 부조리에 순응하기 시작했고, 다수가 말하는 정답을 따르기 시작했다. 하지만 고분고분하지 못한 성격 탓에 돌파구를 찾아야만 했다.

내가 돌파구를 찾기 위한 수단으로 선택한 것은 책이었다. 나는 책을 무척 좋아한다. 읽는 것도 좋지만 책이 가득 꽂혀 있는 책장을 보는 것만으로도 그냥 기분이 좋아진다. 대학생 때부터 꾸준히 책을 사기 시작했는데, 성공한 이들의 자서전도 즐겨 읽었고, 재테크 서적도 선호했다. 하지만 가장 좋아하는 분야는 자기계발서였다. 처음에는 권장도서 또는 베스트셀러를 골라서 샀는데 나중에는 제목이나 내용을 보고 끌리는 책을 구입하기 시작했다. 그렇게 구매한 책에서 나는 1인 기업이라는 시스템을 알게 되었다. 무척 신선했다. 충격적이었다고 하는 편이 더 정확하겠다. 1인 기업에 관한 책을 모두 사서 읽었다. 그리고 외쳤다.

"유레카!"

내가 찾던 해답이 바로 여기에 있었다. 1인 기업가는 시간을 원하는 대로 사용할 수 있기에 직장인처럼 회사에 붙들려 가족을 등한시할 일이 없다. 병원을 가거나 개인적인 일이 있을 때, 눈치 보며 허락을 구할 필요도 없을뿐더러 일의 완급을 스스로 조절할 수 있다. 스스로의 행동에 책임만 지면 된다. 또한 보기 싫은 상사나 동료를 억지로 만날 필요도 없다. 그리고 내가 하고 싶은 일을 시간과 장소에 구애받지 않으며 정년 없이 일할 수 있다는 것만으로도 1인 기업가가 되려는 이유는 충분했다. 그렇게 나는 1인 기업가의 첫 관문인 작가가 되기로 결심했다.

그때부터 나는 회사에 빼앗기는 시간과 체력을 최소화하기 시작했다. 정말 부득이한 경우에만 잔업을 했고, 특근은 아예 하지 않았다. 그렇다고 일을 대충 한 것은 아니다. 그저 칼퇴근을 목표로 잡고 근무 시간 내에 최선을 다해 일했다. 퇴근 후에는 독서를 통해 의식을 성장시키고 글을 쓰는 데 시간을 할애했다.

매일 잔업하던 놈이 언제부턴가 칼퇴근을 하니 퍽 이상해 보였나 보다. 무슨 바람이 불었냐며 연애라도 하냐는 질문도 받았다. 1인 기업가를 목표로 공부하고 있다고 말해도 이해하고 응원해 줄 사람은 없다고 생각했다. 작가는커녕 독서도 안 하는 사람들이 나를 이해해 줄 리 만무했기에 굳이 입 아프게 설명할 필요성을 느끼지 못했다.

그러던 어느 날, 상사에게 결재를 받으러 갔는데 평소에는 세워 놓고 말하는 사람이 그날은 의자를 가져와서 앉으라고 했다. 그러고는 나의 근무태도를 들먹이기 시작했다. 직원들이 모두 사무실에 있을 때 부른 것을 보니 공개적으로 면박을 줄 생각이었던 것 같다. 이 상사는 신입사원이 보는 데서 그동안 쌓아 둔 기존 직원들의 잘못을 적나라하게 지적하며 자신의 권위를 확인하는 사람이었는데 아주 벼르고 벼른 모양이었다.

점잖은 체하며 말하다가 나중에는 본래의 성격을 못 이기고 목소리가 커지기 시작하더니 결국은 사무실이 떠나가라 소리를 질러 댔다. 이전의 나라면 공개적인 면박에 쩔쩔매는 모습을 보였겠지만 이젠 지극히 차분한 모습으로 상사가 하는 말을 듣고 있었다. '과연 이 사람이 앞으로 몇 년이나 더 회사에 남아 있을까?', '회사를 떠난 뒤의 삶은 생각해 봤을까?'라는 생각에 오히려 안쓰럽게 느껴졌다.

나는 그동안 의식성장을 이뤘기에 당당했고 자신감이 넘쳤다. 눈앞의 사소한 일에 일희일비하지 않았다. 상사는 아무렇지도 않은 나를 보더니 '어? 이게 아닌데' 하는 표정을 짓다가 됐으니까 가라며 손을 휘휘 저었다. 그리고 결재할 때 쓴 내 펜을 돌려받는데 상사와 내 손이 허공에서 몇 차례 엇갈리며 내가 펜을 제대로 받지 못하자 상사는 펜을 냅다 바닥에 집어 던졌다. 상사의 유치한 행동에 헛웃음이 나왔다. 내가 자리로 돌아오자 다른 직원들이 괜찮으냐고 조심스레 물어 왔다. 당연히 괜찮았다. 사소한 화 풀이에 상처받을 이유는 없지 않은가?

나는 직장을 나오기 전부터 작가가 되기로 결심했고, 의식성 장을 통해 당당하고 뻔뻔한 마인드를 갖게 되었다. 그리고 지금 이 책을 통해 1인 기업가로 성공하기 위한 첫걸음을 내딛고 있다. 나는 앞으로도 다른 사람의 평가나 시선을 의식하지 않고 즐겁 게 나만의 길을 갈 것이다. 성공한 1인 기업가라는 꿈을 이룰 것 을 믿어 의심치 않기에 오늘도 몰입해 독서하고 의식을 성장시키 며 글을 쓴다.

30

역경에 굴하지 않고
계속 꿈 키우기

강연가, 자기계발 작가, 동기부여가, 희망 멘토
현재 꿈과 희망을 전해 주는 강연가로 활동하고 있다. 동기부여가, 작가, 희망 멘토로 활동하기 위해
노력 중이다. 앞으로 더 많은 이들이 꿈과 희망을 가지고 살아가기를 진심으로 바라며 꿈과 희망의
메신저로 살아가고자 한다. 저서로 《우리가 살아가는 하루하루가 기적이다》가 있다.
• E-mail lhd512@daum.net

고향 땅을 떠나 중국으로 들어온 우리 가족은 3일 만에 중국 공안에 체포되어 북한으로 강제 북송되었다. 다시 북한으로 돌아온 우리는 민족반역자로 낙인찍혀 인간이 아닌 짐승보다 못한 삶을 살아야 했다. 정치범 수용소에서의 생활은 지옥이 따로 없었다. 발로 차이고 폭언과 몽둥이로 얻어맞는 것은 기본이었고, 인간으로서 상상할 수 없는 일들을 겪어야 했다.

나는 가족을 살리기 위해 우리 가족 누구도 모르게 수용소에서 두 달을 굶고 있었다. 나 하나 죽고 가족을 살릴 수 있다면 그 어떤 고통이나 목숨도 내놓을 수 있었다. 그런 나의 바람에도 탈

북한 죄로 아버지와 오빠는 목숨을 내놓아야 했다. 5개월 동안 북한 당국은 우리 가족에게 수많은 고통과 설움을 주었다. 정치범수용소에서 수많은 처벌과 매를 맞아야 했다. 새벽 5시부터 시작해서 자정까지 앉아 있으면서 조금만 움직여도 손이 문드러지게 맞아야 했다.

고통스러운 나날을 보내던 어느 날, 보위부에서 우리를 데리러 왔다. 우리 가족은 종성정치범 수용소에서 나와 회령시 보위부에 도착했다. 그날 아버지와 오빠는 주모자로 회령시 수용소로 다시 들어갔고, 우리는 다음 날 금호작업반으로 추방되어 왔다. 허름한 창고 같은 집 앞에 차를 세우더니 보위원이 차에서 내리면서 우리가 지낼 집이라고 했다. 차에서 짐을 다 내려놓고 보위원은 우리에게 내일부터 농장에 출근하라고 말했다.

우리가 들어갈 집은 현관문과 창문에는 유리도 끼어 있지 않았고, 나무가 뒤틀린 현관문은 제대로 닫히지도 않았다. 나는 기왓장 깨진 것과 강쇠를 얻어서 가마를 걸었다. 그리고 부뚜막에 불을 지폈다. 아무리 불을 살려도 집 안은 따뜻해질 기미를 보이지 않았다. 다음 날 언니와 나는 허기진 배를 안고 출근해야 했다. 작업반까지는 집에서 5리 정도를 걸어가야 했다. 아침 7시에 출근해서 현장에 나가 일을 하기 시작했다.

우리는 인간이 아니었다. 김일성 일가를 위해 일하는 동물이었다. 한 달이 지난 어느 날, 나는 일을 하다가 옆구리 통증으로 도저히 일을 할 수가 없어 조퇴를 하고 집으로 돌아왔다. 나는 늑막염 진단을 받았고, 더 이상 일을 할 수가 없었다. 제대로 먹지 못하고 죽어라 일만 하니 몸이 견뎌 내지 못한 것이다. 죽는 것은 시간문제였다.

김일성 일가의 주체사상 아래 당국과 보위원들이 판을 치며 사는 이 세상에 복종도 해 보았고 나라를 위해 큰 공을 세운 적도 있었다. 허나 아무리 발버둥 쳐도 남는 것은 천대와 멸시뿐이었다. 나는 죽을 수밖에 없는 목숨이라면 1분 1초를 살아도 사람답게 살다가 죽고 싶어서 또다시 국경을 넘었다. 그러나 중국에서의 불법체류자 생활은 꿈과 희망이 없었다. 저 멀리에서 사이렌 소리만 들려와도 두려움과 공포에 떨어야 했다. 중국에서는 바람에 흩날리는 낙엽처럼 정처 없이 떠돌이 생활을 했다. 하지만 살아 숨 쉬고 있는 한 절망만 하며 살아갈 수는 없었다. 날마다 두려움과 고통을 안고 살아야 했지만 두려움에 나를 가두기보다는 한국에 갈 수 있다는 희망을 가지고 내 의지대로 살아가기 시작했다.

기나긴 고통과 시련의 항해 끝에 나는 2003년 대한민국에 들어오게 되었다. 대한민국에 들어와서 다시 태어났다고 해도 과언이 아니다. 오늘날의 대한민국을 위해 아무것도 한 것이 없는 나를 대한민국은 한 민족이라는 이유로 받아 줬다. 거기다가 살아가는 데 어려움이 없도록 세심하게 배려해 주었다.

국정원에서 국정원 직원들을 보면서 대한민국 사람들의 따뜻함을 느낄 수 있었다. 국정원에서 내가 받은 사랑에 언젠가는 꼭 보답하리라 결심했다. 한 달간 국정원에서 생활하고 하나원에서 두 달을 보내다가 대구에 집을 배정받아 대구로 내려왔다.

나는 일주일 동안 집에서 쉬고 8일째 되는 날 고용지원센터를 찾아갔다. 당시 나는 미용교수의 꿈을 가지고 미용을 배우기로 마음먹었다. 고용지원센터에 가니 새터민 담당자가 따로 있었다. 나는 담당자에게 미용을 배우고 싶다고 했다. 나는 담당자와 함께 미용학원에 갔고, 담당자가 모든 수속을 해 주었다. 그렇게 나는 미용학원에 다니게 되었다.

미용학원에 간 첫날 나는 선생님의 설명을 한마디도 알아들을 수가 없었다. 분명 남과 북이 같은 한국말을 사용했지만 전혀 알아들을 수 없었다. 거기에 미용필기시험 책은 얼마나 크고 두꺼운지 그 자체만으로도 기가 꺾이는 것 같았다.

나는 집에 돌아와 무작정 책을 펴 놓고 처음부터 읽기 시작했다. 그렇게 45일간 미용필기시험 책을 처음부터 끝까지 여섯 번을 보았다. 그리고 미용필기시험에 응시했다. 학원에 들어간 지 65일 만에 실기시험에 응시해 미용사자격증을 취득하게 되었다. 당시 나는 학원이 문을 여는 9시에 출석해 학원이 마치는 밤 10시까지 열심히 연습하고 또 연습했다. 스펙을 중요시하는 한국에서 나는 열심히 배우고 많은 자격증을 취득했다. 그러다 낮에는 일을 하고 밤에는 야간 대학을 다니면서 지식과 기술을 배워 나갔다.

한국에 정착한 지 3년 만에 5개 자격증을 취득했다. 그리고 많은 미용대회에 참가해 금상과 대상을 받기도 했다. 대학 4학년 과정을 마치고 대학원 공부를 할 계획이었는데, 아이를 갖게 되면서 나의 대학 공부는 중단되었다. 2008년 12월에 아이를 출산했고, 나의 대학 공부와 교수의 꿈은 무기한 보류 상태로 들어갔다.

아이를 낳고 키우면서 몇 년간은 집에만 있었다. 나의 꿈과 내 생활은 어디에도 없고 오직 아이를 위해서 살아가는 것 같아 마음이 허전했다. 그럴 때마다 나는 아이의 웃음을 보면서 위로를 삼았다.

그런 중에도 문득문득 꿈과 희망은 나를 괴롭히고 있었다. 나의 생활은 없고, 오직 아이를 위해 다람쥐 쳇바퀴 도는 듯한 상황이 계속 반복되었다. 이렇게 살면 안 될 것 같아 다시 대학원을 알아보기 시작했다. 당시 미용실이 포화상태여서 대학에서는 미용학과를 줄일뿐더러 미용 교수들도 인원을 줄이는 상황이었다. 결국에 나는 미용교수라는 꿈을 포기해야 했다. 나는 아이를 양육하면서 할 수 있는 것이 무엇이 있을지 고민하기 시작했다.

몇 날 며칠 고민하다 문득 두 번째로 국경을 넘을 때 막연하게 책을 써야겠다고 생각했던 것을 실천에 옮기기로 했다. 그 후 나는 책을 쓰기 위해 수많은 글쓰기 강좌를 이수하게 되었다. 하지만 책을 어떻게 써야 할지 점점 더 미궁 속으로 빠지게 되었다. 그때 《10년 차 직장인 사표 대신 책을 써라》라는 책을 보게 되었다. 나는 이 책을 보고 바로 〈한책협〉의 〈1일 특강〉을 듣게 되었다. 듣는 내내 나의 가슴은 뛰었다. "성공해서 책을 쓰는 것이 아니라 책을 쓰고 성공하는 삶을 살아가라."라고 하던 작가의 말이 나를 움직였다.

나는 이제 아이를 키우며 글을 쓰는 엄마 작가로 살아가는 삶에 한 걸음을 뗐다. 한국에 오기까지 수많은 역경을 이겨 낸 자부심으로 작가로서의 삶을 다시 한 번 개척해 나갈 것이다. 나는 더 이상 두려울 것이 없다.

31

아름다운 별종이 되어 세상을 변화시키기

— 장성오

유아교육 전문가, 동기부여가, 유아인성 및 리더십교육 전문가, '드림 커넥트 비전스쿨' 대표, 유치원 운영
세상에 아름다운 가치를 연결하는 플랫폼으로 '드림 커넥트 비전스쿨'과 유치원을 운영하고 있으며
"엄마가 행복해야 아이도 행복합니다."라는 슬로건으로 이 땅의 모든 어린이들과 부모들의 행복한
삶을 응원하고 있다. 저서로《화내는 엄마, 눈치 보는 아이》,《인생이 나에게 가르쳐 준 소중한 것들》,
《버킷리스트4》가 있다.
• E-mail jsopower@naver.com
• Blog http://blog.naver.com/jsopower
• Cafe http://cafe.naver.com/connectedu

2015년 6월에 나는《화내는 엄마 눈치 보는 아이》로 작가가 되었다. 이 시점이 내 인생의 터닝 포인트가 되었고, 막연하게 꿈꾸던 꿈이 현실이 되는 경험을 했다.

내가 운영하는 유치원에서는 책 쓰는 원장이자 유아교육 전문가로 불리게 되었고, 유치원을 비롯한 부모교육 강연에서 강연가로 초청받게 되었다. 그러니 내가 하고 있는 일에 더욱더 큰 번영이 도래하는 것은 말할 것도 없다. 이렇게 한 권의 책이 나의 삶의 많은 부분에 영향을 미치게 되었고 또 다른 꿈을 꾸게 하는 계기가 되었다.

더 중요한 것은 나의 이야기를 통해 내가 그동안 무엇을 했는지 무엇을 하며 살았는지 또 앞으로 어떻게 살 것인지 말할 수 있었다는 것이다. 내 삶의 모든 경험을 정돈하게 되었고, 객관적으로 바라볼 수 있게 되었다. 내가 어떤 사람인지, 아니, 어떤 사람이 되고자 하는지, 또 어디쯤 가고 있는지 책을 쓰면서 뚜렷하게 알게 되었다.

인생을 살다 보면 때로는 이해할 수 없는 시련과 고통이 찾아와서 나 자신을 무너지게 하거나 흔들리게 만들기도 한다. 그러나 나는 시련을 극복하며 내 이야기의 주인공이 되었다. 나 스스로를 설득할 수도 있었고 나의 연약함과 부족함을 이해하고 아낄 수 있었다. 이렇게 별 볼일 없다고 생각했던 나의 이야기가 세상에 나오면서 스스로의 가능성에 도전하고 나다운 삶으로 어느 누군가의 희망이 되는 삶을 살고 있다. 특히 딸들에게 좋은 롤모델이 되었다.

어느 날 늦둥이 딸 윤경이와 백화점에 있는 서점으로 나들이를 갔을 때의 일이다.

"엄마, 저기 좀 봐."
"어디?"

"저기 중앙에 베스트셀러 책 꽂힌 거 좀 봐요."

"와! 멋진데…"

"엄마는 저거 보면 무슨 생각이 들어요?"

"엄마는 윤경이가 쓴 책이 저기 꽂히는 상상을 하지!"

윤경이는 깜짝 놀라며 깊은 생각에 잠기는 듯한 묘한 표정을 지었다. 우리는 백화점에 가면 서점에 먼저 들르는데, 오늘도 책을 한 보따리 사 들고 나온 윤경이는 여느 때와는 달리 눈이 초롱초롱했다. 윤경이는 어릴 적부터 책 읽기를 좋아하고 서점에 가는 것을 즐겼다. 윤경이의 꿈은 여행 작가가 되는 것이다. 책을 쓴 작가에게 감동을 받으면 작가님을 만나고 싶다고 편지도 쓰고, 방학이 되면 만나러 가는 상상까지 할 정도로 책에 빠지는 아이다.

그때 나는 "감동만 받지 말고 너도 감동을 주는 작가가 되라." 고 무심한 듯 한마디 했다. 왜냐하면 작가라는 직업은 어린 시절 누구나 한 번쯤 꿈꿔 보기 때문이다. 그래서 나는 윤경이가 한때 꿈꾸다 말지 않고, 꿈을 이룰 수 있도록 관리를 해 주고 잘 자라도록 가꾸어 주어야겠다고 생각했다.

얼마 지나서 윤경이는 나에게 이런 말을 했다.

"엄마, 사실 나는 작가가 되는 것이 꿈이지만 내가 지금 책을 써야겠다는 생각은 못했어, 그런데 저번에 엄마가 하신 말을 듣고 뒤

통수를 한 대 얻어맞은 듯했어요. 엄마, 나 정말로 글을 써 볼까?"

나는 그 말이 떨어지기가 무섭게 윤경이에게 책 쓰기 공부를 시켰다. 자신이 진정 원하는 것을 하니 윤경이는 힘들어도 참고 견디며 책 쓰기에 몰입했다. 그리고 마침내 《십대가 진짜 속마음으로 생각하는 것들》이란 책을 세상에 내놓았다. 작가가 되어야겠다는 꿈이 현실이 된 것이다.

책을 쓰는 동안 학교생활과 학원생활을 병행하며 포기하지 않고 끝까지 해내는 윤경이를 통해 많은 사람들이 동기부여를 받아 꿈을 꾸는 일에 용기를 내었다. 이렇게 어린 나이에 작가의 꿈을 이룬 윤경이는 또 다른 제2의 꿈을 위해 도전하고 있다. 꿈을 꾸라고 많은 사람들에게 이야기해 주면서 친구들에게는 멘토로, 동기부여가로 활동하고 있다. 앞으로 윤경이는 여행 작가로 강연가로 한 걸음씩 한 걸음씩 멋지게 도전하면서 나아갈 것이다.

사실 요즘 청소년들을 보면 더 좋은 대학, 유명한 대학에 가기 위해 이를 악물고 공부하고 학원에 다니느라 꿈을 이룰 생각조차 못하는 게 현실이다. 물론 공부를 좋아하는 사람은 해야 하지만 모든 사람이 다 공부를 잘해서 성공할 수는 없다. 그리고 이제 세상은 변했다. 공부는 못하지만 다른 방식으로 생각하고 엉뚱한 아이디어를 가진 열등생이라는 못 말리는 별종들이 성공하는 깜짝 놀랄 시대가 왔다.

윤경이를 보고도 많은 사람들은 성공한 별종이라고 한다. 어린 나이에 책을 쓴 것 자체가 대단한 일이라고 말하면서 미래가 기대된다는 인사를 아끼지 않는다. 얼마 전에는 윤지영 아나운서가 진행하는 KBS 라디오 방송에 출연해 10대의 속마음을 당당히 말하기도 했다.

결국, 윤경이는 어린 나이에 아이돌 작가가 되면서 나와 함께 작가의 꿈을 이루었다. 그래서 사람들은 나와 윤경이를 보고 모녀작가라고 부른다.

우리가 알고 있는 별종 중에 성공한 대표적인 사람이 바로 버진 그룹의 회장인 리처드 브랜슨이다. 그는 어린 시절 난독증 때문에 공부를 잘하기는커녕 학교생활에 어려움을 겪었지만 그의 나이 열여섯 살에 창업을 하기도 했다. 이후 '버진 레코드'를 설립하기도 하고 우주관광 사업에 뛰어들면서 현재 손꼽히는 부자 대열에 올랐다. 브랜슨은 안주하지 않고 항공, 철도 등 새로운 시장에 계속해서 도전했다.

〈한책협〉의 김태광 코치 역시 자칭 또라이로 어린 시절에는 불우한 환경에 공부도 못했지만 현재 600여 명을 작가와 강연가, 코치, 컨설턴트로 만들면서 성공의 반열에 올랐다. 나는 이러한 사람들을 세상을 변화시키는 아름다운 별종, '또라이'라고 말하고 싶다. 이들은 용기 없는 사람들에게 살아갈 이유와 희망을 품게 만들기 때문이다.

《강헌구의 인성수업》 프롤로그에는 "1등이 행복한 게 아니라 아름다운 사람이 행복합니다."라는 말이 나온다. 우리의 세대는 끊임없이 일해야 했고, 경쟁에서 이겨야 하는 힘겨운 삶을 살았다. 그것이 행복인 양 착각하고 스스로 위안하면서 뿌듯해하기도 했다. 그런데 결국 남은 것은 스스로에게 낸 상처뿐이다.

무조건 남보다 앞서고 결승점에 빨리 도착한다고 행복한 인생을 사는 것이 아니다. 조금 더디고 부족하지만 한 걸음 한 걸음이 아름다운 발걸음이 되었으면 한다. 그러면 결국은 그 걸음들이 모여 아름다운 인생이 될 것이다.

여러분이 지금 들고 있는 책 한 권이 여러분의 아름다운 삶을 비추는 영혼이 되길 소망한다.

32

책을 써 변화 일으키기

아이돌 작가, 동기부여가, 강연가, 또래 상담가, 현재 안일중학교 2학년

현재 중학교 2학년으로 친구들의 고민을 들어주는 또래 상담가, 동기부여가로 활동 중이며 "보물지도, 10대들의 꿈을 응원해 주세요."라는 꿈 찾기 프로그램을 기획해 초등학교 및 중학교에서 강연 활동을 활발히 하고 있는 욕심 많고 꿈 많은 10대다. 저서로 《십대가 진짜 속마음으로 생각하는 것들》, 《보물지도3》, 《되고 싶고 하고 싶고 갖고 싶은 36가지》가 있다.

• E-mail imyk904@naver.com

나는 학교에 한 명씩은 있을 법한 평범한 중학생이었다. 반에서도 그렇게 튀는 학생은 아니었고 공부도 못하지도, 잘하지도 않는 중간의 그저 그런 학생이었다. 더 나아가자면 사회성이 눈곱만큼도 없고, 딱히 잘하는 것도 없었다.

작가라는 꿈을 가진 학생들은 세상에 널렸고, 나보다 훨씬 글을 잘 쓰는 학생들도 세상에는 이미 많다. 그래서 책을 쓸 때 '정말 내가 책을 써도 될까?'라는 생각을 많이 했다. 나보다 글을 잘 쓰고 더 나은 사람이 있을 텐데 내가 쓰는 것이 맞는지 고민이 되었다. 그래도 나에게 온 기회이니 뿌리칠 수는 없었다. 꿈을 이룰 수 있다는 희망을 갖고 일단 써 보기로 용기를 냈다.

　책을 쓰면서 많은 방황을 했다. 물론 나의 책은 10대에 관한 내용이니 10대인 나의 일상을 쓰면 되었는데 그것마저도 분량을 채우기가 정말 힘들었다. 내 주변에서 발생하고, 평범하게 친구들과 이야기하는 것들도 얼마든지 예로 쓸 수 있었는데도 나에게는 힘든 일이었다. 왜냐하면 친구들이 수근거릴 수도 있다는 생각이 들었기 때문이다. 중간에 포기할까 했었지만 '이것도 못하면서 어떻게 무슨 일을 할까?' 하는 생각이 들었다. 그래서 조금씩 힘든 것을 이겨 내다 보니 마침내, 책을 완성하게 되었다. 그렇게 나의 책 《십대가 진짜 속마음으로 생각한 것들》은 출판되었고, 책이 출판된 뒤에 사람들이 나를 바라보는 시선이 달라졌다. 여기저기에서 부담스런 응원이 이어졌다. 뿌듯하기도 했지만 불안한 마음도 들었다.

　책이 출판되어 나의 손에 들어왔을 때 내가 가장 먼저 한 것은 SNS에 책을 소개한 일이었다. SNS에 책이 나왔다는 소식을 올리니 사람들은 저마다 응원의 댓글을 달아 줬다. 몇몇 친구들은 책 표지에 나온 사람이 누구냐며 웃기도 하고 응원도 해 줬다. 책을 보내 달라는 말도 들었다. 나는 묘한 뿌듯함을 느끼면서 잠자리에 들었고, 다음 날, 담임선생님께도 책 한 권을 드렸다. 물론 사인도 당당히 해 드렸다.

선생님은 아주 자랑스러워하시는 것 같았다. 친구들도 신기하다며 읽어 보겠다면서 응원을 해 주었다. 그때 친구들은 "책 표지의 사진 너 맞아?"부터 "책 써서 돈은 얼마나 받냐?" 등의 다양한 질문을 하기도 했다.

어느 날, 나에게 인터뷰 제의가 들어왔다는 엄마의 메시지 한 통을 보게 되었다. 순간 나는 내 눈을 의심했지만 전화로 사실이라는 것을 알아냈고, 그뿐만 아니라 라디오 방송까지 하게 되었다는 소식도 듣게 되었다. 정말 놀랍고 역사적인 순간이었다. 인터뷰라니! 라디오 방송이라니! 꿈에도 있을까 말까 하는 일들이 기적처럼 나에게 찾아왔다.

약간의 설렘의 순간도 있었지만 걱정이 더 컸다. 그렇게 초조 반 설렘 반인 마음으로 지내다 인터뷰를 하는 날이 되었다. 서울로 먼 길을 가게 된 나는 가는 도중에도 너무 긴장이 되었다. 대답을 잘 못할까 봐 내심 불안해하며 기자님을 뵈었다. 기자님은 정말 책을 꼼꼼히 읽으셨는지 물어보는 질문 하나하나가 세심했다. 나는 내가 할 수 있는 최선의 답을 해 드리고 1시간 정도 지나 인터뷰를 마치게 되었다. 엄마, 아빠는 나를 매우 자랑스러워하셨다. 옆에서 다 듣고 계셨는지 정말 자랑스럽고 멋지다며 나를 칭찬해 주셨다. 내색은 안 했지만 정말 기분이 좋았고, 새로운 경험이었다.

며칠 후에는 라디오 방송을 녹음하러 가게 되었다. 녹음방송은 인터뷰보다 딱 5배 정도 더 떨렸다. 부모님은 뭐 하러 그렇게 긴장하냐고, 실수해도 유쾌하게 웃어넘기라고 하셨지만 떨리는 마음은 어찌할 수가 없었다. 옆에서 질문을 해 주신 분은 윤지영 아나운서였다. 중학생 자녀가 있다면서 나를 더욱더 반갑게 맞이해 주셨다. 녹화가 끝나고 같이 사진도 찍었다. 유명인을 만난 것 같아서 신기했다. 질문은 주로 내 일상, 즉 10대들의 일상과 책에 대한 것이었다. 나는 성실하게 잘 대답했다고 생각한다.

변화는 여기서 끝나지 않았다. 친구들은 가끔 나를 '작가님'이라고 부르기도 한다. 나는 그런 호칭을 들을 때면 기분이 싱숭생숭해진다. 묘하기도 하고 왠지 낯설다는 느낌이 들기도 한다. 몇몇 친구들은 나에게 사인까지 받는다. 직접 가져온 책에다가 사인을 받는 친구도 있고, 공책에다가, 종이에다가 사인을 받는 친구들도 있다. 웃으면서 부끄러워지다가 기분이 좋기도 하고, 이럴 때가 되면 내 감정은 뭐라 형용할 수 없게 되는 것 같다.

몇몇 친구들은 그 사인을 나중에 비싸게 팔 거라고도 하는데 그런 말을 들을 때마다 괜히 웃음이 나온다. 선생님들도 나보고 대단하다고들 하신다. 몇몇 모르는 친구들도 와서 "네가 책 쓴 애야?"라고 물어보기도 했는데 그럴 때마다 나는 어물쩍거리면서 맞다고 대답했다.

시험이 끝나고 진로선생님께서 나에게 꿈 발표회에 나가는 것은 어떻겠냐고 물어보셨다. 당연히 나는 그렇게 하겠다고 대답했다. 평택 대학교에서 하는 발표인데 주제가 꿈이다 보니 왠지 잘할 수 있을 것 같다는 자신감이 생겼다. 내가 주인공인 저자 강연회를 하고 난 직후였기 때문일 것이다. 책을 쓰고 나는 저자 강연회를 하게 되었는데 그 주제가 내 책에 대한 이야기와 꿈이었다. 그리고 그 주제로 무려 50분가량 되는 강연을 했다. 그러다 보니 6분이 걸리는 꿈 발표회도 괜찮지 않을까 하는 생각이 들었던 것이다.

에세이를 작성하고 연습 삼아 파워포인트도 만들어 보았다. 하지만 결국에는 꿈 발표회를 취소하게 되었다. 친구랑 참여하기로 한 과학 관련 대회랑 시간이 겹쳤기 때문이다. 아쉬운 마음이 들었지만 먼저 한 친구와의 약속을 깨서 친구가 피해를 보게 하는 것은 너무 이기적이란 생각이 들었다. 게다가 과학 대회에도 정말 나가고 싶은 마음이 있었기 때문이다.

꿈 발표회는 안타깝게 되었지만 나는 후회하지 않는 선택을 했다고 생각한다. 우리 10대에게는 친구도 중요하기 때문이다.

이렇게 나는 책을 쓰고 소중한 경험을 많이 했다. 이제 나는 뭘 새롭게 해야 할지 고민도 되지만 또한 그만큼의 책임감이 마구마구 밀려온다. 이런 자신을 보니, 아마 나는 아직 많이 부족하고, 또 서툰 10대가 맞는 것 같다. 그러나 책을 쓴 뒤로 겪은 새롭고 다양한 경험들은 내 삶의 튼튼한 주춧돌이 될 것이라 본다.

앞으로 나는 제2의 나의 꿈을 향해서 매 시간 최선을 다할 것이다. 그리고 아직도 먼 미래의 꿈을 꾸고 있는 친구들이 가까운 시간에 이룰 수 있는 꿈을 가져 보고 이루는 경험을 할 수 있도록 돕고 싶다. 꿈을 이룬 사람만이 가지는 특별한 경험이 나를 계속 성장하게 하고 꿈꾸게 한다는 것을 알기에 나의 미래를 상상하면 설레고 기대된다.

33

꿈을 향해 독불장군처럼 밀고 나가기

– 임원화

'임마이티 컴퍼니' 대표, 마인드 모티베이터, 동기부여 강연가, 몰입독서 및 책 쓰기 코치, 1인 기업 멘토, 책 쓰는 간호사

모두의 잠재력을 깨우는 기업 '임마이티 컴퍼니' 대표로 집필, 강연, 코칭, 컨설팅, 특강, 워크숍, 칼럼 기고 등을 활발히 진행하고 있다. 지식과 경험을 나누는 메신저로 다양한 대중들과 소통하고 있으며, 책 쓰기를 기반으로 1인 기업가를 시작하는 이들의 멘토로 활약하고 있다. 저서로 《하루 10분 독서의 힘》, 《한 권으로 끝내는 책쓰기 특강》 외 5권이 있다.

• E-mail immighty@naver.com
• Blog www.dreamdrawing.co.kr
• Cafe www.immighty.co.kr
• Telephone 010-8330-2638

중학생 때의 일이다. 학부모 상담을 하기 위해 학교에 찾아온 어머니는 선생님에게 아이가 내성적인 탓에 학교생활에 적응하지 못할까 봐 걱정된다는 말을 어렵게 꺼냈다. 담임선생님은 의아하다는 듯이 웃으며 "어머님, 걱정하실 필요 없습니다. 이번 학예회에 원화가 주도적으로 댄스 팀을 만들어 참여하는 걸요."라고 말했다. 어머니는 깜짝 놀라셨다.

그렇다. 나는 친구들을 선동해 학예회에서 박지윤의 '성인식' 춤을 춘 아이였다. 나는 어릴 때부터 "생긴 것과 다르다.", "조용해 보이는데, 정말 별나다."라는 말을 많이 들었다. 학교 안에서 모범생처

럼 굴다가도 학교 밖으로만 나오면 노래하고 춤추고 랩을 하는 자유로운 학생이었다. 거리 공연에 쓰일 음향 장비를 빌리기 위해 학급 자율학습비를 횡령하기도 한 간 큰 반장이었다.

대학에 가서도 여전했다. 국가고시를 앞두고 친구들 모두 공부하느라 여념이 없을 때도 나는 축제에 참여해 기타를 치고 노래를 하고 춤을 췄다. 대학병원에 갓 입사한 신규 간호사일 때도 넘치는 끼를 주체하지 못하고 직원 장기자랑에 나가 1등을 했다. 이 일로 부서의 명예를 드높이며 수간호사 선생님과 선배 간호사들의 사랑을 한 몸에 받는 듯했다. 하지만 안타깝게도 나는 일을 잘하지 못했다. 오히려 시간이 지날수록 특이해서 행동을 감시당하는 관심 대상이 되었다. 그렇게 내 첫 사회생활은 장밋빛이 아닌 잿빛이었고, 근무 연차가 높아져도 고달픈 시간들이 계속 이어졌다.

아무리 부정하고 싶어도 나는 조직문화에 맞지 않는 사람이었다. 감성적이고 계획적이며 사람들과 소통하기 좋아했던 나는 응급 상황이 많은 중환자실의 근무와 환경이 정말 힘들었다. 동료들에 비해 일이 월등히 느렸다. 엉뚱하게 생각하고 행동해서 본의 아니게 오해를 사기도 했다. 어릴 때부터 자기주장이 확실했고 고집이 있었다. 자기애가 강하고 자존심도 셌던 나는 사회생활에서 미덕으로 불리는 것들과는 거리가 멀었다. '여자 군대'라 불리는 간호사 세계의 엄격하고 갇힌 분위기가 답답했다. 인간관계도 하나부터 열까지 힘들었는데, 불합리한 일에 혼자 분노하며 고생을 사서 하기도 하고, 쓸데없이 의리까지 있어 피곤한 일도 많았다. 나는 선배 간호사들에게 눈엣가시인 '미운 오리 새끼'였고, 많은 사람들에게 인정받지 못하는 '비주류'이자 외롭고 고독한 '아웃사이더'였다.

병원 시스템과 간호사 조직문화에 어떻게든 적응하고 싶었다. 직장생활에서 살아남고자 다수의 사람들에게 나를 맞추고, 본 모습을 감추려 노력했다. 그럴 때마다 순간의 편안함은 있었지만 점차 나 자신이 사라지고 있다는 느낌이 들었다. 문득 '이건 아닌데'라는 강렬한 마음속 울림이 있었다. '다른 사람들에 비해 왜 나는 다르고, 튀고, 뭐든 어려울까'라고 스스로를 자책하며 괴로운 시간을 보냈지만, 위기는 기회가 되었다.

나는 병원이라는 집단, 직장이라는 조직에서 '또라이', '4차원', '튀는 애', '이상한 사람'이었기 때문에 직장에 목숨을 거는 것이 아니라 새로운 길을 개척하며 부단히 움직여야 했다. 직장생활을 큰 무리 없이 하는 다수가 되지 못했기에 남들보다 치열하게 발품을 팔며 인생 2막을 준비할 수 있었다.

직장이 세상의 전부가 아니다. 하지만 20대의 나는 직장이 전부인 줄로만 알았다. 그래서 튀는 내 모습을 감추며 남에게 나를 맞추었다. 사회생활을 잘하는 사람들을 부러워하며 그들을 닮으려 노력했다. 하지만 책을 읽으며 점차 사고방식과 의식이 바뀐

나는 서서히 '다른 나'를 인정하고 받아들이기 시작했다. 더 나아가 남들과는 다른 내 모습 그대로의 또라이 정신으로 살겠다고 결심한 순간, 나는 비로소 자유롭고 행복했다.

　돌이켜 보면 정말 아찔한 사건이 있었다. '자살'까지 생각했던 힘든 시기를 이겨 내고자 서점에서 치열하게 몰입독서를 한 나는 베스트셀러 작가, 강연가를 꿈꾸게 되었다. 그 꿈을 위해 병원 원내 강사를 지원했고, 중환자실 간호사로 삼교대를 하면서 원내 강사를 병행하게 되었다. 사람들은 누가 시키는 것도 아니고 월급이 더 나오는 것도 아닌데 왜 사서 고생을 하냐며 나를 안타깝게 보았다. 사람들 앞에서 말 한마디도 제대로 못하고, 힘들게 강의를 시작했지만, 밤을 새우며 강의 준비에 매달리고, 따뜻한 메시지를 적은 책을 선물하는 등 색다른 방식으로 강의를 이끌며 원내 강사 1년 만에 상을 받게 되었다.

　원내 강사 최단기 수상자인 내게 병원 대강당에서 강사활동 1년을 보고하는 엄청난 기회가 주어졌다. 그날은 병원의 중요한 행사인 만큼 병원장, 간호부장을 비롯한 대학병원 리더급 의료진들이 참석하는 엄숙한 자리였다. 다른 발표자들은 모두 탁자에 반듯하게 서서 컴퓨터 화면을 보며 미동도 없이 보고식 프레젠테이션을 했다. 하지만 나는 마이크를 뽑아 들고 무대 정중앙으로 나왔고, 베스트셀러 작가가 된 듯, 이미 유명한 명사인 듯 나만의 방식으로 자유롭게 프레젠테이션을 했다. 마치 자신의 단독무대처럼 재기발랄하게 보고를 마친 나는 과연 어떻게 되었을까?

그날 이후로 나는 고개를 제대로 들 수 없었다. 사람들의 시선에 뒤통수가 따가웠다. 몰래 뒤에서 하는 '뒷담화'가 아니라 바로 앞에서 이루어지는 앞담화(?)를 들었고, 관리자나 직위가 높으신 분들에게도 욕을 배부르게 먹었다. 소수의 사람들만이 나를 지지해 주었는데, 그들 역시 내게만 들리는 모기 같은 목소리로 "멋있었어, 힘내."라고 작게 속삭일 뿐이었다.

나의 또라이 에피소드는 이뿐만이 아니다. 출근 전, 퇴근 후, 쉬는 날 서점에서 거의 살다시피 하며 책을 읽던 나는 서점 앞에 있는 오피스텔로 이사를 하고 싶어 무작정 부동산을 찾아갔다. 역세권 오피스텔이었기에 거주도 하고 재테크도 할 겸 매매도 괜찮겠다는 상담에 그날 이후 매일 부동산에 들렀다. 대기업 수준의 높은 연봉이긴 했지만, 학자금 대출을 갚고 타지에서 부모님의 도움 없이 독립하느라 수중에 모아 놓은 돈은 없었다. 하지만 내게는 대학병원에서 일한다는 '신용'이 있었고, 기회인 것 같으니 질러 보자는 '깡'이 있었다. 어떻게든 집을 사겠다는 전략에 맞춰서 발품을 팔고 행동한 결과 신혼부부를 제치고 경쟁률이 센 로열층의 집을 사게 되었다. 결국 바람대로 서점 근처 오피스텔로 이사를 한 것이다.

집을 매매하느라 1억 원이 넘는 빚이 있었다. 대출이자로만 월급의 4분의 1이 나가는 상황인데도 3년 안에 책을 쓰겠다는 간절한 목표를 이루기 위해 〈한책협〉의 〈책 쓰기 과정〉에 등록했다. 그때 나는 '1억 원이 넘는 빚도 졌는데, 좀 더 쓰면 어때? 책 써서 월 1,000만 원 버는 사람이 되면 되지 뭐!'라고 생각했다. 작가가 된 것처럼 행동하기 위해 130만 원이 넘는 몽블랑 만년필을 12개월 할부로 구매했고 작가가 되면 쓸 사인부터 만들기도 했다.

그리고 드디어 책 쓰기를 시작했다. 수많은 독자들이 사인을 받기 위해 줄을 서 있는 상상을 하며 초고를 완성했다. 힘든 탈고 과정도 사인 연습을 하며 이겨 낼 수 있었다. 무리해서 집을 사긴 했지만 더 넓고 쾌적한 환경에서 꿈을 키울 수 있었고, 절박함에 열정이 더해져 행동을 가속화시켰다. 그 결과 나는 책을 쓰고 1인 창업해 진짜 월 1,000만 원 이상을 버는 성공한 1인 기업가가 되었다.

대기업 연봉에 안정적인 직장이었던 서울대병원을 퇴사할 때도 나는 또라이 정신으로 버텨 냈다. 많은 사람들이 내게 무모하다고 조언했지만 나는 직장 밖으로 행군해 1인 기업가로 홀로서기에 성공했다. 무슨 일이든 부딪치며 기회를 찾았고, 가능성의 씨앗을 뿌리며 독불장군처럼 고집스럽게 나아갔다. 부단히 노력한 끝에 나는 벤츠, BMW의 오너가 되었고, 생존이 목표였던 1인 기업에서 억대 수입의 '임마이티 컴퍼니' 대표가 되었으며, 작가, 강연가, 코치, 컨설턴트로 활발히 활동하고 있다.

나의 또라이 정신은 계속 진화하고 있다. 이제 벤츠 오너가 되었으니, 그다음은 패밀리카로 쓸 흰색 레인지로버를 꿈꾸고 있다. 2016년 목표한 매출을 이루면 롤렉스시계를 셀프 선물로 줄 예정이다. 또한 나뿐만 아니라 가족이 모두 책을 써서 '책 쓰는 가족'으로 KBC 〈아침마당〉에 나갈 것이고, '임마이티 컴퍼니' 센터 홀에서 성대하게 토크 콘서트를 열 것이다. 200권 이상의 책을 쓴 저자가 되고, 500억 원 이상의 자산가가 되며, 한국 대표 동기부여 강연가로 미국 명사들의 초청을 받을 것이다. 또한 후세에 내 스토리가 영화나 드라마로 제작되고, 많은 이들을 변화시킨 이 시대의 진정한 사상가이자 메신저로 기억될 것이다.

남과 다른 또라이라서 나는 진정 행복하다. 직장생활에 안주하지 않고 나답게 행복한 또라이 정신으로 나아갔기에 나는 즐겁고 보람찬 인생 2막을 맞이할 수 있었다. 안 되면 되게 하는 정신과 목표를 향한 강한 집념을 가지고, 끊임없이 하고 싶은 것, 되고 싶은 것, 갖고 싶은 것을 욕망하며 더 강한 사람이 될 것이다.

불행했던 또라이에서 행복한 또라이가 되면서 확실하게 알게 된 것은 인생에서의 답은 하나로 정해져 있지 않다는 것이다. 정답은 내가 스스로 만들고 구하고 찾아야 한다. 더 거침없는 '또라이 정신'으로 나아갈 나의 미래를 뜨겁게 응원한다.

34

불가능을 가능하게 만들기

– 손정호

CEO, 작가, 강연가, 드림 메신저, 콘텐츠 기획자, 아이디어 뱅커
수입차 프리미엄 서비스 전문기업인 주식회사 '퍼플카우 컴패니'의 대표이사를 맡고 있다. 메르세데스-벤츠, 아우디 등의 수입차 메이저 딜러사와 파트너십을 맺고 픽업&딜리버리, 세이프티로더(차량 견인), 부품트럭 센터순환 서비스 등 7개 부문에서 탁월한 서비스를 제공하고 있다. BMW, 메르세데스-벤츠, 재규어랜드로버, 아우디, 폭스바겐, 렉서스 등 수입차 픽업&딜리버리 서비스 컨설팅에 참여했다. 현재 직장인들을 위한 창업 저서를 집필 중이다.
• E-mail jungho_son@naver.com
• Blog http://blog.naver.com/jungho_son
• Homepage http://pcow.co.kr

퇴근길에 김 팀장한테 전화가 왔다. 목소리가 숨넘어갈 듯이 다급했다.

"대표님! 메일 확인해 보십시오."

"무슨 일인데?"

"벤츠 코리아에서 입찰 요청이 왔습니다."

"데드라인이 언제지?"

"다음 주 월요일 정오 12시입니다. 제안서 제출까지 6일밖에 남지 않았습니다."

"알았어. 확인해 볼게. 고마워!"

통화 후 '설마 준비기간이 그렇게 짧겠어?'라는 마음으로 메일을 확인했다. 김 팀장의 말은 사실이었다. 메르세데스-벤츠 코리아에서 픽업 앤 딜리버리 서비스에 관한 입찰 참여를 요청했고 주어진 시간은 단 6일이었다. 연 매출 2조 원이 넘는 대기업에서, 창업한 지 1년 4개월밖에 안 되는 연 매출 10억 원 미만의 신생기업에 러브콜을 보낸 것이다. 분명 가슴이 설레는 일이었다. 하지만 입찰 참여는 불가능해 보였다. 왜냐하면 서비스 규모가 전국 단위였기 때문에 준비하는 데만 최소 2~3달의 시간이 필요했기 때문이다.

그날 밤 '입찰에 참여할 것인지', '무엇을 준비할 것인지', '낙찰이 될 경우 서비스 운영방법' 등의 생각을 정리하느라 밤이 깊도록 잠을 청하지 못했다. 다음 날 아침에 비로소 입찰 참여를 결심하고 출근하자마자 팀장들과 회의를 진행했다.

"결전의 날이 다가왔습니다. 냉정하게 판단해서 현재 승률은 1%입니다. 하지만 6일 후 120%까지 끌어올리겠습니다. 무조건 또라이 정신으로 나갑니다. 이번이 마지막이라는 각오로 우리들의 실력을 마음껏 펼치도록 합시다!"

마치 이순신 장군이 명량대첩을 앞두고 비장한 각오로 병사들의 사기를 진작시켰던 것처럼 나도 팀장들의 용기를 고취시켰다. 회의가 끝나고 비상체제에 돌입했다. 첫날은 마라톤 회의를 통해 콘셉트를 정했으며 2~3일째는 제안서에 들어갈 자료를 수집했다. 100쪽 분량의 제안서를 다 채워 넣으려면 방대한 양의 자료가 필요했다. 그동안 비즈니스를 진행하면서 축적한 데이터와 입찰에 필요한 자료를 인터넷과 책을 통해 최대한 많이 수집했다. 또한 프레젠테이션 때 사용할 각종 소품들도 구입했다.

4일째 되던 날 제안서 작성을 시작했다. 표지와 목차를 만들고 입찰 개요를 쓰려고 했지만 웬일인지 진도가 나가질 않았다. 여러 문장을 썼다 지웠다를 두 시간 동안 반복했지만 도저히 답이 나오질 않았다. 하는 수 없이 시간 절약과 PPT 발표에 집중하고자 외부 전문가의 도움을 받고자 했다. '입찰 수주 성공률 93%의 경이적인 신화'로 알려진 국내 최고의 컨설팅 전문회사에 문의했다. 기획자, 편집자 및 디자이너로 구성된 전문가 3명이 투입되는데 3일 작업 비용으로 5천만 원가량이 든다고 말했다. 제안서 작업을 맡기고 싶었지만 낙찰 가능성을 100% 장담할 수 없었고 무엇보다도 비용이 만만치 않았기 때문에 제안서 의뢰는 포기했다. 그래서 '또라이 정신'으로 우리가 직접 제작하기로 했다.

마감일까지 남은 시간은 단 72시간, 취침시간을 제외하면 시간당 2페이지씩 완성해야만 했다. 시간은 황금보다 귀하다고 했던가? 분초를 쪼개 가며 제안서를 작성해 나갔다. 팀장들은 내가 필요로 하는 자료들을 신속하게 찾았고 나는 파워포인트로 정해진 분량을 조금씩 채우기 시작했다. 각 장이 완성될 때마다 사무실 한쪽 벽면에 순서대로 붙였다. 빠르게 완성되는 페이지도 있었지만 막힐 때도 생겼다. 그럴 때마다 타이핑 작업을 멈추고 문제를 세분화시켜서 해결책을 찾아야만 했다.

제안서 작성을 시작한 지 50시간을 넘기면서 잠과의 싸움이 시작되었다. 이틀 밤을 꼬박 새웠더니 정신이 몽롱해졌고 집중력이 급속도로 떨어졌다. 타이핑을 하면서 눈꺼풀이 계속 감길 때면 팀장들이 타 주는 커피를 마시면서 잠을 이겨 내야만 했다. 급기야 쏟아지는 잠을 도저히 이겨 낼 자신이 없으면, 간이침대에 누워 10~20분 정도 쪽잠을 자기도 했다. 제안서를 썼다가 지우고, 출력했다가 휴지통에 넣기를 반복하면서 고지가 눈앞에 보이기 시작했다. 약 10m 길이의 사무실 한쪽 벽면은 최종 컨펌을 기다리는 출력물로 가득 채워졌다. 그렇게 잠과의 사투를 벌이면서 끈질기게 작업한 결과 102페이지의 입찰 제안서를 완성할 수 있었고 서류제출 마감 5분 전에 무사히 제출할 수 있었다.

안도의 한숨을 쉴 새도 없이 다음 날 예정된 프레젠테이션을 준비해야만 했다. 팀장들과 간단히 저녁식사를 한 뒤 커피숍에 모여서 6시간 동안 브레인스토밍을 했다. 쉬플리코리아 대표 김용기의 저서 《최강제안 경쟁 프레젠테이션》을 참고하면서 콘셉트와 전략을 세웠다. 스토리텔링 형식으로 기승전결에 맞는 키워드를 스토리보드에 적고 전체 시나리오를 구상했다. 입찰 심사위원들에게 감동을 줄 수 있는 감성적인 어필방법도 연구했다. 이를 악물고 콘티를 여러 차례 수정한 결과 새벽 2시가 넘어서 최종 시나리오가 완성되었다.

당일 컨디션 조절을 위해 회사 근처 사우나에서 잠깐 눈을 붙였다. 너무 피곤했던 탓이었을까? 세상 모르게 잠이 들었다. 급기야 김 팀장이 사우나로 헐레벌떡 달려와 나를 깨웠는데 한참을 비몽사몽 헤맨 뒤에야 겨우 정신을 차렸다.

"대표님, 지금 오전 8시 30분입니다. PPT 작업할 시간이 그리 많지 않습니다."

남은 시간은 5시간, 30페이지 슬라이드를 완성하려면 10분에 한 페이지씩 완성해야 한다. 늦어도 오후 2시까지는 최종 원고를 인쇄소에 넘겨야 했다. 지난 6일 동안 모든 에너지를 다 쏟았기 때문에 방전될 만큼 체력이 고갈되었다. 그러나 여기서 포기할 수는 없었다. 젖 먹던 힘을 다해 이를 악물고 오로지 PPT 완성이라는 목표를 향해 달린 결과 37페이지의 발표 슬라이드를 완성할 수 있었다.

인쇄 마감 시한을 넘긴 관계로 인쇄소 사장님의 재촉 전화가 계속 울렸다. 김 팀장은 제안서의 출력을 위해 직접 강남의 인쇄소로 총알같이 날아갔다. 다른 팀장은 나와 함께 서울역 근처에 위치한 메르세데스-벤츠 코리아로 출발했다. 5일 동안 집에 못 들어갔기 때문에, 이동 중에 양복 한 벌과 와이셔츠를 구입해서 차 안에서 갈아입었다. 발표할 원고와 예상 질문을 최종적으로 살펴보면서 이미지 트레이닝을 했다. 급하게 이동하느라 앞 차량과의 추돌사고가 발생할 뻔하기도 했다. 설상가상으로 한강대교 남단에서 한 남자의 자살소동으로 차량통제가 있었지만 다행히 약속된 시간에 맞춰서 서울스퀘어 벤츠 코리아에 도착할 수 있었다.

담당자들과 명함을 주고받은 뒤 6일 동안 열정을 불태우며 준비했던 프레젠테이션을 시작했다. 미리 준비한 자동차 미니어처를 한 손으로 번쩍 들어 올리면서 오프닝을 시작했다.

"1886년 세계 최초로 만들어진 자동차 페이던트 모터바겐이 여기 있습니다. 지난 130년 동안 메르세데스-벤츠는 럭셔리 카의 대명사로 글로벌 자동차 시장을 리드해 왔습니다. 그리고 2016년 벤츠-코리아는 대한민국 최초로…"

심혈을 기울여 완성한 시나리오 덕분에 평가위원들 앞에서도 자신감 넘치는 목소리로 당당하게 발표할 수 있었다. 때론 감성적으로 어필하고 논리적으로 설득하며 실무자들의 이목을 사로잡았고 매끄러운 진행으로 발표를 잘 마무리할 수 있었다. 이어진 질의응답 시간에는 질문이 폭풍처럼 쏟아졌다. 모두 예상했던 범위 내에 있는 질문들이었기 때문에 막힘없는 답변으로 실무자들이 갖고 있는 궁금증을 모두 해소시켜 줄 수 있었다. 훈훈한 분위기 속에 모든 순서는 마쳤고 지난 6일 동안 목숨을 걸고 준비한 입찰은 잘 마무리되었다.

다음 날, 긴장이 풀리면서 목과 허리에 심한 통증이 찾아왔다. 정형외과에 갔는데, 목과 허리에 디스크 증상이 있다고 진단받았다. 엎친 데 덮친 격으로 입술과 왼쪽 눈 밑쪽에 수포가 생겨서 많이 쓰라렸다. 그로 인해 일주일 동안 물리치료와 충분한 휴식을 취해야 했지만 한편으로는 열정을 불태운 결과로 얻어진 영광의 상처인 것에 감사했다.

대한민국의 모든 벤츠를 총괄하는 '메르세데스-벤츠 코리아'를 향해 거침없고 당당하게 도전할 수 있었던 힘은 어디에서 비롯되었을까? 입에 단내가 날 정도로 노력해서 6일 만에 102쪽의 제안서를 만들 수 있었던 비결은 과연 무엇인가? 나는 이 모든 것이 '또라이 정신'이 아니었다면 불가능했을 것이라 생각한다.

사람들은 또라이 정신을 가진 사람들을 비웃고, 걱정하고, 심지어는 손가락질까지 한다. 하지만 변화를 두려워하지 않고, 꿈을 이루기 위해 거침없이 도전하고, 가슴속에서 타오르는 열정을 불태울 수 있는 '또라이'야말로 이 세상을 변화시킬 수 있는 진정한 영웅이다. 대한민국의 모든 또라이들에게 응원과 박수를 보낸다.

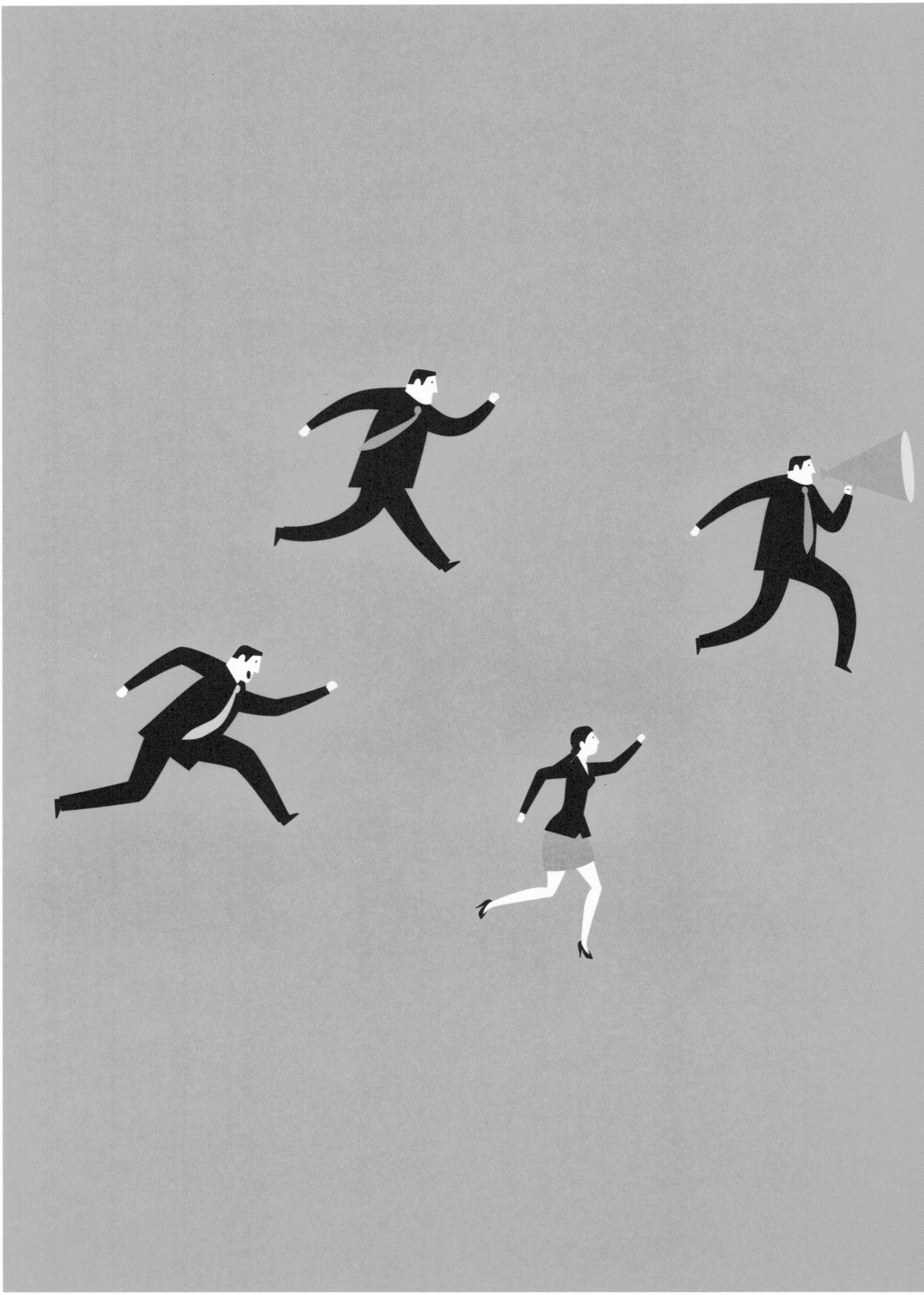

35-51

김진형 명정선 김진원 김진수 조경애
정자영 조혜영 조유림 권무동 김응규
포민정 이석풍 윤미숙 허진숙 유영희
오연주 권경희

또 라 이 들 의 전 성 시 대

35

미친 사랑으로
역경 이겨 내기

– 김진형

홈스쿨 운영, 과학 강사, 진로학습 코치, 작가, 은퇴전략 메신저
10년간 SW프로그래머로 근무하다 퇴사하여 홈스쿨을 운영하고 있다. 진정한 '나'의 삶을 위해 새로운 꿈과 진로를 개척하는 동시에 그간의 경험을 나누는 메신저로 제2의 인생을 살고 있다. 저서로 《보물지도6》이 있으며, 현재 회사 밖에서 자신의 자격을 얻기 위해 애쓰는 사람들을 위한 개인저서를 집필 중이다.
• E-mail amandsam@naver.com
• Blog http://blog.naver.com/amandsam

우리 부부는 캠퍼스 커플로 시작해서 햇수로 6년을 연애했는데 그중 3년 동안 대학생활을 했다. 그 시절은 IMF 직후였고 취업난은 우리 사이에도 위기였다. 사귄 지 1년이 넘었을 무렵 남편이 먼저 학부를 졸업하게 되었는데, 남편이 전공한 건축과는 그즈음 최악의 취업난을 겪고 있었다. 취업하기도 어려웠고, 운이 좋아서 취업을 하더라도 어느 지역의 공사현장으로 파견될지 모르므로 우리의 연애가 계속 이어질지 장담할 수 없었다. 나는 그때 이별을 예감하고 있었다.

불안한 것은 나뿐만이 아니었다. 남편도 아직 자리 잡지 못한 우리 관계가 불안했었는지 많은 고민을 했고 결국 대학원에 진학하게 되었다. 그렇게 우리에게 2년이란 시간이 주어지면서 더 많이 사랑할 수 있었다.

2년 뒤에 컴퓨터를 전공한 나는 서울로 취업을 했고, 남편은 대전의 한 연구소에 위촉직 연구원으로 가게 되었다. 이때는 여러 가지 이별의 사유가 동시다발로 발생했다. 특히, 나는 SW 연구원으로 밤낮없이 새로운 일에 매달렸고, 회사원이 되었다는 즐거움과 어려운 취업난을 뚫었다는 뿌듯함에 고무되어 있었다. 남편이 멀리 있는 것이 오히려 편했을 만큼 연애보다 일이 좋았다. 반대로 남편은 널널한 업무의 계약직 연구원으로 시간이 남아 나의 빈자리를 크게 느꼈다. 업무를 보느라 정신없는데 자꾸 전화를 걸어 대고 장기 해외출장이라도 가면 술이 취한 채 전화해 아쉬운 소리를 하곤 했다.

1년이 지났을 무렵 나는 계속해서 바빴고 회사일로 인정을 받으면서 자신감을 얻어 가고 있었다. 하지만 남편은 동계기간에는 에너지 절약차원에서 5시에 퇴근을 한다면서 더 일찍 전화를 하기 시작했다. 주말마다 만나는 것도 어려워 2~3주에 한 번 만나게 되었는데 그때마다 잔소리가 늘어 갔고 나는 사과하기 바빴다.

쌓이고 쌓인 것은 폭발하게 된다. 중국 출장을 가면 짧게는 보름 길게는 한 달을 넘기기도 했는데 출장을 앞두고 다투게 되었다. 남편은 잔소리를 넘어 화를 냈다. 나는 주말에 교회학교 봉사를 하느라 시간이 많지 않았는데 봉사 때문에 자신을 자주 만나주지 않는다는 것이 서운하다는 것이다. 나는 약속을 깨서 미안하다고 해야 하는데 사과하기가 싫었다. 이렇게 연락을 끊으면 어떻게 나올까 궁금하기도 했다. 남편은 아무런 연락이 없었다. 나는 출장에서 돌아와 다시 연락을 하기로 마음먹었다. 헤어지는 것은 염두에 두지 않았다. 그런데 남편은 연락을 받지 않았고 하루가 지나서 장문의 이메일이 도착했다.

나의 연락을 몹시도 기다렸고, 연락이 늦어지자 불안한 마음이 들었고 그러고도 연락이 없어서 화도 났다고 했다. 시간이 흐를수록 내가 떠났고, 우리는 이별했다고 받아들였다고 했다. 자신이 초라해 내가 떠났다는 생각이 들어 배신감도 들었으며 나의 변심이 믿을 수가 없어서 술로 하루하루를 버티며 기다렸다고 했다. 하지만 끝내 나에게선 연락이 없었고 이별을 받아들이기로 마음먹었다는 내용이었다.

나는 화가 났다. 자주 챙겨 주지 못해도 서운해 말라던 사람이 누구였는지 잊었냐고 퍼부어 주고 싶었다. 하지만 전화 연결은 되지 않았고 직접 만나서 할 얘기였던지라 나는 바로 대전으로 가게 되었다.

이 시기에는 중증호흡기질환인 '사스'가 유행이어서 중국에서 온 사람들은 관리 대상이었다. 회사에서는 중국으로 출장을 다녀온 내가 며칠간 지낼 수 있도록 여의도의 한 관광호텔을 잡아 주었다. 혼자 지내던 며칠간 나는 밤에도 자유로웠기 때문에 야밤에 시외버스를 타고 대전으로 향할 수 있었다.

그런데 나는 남편의 원룸이 있던 곳이 어딘지 몰랐다. 남편을 따라 한 번 가 본 적만 있었다. 버스를 타고 대전으로 가면서 기억을 떠올려 보았다. 버스에서 내리자 주변은 한적했고 두려움도 들었지만 남편에게 연락할 수는 없었기에 최대한 태연한 척하며 택시로 갈아탔다.

택시에서 내린 뒤, 집을 찾기 위한 길 찾기가 시작되었다. 그 시간엔 다니는 사람도 거의 없었고 가게들도 닫은 곳이 많았다. 한참을 헤매다가 겨우 슈퍼 앞 원룸 건물을 찾았다. 그런데 나는 남편의 방 호수를 모르고 있었다. 감으로 1호를 선택해 초인종을 눌렀지만 아무런 반응이 없었다.

나는 아차 싶었다. 남편이 주말에는 부모님 집으로 가서 머무르는 적이 종종 있었기 때문이다. 머리에 있는 피가 발 아래로 빠져나가는 느낌이었다. 그런데 갑자기 2호실의 문이 열렸다. 내가 시끄럽게 굴어서 나온 건가 싶었다. 그런데 남편이 거기서 나오는 것이었다. 나를 보고 놀란 표정을 지었다. 하지만 바로 차갑게 변했다.

나는 다짜고짜 202호로 들어가서 가방을 내려놓고 얘기 좀 하자고 말했다. 남편은 어이없는 표정으로 "일단 나가서 얘기하자."고 했고, 나는 싫다고 대답했다.

나는 자리 잡고 앉았고, 남편도 한숨을 쉬며 마주 앉았다. 한동안 침묵이 흘렀다.

"오늘 천안에 가려고 했었는데, 갔으면 어쩌려고 연락도 없이 오니?"

"그런 거 생각할 여유가 어디 있어. 진짜 헤어질 생각이야?"

"……"

"나 없이 살 수 있어?"

남편은 눈물을 뚝뚝 흘렸다. 회사에서 일을 하다가도 내 생각에 눈물이 났다고 했다. 중요한 것을 잔뜩 넣은 짐 가방을 잃어버리는 꿈을 꾸고 내가 떠난 걸로 여겼다고 했다. 너무 힘들어서 새벽에 술이 취해 어머니한테 전화를 걸어 울었다고 했다.

나는 남편의 모습을 보고 결혼하자는 얘기를 했다. 중간 지점에 집을 구해서 최대한 빨리 함께 살자고 했다. 같이 울면서 얘기를 나누고 밖으로 나가 밤새 운영하는 소주 집에서 술을 마시며 이야기를 하다가 새벽을 맞았다.

그날 이후 우리의 결혼이 가시화되었다. 남편의 불안한 고용상황을 우리 집에서는 달가워하지 않았는데 나와 헤어져 있는 동안 남편은 대기업에 지원을 했었고 몇 달 후 합격발표가 났다. 잠시의 이별이 자극이 되어서 지원하게 되었다고 나에게 오히려 고마워했다. 우리는 곧바로 상견례를 하게 되었고, 결혼 날짜를 잡게 되었다. 그리고 6개월 후 남편은 용인에 있는 현재의 직장으로 또한 번 옮기며 나와 가까워졌다.

우리는 긴 연애를 하는 시간 동안 수많은 역경을 겪었다. 극복하기 힘든 일들도 있었지만 우리는 결국에 서로를 믿고 의지하며 극복해 나갔다. 우리 사이의 위기를 넘길 때마다 우리의 사랑이 한층 단단해지는 것을 느꼈다. 우리는 우리 사이에 놓인 장애물들을 함께 뛰어넘고 부부가 되었다. 앞으로 우리에게 다가올 그 어떤 시련도 사랑으로 이겨 낼 것이다.

36

인생이 밀려오기 전에
먼저 받아들이기

프리랜서 기자, 콘텐츠 크리에이터, 칼럼니스트, 자기계발 작가, 사업가
네이버 스타에디터 '이코노마드'에 돈의 사용법과 부의 지혜에 대한 글을 연재하고 있으며, IT조선에 칼럼 〈눈에 보이는 핀테크〉를 연재하고 있다. 하이퍼포머로서 끊임없는 자기계발을 통해 얻은 값진 경험과 지식을 세상과 나누며 긍정적인 에너지로 선한 영향력을 나누는 풍요로운 삶을 실천하고 있다. 현재 개인저서를 집필 중이다.

조직이란 늘 거기가 거기고 어딘가 비슷한 모습을 지니고 있다. 내 마음이 가는 대로 기획하거나 창의력을 마음껏 발휘할 수 있는 곳이 아니라는 것과 어제나 오늘이나 비슷비슷한 날이 이어진다는 것이 그렇다. 기자였던 나는 취재하는 일을 좋아했고 딱히 직장생활에 불만이 있는 것도 아니었다. 그렇다고 딱히 줄을 타고 고속 승진을 바랄 정도로 속된 사람도 아니었다.

그러던 어느 날 나는 드디어 결심했다.

'안 되겠다. 나가자. 너무 늦기 전에!'

내 나이 30대 중반, 여자로서 독립하기에 많은 나이도, 적은 나이도 아니었다. 하지만 더 이상 조직에 길들여짐이 무섭고 싫었다. 분명 지금 나가지 않으면 몇 년은 견딜 것 같았다. 하지만 이 상태라면 언젠간 쫓겨날 게 두려운, 새장 속에 갇힌 병든 새가 될 거 같았다. 그렇다고 이런 나의 생각이 바깥으로 드러나거나 하진 않았다.

사실 그 뒤 내가 사표를 낸 사실이 알려진 것은 퇴사하고도 두 달 뒤쯤이었다. 미리 가족과 논의를 했다면 나는 흔들렸을 게 뻔했다. 나는 여전히 그런 환경에서 자유로운 영혼이라고 할 수 없었기에 더욱 나를 차단할 필요가 있었다. 벼랑 끝으로 내몰아야 정신을 차린다고 해야 할까? 그때는 나를 바꿔야 한다는 마음뿐이었다. 단 하나뿐인 내 인생, 이제 중반전인데 놓치고 싶지 않았다. 소중한 나의 꿈을.

이렇게 얘기하면 마치 여전사나 매우 용감한 사람처럼 비쳐질 수도 있겠지만 나는 그렇게 대단한 사람이 아니다. 오히려 평범한 여기자, 평범한 엄마, 아내였다. 어딜 가면 조용하다가 기분이 좋아지면 말이 많아진다. 때로 의견이 맞지 않으면 욱하기도 하지만 싸움닭이란 소리는 듣고 싶지 않아 한 번도 싸워 본 적이 없는 사람이다. 하지만 동시에 마음속에서 심한 무력감을 느끼고 있었다. 사실 대부분의 대한민국 여성이 그렇지 않을까. 우리 사회는 고학력 여성들을 순식간에 잉여자원으로 전락시키고 더는 오갈 곳 없이 만들어 버리는 재주가 있다. 특별한 페미니스트가 아니어도 웬만한 워킹맘이면 공감하지 않을까 싶다.

한번은 10년간 알고 지낸 여기자와 밥을 먹으면서 우스갯소리로 학력과 결혼의 상관관계에 대해 이야기를 한 적이 있었다. 남자는 학력이 높을수록 결혼할 여자들의 폭이 넓어지지만 여자는 학력이 높을수록 결혼하기가 너무 힘들다는 통계가 있다는 것이다. 그러면서 우리나라의 여자 학력과 결혼 기피에는 절대적인 상관관계가 있을 것이라고 했다. 그때 우린 둘 다 유부녀였다. 학교에서 배운 평등이 무엇이냐며 현실과 이상과의 괴리가 너무 크다고 헛웃음을 지었다. 이럴 거면 같은 등록금 내고 대학교 공부를 왜 했는지 모르겠다며, 박사과정을 밟으러 유학을 간 남편 뒷바라지를 위해 하와이로 간 그 친구와 지금도 통화를 하면서 심심찮게 그 얘기를 한다.

여자들은 회사에서는 당당히 일로써 인정받고 싶어 한다. 하지만 옷은 꼬깃꼬깃, 집에서도 늘 신경 써 주지 못하는 엄마로 낙인찍히고 반쪽 엄마, 화내는 엄마여서 미안한 마음이 앞선다. 아무리 가정을 꾸리고 아이를 낳아 기르는 것이 여성 본연의 일이라고는 하지만 아이가 여자만의 아이는 아니지 않는가. 하지만 우리 사회는 출산과 육아 문제로 넘어가면 얘기가 달라진다. 거의 전적으로 여자에게만 그 책임을 돌린다. 물론 예전에 비해 정부와 기업, 남자들도 배려를 많이 해 준다고 위로한다. 하지만 위로는 기준에 못 미친다는 변명에 다른 표현 아닌가. 여성의 기준에서 배려라고 하는 단어 자체가 워킹맘에게는 부담을 주고 있다.

심지어 법으로 정해진 권리를 행사하고 있는 동안에도 워킹맘들은 항상 눈치 보기를 강요당한다. 휴직이라는 은혜를 주고 있는 기업에 매우 감사해야 한다는 태도랄까. 그런 길들여짐이 나는 점점 싫어졌고 원하는 일과 일하고 있는 조직, 가정, 행복 등 여러 가지 난처한 상황에 부닥치는 일의 연속이었다.

처음에는 나 역시 투쟁의 전사가 되어 볼까 시도도 해 봤다. 그런데 에너지 소모가 많았다. 그래서 측면 돌파를 결정했다. 머리에 띠를 두르고 혼자 회사 안에서 투쟁하는 것은 오히려 바보처럼 보였다. 차라리 밖에서 조직에 기대지 않고도 일 잘하는 아줌마의 모습을 보여 주리라 결심한 것이다. 막상 여러 가지 상황에 내몰리자 가장 중요한 것이 무엇인지 알게 되었다고나 할까. 나에게는 오히려 약이 되었던 순간인 것 같다.

그때 내가 한 선배에게 눈물 콧물 다 쏟으며 선언했던 말이 지금 생각해 보면 참 맹랑했다.

"선배, 제가 꼭 보여 드릴게요. 아침에 일찍 오고 휴일에 당직 서는 거 안 해도 얼마든지 더 좋은 콘텐츠 만들 수 있다는 거요. 사람들이 읽을 수 있는 거 만든다는 것을요."

이렇게 얘기하면서도 이런 걸 글로 쓰는 내가 진정한 또라이가 맞다는 생각이 든다. 사람들은 애들도 있고 육아에 전념해도 되는데 왜 일을 그렇게 하려고 하냐고 묻기도 한다. 여자로서 결혼도 중요하고 육아는 더욱 중요하다는 것을 안다. 그럼에도 불구하고 엄마, 아내, 직원이 아닌 나로서 자립하고 싶었다. 그 염원 하나였던 것 같다.

《10년을 사는 여자, 10년 후를 사는 여자》의 아리카와 마유미도 멀리 있는 목표는 뚜렷하게 잡지 않는 게 좋다고 얘기한다. 보이는 한 가지 목표부터 실천해 나가라는 조언이다. 혁신의 아이콘 고(故) 스티브 잡스 역시 5년 이후의 계획은 잡지 않는다고 했다. 애플의 프로젝트 기간은 길어야 3년이나 4년이라고 말했다. 세상이 너무 급변하고 있기 때문에 미래를 예측할 수 없다는 것이다.

나 역시 큰 목표를 세우느라 시간 낭비, 에너지 낭비하는 것보다 일단 눈앞에 보이는 목표부터 설정하기로 했다. 매일 눈에 보이는 곳에 목표를 적어 붙이고 어떤 성과를 올리고 싶은지 어떻게 해야 이룰 수 있을지 생각했다. 그 첫 번째가 네이버 스타에디터 공모였다. 블로그 활동도 안 해 본 나였지만 그동안 기자활동을 하면서 글쓰기와 그래픽 작업, 표 만들기 작업을 해 왔기 때문에 뉴스콘텐츠와 비슷한 포스트는 해 볼 만하다는 생각이 들었다. 전략은 유효했고 결과는 예상보다 훨씬 좋았다. 스타에디터에

선정되었을 뿐 아니라 내가 올린 글이 경제모바일 조회 수 70만을 넘어서며 1위를 기록한 것이다. 블로거 1인이 수백 명의 직원을 거느린 언론사를 제친 것이다. 내가 언론사 기자로 있으면서 읽혔던 횟수보다 몇 백 배 많은 클릭수를 보면서 시대가 달라졌고 나와 비슷한 사람들에게 기회가 열려 있다는 확신이 들었다.

그리고 또 하나 얻은 교훈은 작은 사건이라도 의미를 부여하면 큰 동기부여를 할 수 있다는 것이었다. 사람들은 위인이나 큰 기업가에게 기준을 맞춘 나머지 내 안의 기억이나 추억을 무시하는 경향이 있다. 그동안 나는 너무 먼 미래, 목표만 바라본 나머지 작은 목표, 하루하루의 소중함과 기쁨을 놓쳤다. 그래서 그때부터 뭐라도 나를 칭찬하고 나에게 용기를 불어넣었다. 또한 약간의 뻔뻔함도 갖췄다. 이제 누구를 만나면 "저 어제 네이버 경제에서 주간 조회 1위 했어요." 하면서 가볍게 어필한다. 그러면 사람들이 주소를 알려 달라고 관심을 기울인다. 이렇게 많은 사람들과 교류하면서 짧은 기간 동안 나는 핀테크 관련 칼럼을 쓰는 기고가의 명함도 갖게 되었고, 금융 관련 프로그램을 기획하는 구성작가도 되었다. 게다가 이젠 당당한 작가의 반열에 올라섰다.

나는 원하는 목표를 이루고 나면 또 다음 목표를 세운다. 그것이 끝나면 또 다음 목표를 정한다. 지금껏 내가 배운 교훈은 즐거운 기분을 놓치지 않고 행동하다 보면 손안에 그 목표가 들어온다는 것이다. 언제나 목표가 닿을 것 같을 때 느껴지는 에너지가 가장 나를 기쁘게 한다는 것을 알았다.

사람들은 "그때가 좋았지. 이제 나는 늙어서 그런 일 시도도 못해."라는 이야기를 한다. 그런데 나는 이 이야기에는 동의하고 싶지 않다. 흔히 성공은 노력한 시간에 비례한다는 말에 빗대어 1만 시간의 법칙을 얘기한다. 3시간씩 10년 동안 꾸준히 노력해야 달인의 경지에 오를 수 있다는 것이다. 맞는 말이다. 그런데 솔직히 하루에 6시간이면 5년, 12시간이면 3년 정도로 줄일 수 있다는 얘기 아닌가. 그리고 지금은 기술의 도움으로 한 달 걸릴 과정을 하루로 단축시킬 수 있는 시대다.

나는 찾고자 하는 의지만 있다면 인생의 국면 전환은 가능하다고 생각한다. 중요한 것은 고민하는 것보다 실행하면서 부닥쳐 보고 깨닫고 다시 또 실행해 보는 전략이 최선이라는 것이다. 이것이 30대 중반을 넘어선 내가 해 줄 수 있는 조언이다.

37

또라이 정신으로
성공 만들기

– 김진원

'빌드펀딩' 대표이사, 공인중개사, 부동산 권리분석사, 최연소 부동산 디벨로퍼
20대 초반부터 부동산에 입문해 부동산계의 아이돌로 떠오르고 있다. 현재는 금융과 IT를 결합한 핀테크 사업에 주력하고 있으며, 부동산 크라우드펀딩 플랫폼 회사를 론칭해 개인 소액 투자자들과 건축주를 연결해 주고 있다. 누구나 소액으로도 부동산에 투자할 수 있도록 플랫폼을 활성화할 계획이며, 2017년 상반기 누적 투자액 100억 원을 목표로 달리고 있다.
• E-mail woroto@naver.com
• Homepage http://www.buildfunding.co.kr

　　네이버 검색창에 '또라이'라는 말을 검색하면 '제정신이 아니라 좀 모자라는 사람을 이르는 말'이라고 나온다. 회사생활을 하다 보면 우리를 너무나 힘들게 하는 상사를 두고 누구나 한 번씩은 '내 상사는 또라이다'라는 생각을 해 본 적이 있을 것이다. 세상에 또라이들은 많다. 사람들은 나에게도 "처음 만났을 땐 정상인 줄 알았는데 친해지고 보니 나보다 더 또라이야."라고 이야기한다. 하지만 남에게 피해를 주고 기분 나쁘게 하는 사람이 아닌, 다른 이에게 긍정적인 힘을 주고 동기부여를 해 주는 또라이라면 그들만의 가치관과 성공 요인을 배워야 한다. 노홍철만 봐도

알 수 있다. 그는 배우도, 개그맨도 아니다. 하지만 엄청난 긍정의 에너지로 많은 사람들을 즐겁게 한다. 그처럼 인생을 살아감에 있어 자기 자존감이 높고, 엄청난 에너지와 열정을 가지고 살아가는 사람들이 있다. 일반인과 다른 특별한 라이프스타일을 추구하며 자기 분야에서 우뚝 서는 사람들이다. 그런 이들이 바로 내가 말하는 진정한 또라이라고 생각한다. 나 또한 그중에 속해 있는 한 명의 또라이다.

나는 부동산 전문가다. 10년간 부동산 개발, 중개, 매매, 임대업을 하고 있다. 부동산 업무는 부동산 중개부터 임대를 전문으로 하는 부동산 임대, 부동산을 사고파는 부동산 매매, 부동산을 개발해 판매하는 부동산 개발까지 다양하다. 그중에서도 20대 중반의 나를 부동산으로 성공할 수 있도록 발판이 되어 준 부동산 경매는 부동산 투자 중에서도 가장 매력적인 투자 수단 중 하나다. 나는 20대 중반에 부동산 경매를 시작했고, 남들과는 다르게 공격적인 투자를 하는 젊은 투자자였다. 그 당시 나는 극히 찾아보기 드문, 젊은 나이에 경매 입찰을 보는 총각으로 유명했다. 당시 법원 경매 입찰을 가더라도 대부분 40, 50대들로 나보다 나이가 어려 보이는 사람을 찾아보기 힘들 정도였다. 경매시장에서 나를 신기하게 쳐다보는 것은 당연했다. 내가 가장 많이 입찰을 들어가는 곳은 인천지방법원이었고, 그곳에서 가장 많은 낙찰을 받는 젊은 투자자이기도 했기 때문이다. 당시 인천광역시는 구도심 활성화를 위해 재건축 재개발 붐이 불고 있어서 소액투자로도 큰 수익을 볼 수 있었다. 법원 경매 입찰을 들어가게 되면 제일 먼저 경매 입찰표를 작성하고, 입찰 보증금 봉투에 입찰 보증금 10%를 채워 넣은 뒤, 최고가 매수인(낙찰자)을 호명한다. 호명을 기다리며 긴장되는 마음으로 의자에 앉아 있을 때 느껴지는 그 짜릿한 기분은 말로 표현할 수가 없다. 그 시간이 입찰을 들어가기까지의 고생한 모든 걸 보상해 주는 가장 기분 좋은 순간이다. 사실 경매한 건을 입찰하기 전까지 사전에 많은 발품을 팔아야 한다. 첫 번째로 어느 지역에 어떤 경매 물건이 나와 있는지 확인해야 한다. 임장(현장 답사)을 통해 지리적 현황, 입지, 실제 거래가격, 물건의 하자, 권리상의 하자 등을 꼼꼼하게 확인한다. 그리고 낙찰 후 매매는 잘 이뤄질지, 입찰가는 몇 %를 쓸 건지 하나하나 살펴봐야 나중에 낭패를 보지 않는다.

나의 또라이 기질은 현장 답사를 하면서 나온다. 경매 물건 중에 초보자도 쉽게 접근할 수 있는 물건이 아파트다. 아파트 입찰을 들어가기 전에 일반 투자자들이 현장 답사를 하게 되면 간략하게 외부 상태와 주변 부동산에서 시세를 알아보고 관리비는 얼마나 연체되어 있는지를 확인한다. 하지만 나는 그 아파트 내부를 보기 전까지 절대 입찰을 들어가지 않는다. 내부를 보게 되면 그 물건에 대한 확신이 더 커지기 때문이다.

한번은 15층짜리 공동주택(아파트) 3층이 경매로 나온 적이 있었다. 채무자 겸 소유자가 거주하고 있어서 내부를 본다는 건 쉬운 일이 아니다. 채무자가 거주하는 집은 채권자들의 채권추심에 시달린 채무자들이 채권자들의 눈을 피해 이주했거나, 거주하고 있다 하더라도 쉽게 문을 열어 주지 않기 때문이다. 이 아파트도 채무자 겸 소유자가 점유하고 있는 곳이었지만 우편함에는 우편물이 쌓여 있었고, 수도와 가스 계량기 눈금은 이미 멈춘 상태였다.

　관리사무실 직원은 "오랫동안 관리비가 연체되어 세대 방문을 했지만 아무도 없었어요. 주변 사람들 말을 들어 보니 가끔씩 아들만 다녀간다고 하더라고요."라고 말했다. 그 채무자 역시 채권자들을 피해 다른 곳으로 이주를 한 듯했다. 열쇠 수리공을 불러 문을 열고 들어가고 싶었지만 주거침입죄로 형사처벌을 받을 수는 없었다. 고민을 하다가 외부 가스 배관을 타고 올라가 베란다를 통해 집 내부를 봐야겠다는 생각이 들었다.

　다음 날 나는 새벽같이 일어나 차를 몰고 그곳으로 다시 향했다. 다행히 경비 아저씨는 순찰 중이었고, 경비실에는 아무도 없었다. 나는 양손에 가죽장갑을 끼고 가스 배관을 타고 올라가기 시작했다. 3층까지 올라가서야 베란다를 통해 내부를 볼 수 있었다. 베란다 유리를 통해 보이는 내부는 생각보다 깔끔했다.

　그때, 내가 베란다를 타고 올라가는 것을 보고 아래층 사는 사람이 경비실에 신고를 했다. 경비 아저씨는 호각을 불며 뛰어오더니 나에게 "당신 미쳤어? 당장 내려오지 않으면 경찰을 부르겠어!"라고 황당한 표정으로 소리를 질렀다. 나는 내려와서 벽을 타고 올라간 이유를 설명하고 사과를 한 뒤에 낙찰을 받아 다시 찾아오겠다고 말했다. 그다음 날 오전에 법원 입찰을 들어갔고, 경쟁자 6명을 제치고 최고가 매수인이 되었고 운 좋게도 시세보다 3천만 원이나 싸게 낙찰을 받았다.

아파트 벽을 타고 기어 올라간 노력의 대가인 듯했다. 나는 최고가 매수자(낙찰자) 호명과 동시에 낙찰 영수증을 받고 승리자의 미소를 지으며 법원 밖으로 나갔다. 경매는 낙찰부터 시작이라는 말이 있다. 낙찰을 받았다고 끝나는 게 아니다. '경매의 꽃'이라고 불리는 명도(낙찰받은 부동산에 살고 있는 사람을 내보내는 것) 절차가 남아 있기 때문이다.

내가 낙찰받은 물건이 채무자 겸 소유자가 거주하고 있는 상태일 경우 완만히 협의를 해야만 한다. 물론 협의가 잘 이뤄지지 않으면 해당 법원의 힘을 빌려 내보낼 수 있지만 망해서 나가는 사람을 강제로 쫓아내고 싶지는 않기 때문이다. 당시 채무자 겸 소유자는 벌써 다른 곳으로 이주한 뒤에 행방불명되어 버린 상태라서 난감한 상황이었다. 그러나 수소문 끝에 채무자 겸 소유자가 거주하고 있는 곳을 알아낼 수 있었고, 곧바로 점유를 이전하라는 내용증명을 보냈다.

다행히도 며칠 뒤 채무자 겸 소유자의 아내로부터 연락이 왔고, 점유를 이전한다는 합의 각서와 함께 소정의 이사비를 챙겨 주며 원만하게 협의를 했다. 깨끗이 집을 정리하고 난 뒤에 3개월도 채 안 돼 투자금 대비 150% 이상의 수익률을 보며 전매할 수 있었다.

　　여기서 내가 그 물건에 대한 확신을 가질 수 있었던 것은 나만의 투자원칙을 가지고 그 원칙을 지키며 여러 가지 감당할 수 있는 위험을 확인한 뒤, 소신 있게 접근했기 때문에 가능한 일이었다. 나는 평범하지 않은 생각과 실행력으로 부동산 투자에 성공했고, 현재 내가 원하는 것은 뭐든지 할 수 있는 자유로운 삶을 살고 있다. 그것은 '뭐든지 실행하면 된다'라는 또라이 정신으로 내가 하는 일에 자부심을 갖고 열정적으로 그 일에 매진한 결과라고 생각한다. 앞으로도 긍정적인 사고로 무장한 또라이 정신과 추진력으로 내 일에 자긍심을 느끼며, 다른 사람들에게 성공의 동기부여를 해 주는 삶을 살아갈 것이다.

38

고난에 굴복하지 않고 즐기기 — 김진수

꿈꾸는 초등교사, 독서지도 · 부모교육 · 자녀교육 전문가, 동기부여가
현재 '밀알샘 블로그 학급경영'을 운영하는 초등교사로 재직하고 있다. 독서를 통해 아이들이 비전을 발견하고 부모와 함께 성장하는 학급을 운영하고 있다. 아이들과 부모를 위한 독서법에 대한 책을 구상 중이다.
• E-mail dreamisme@naver.com
• Blog http://blog.naver.com/dreamisme

어느 한 소년이 있었다. 그는 이를 악물고 현실에서 버티고 서 있었다. 중학교 2학년 때 그는 생전 처음으로 우등상을 받았다. 그러나 이 기쁨도 잠시, 이날 그의 누나가 가출을 했다. 그리고 한 달 동안 소식이 없었다. 그 뒤 극적으로 누나를 발견하게 되었다. 그러나 한 번 가출한 그녀는 두 번, 세 번 가출을 했고, 심지어는 어느 날 자취를 감추게 되었다. 급기야 3년 뒤에는 그의 부모님께서 이혼을 하셨다. 이때 열여덟 살의 소년은 이를 악물고 거울을 바라보며 외쳤다.

"나라도 잘 살자. 그냥 사는 것이 아니라 잘 살아 보자. 여기서 내가 무너지면 우리 집안의 모든 것이 무너진다."

그는 내 뜻대로 되는 것이 있고, 되지 않는 것이 있음을 깨닫고, 삶을 자기 주도적으로 살기로 작정했다. 무조건 공부를 했고, 사춘기가 올 틈이 없었다. '공부를 하다 보면 길이 있겠지'라는 생각으로 하루하루 살아 내기에 바빴다. 소년은 이를 악물고 열심히 공부해서 남들이 그렇게 바라는 교대에 입학하게 되었다. 솔직히 말하면 그는 교대가 무슨 대학인지도 몰랐다.

그의 어머니는 고3 담임이었던 먼 친척을 수소문해 지원 가능한 대학을 알아봐 달라고 요청했다. 어느 날 영문도 모른 채 그 소년은 어머니의 손에 이끌려 친척을 만나게 되었고, 그곳에서 바로 진로를 결정하게 되었다. 교육대학교를 가게 된 것이다.

그는 대학생활을 충실히 잘했다. 음악동아리와 종교동아리에도 참여하면서 서서히 자기 자신을 사랑하는 청년으로 자라게 되었다. 고등학교 때까지는 자신의 처지를 한탄하면서 가정과 사회에 대한 불만으로 가득 찼던 그가 자유로운 대학생활로 인해 점점 자신을 사랑하는 사람으로 변하게 된 것이다.

그가 교편을 잡은 지도 어느덧 10년이 되었다. 이 이야기의 주인공은 바로 이 글을 쓰고 있는 나다. 전에는 내 과거가 한없이 부끄러워서 계속 숨기고 살았다면 이제는 오히려 내 과거가 자랑스럽다는 생각을 한다.

지난 2월에 나는 인생에 있어서 큰 깨달음을 얻었다. 바로 사랑이라는 것을 가슴속 깊이 새기게 된 것이다. 그날은 교회 성경 말씀 나눔이 있는 날이었다. 인도하시는 권사님께서 사랑장이라고 일컫는 고린도전서 13장 말씀을 읽고 계셨다.

"사랑은 오래 참고 사랑은 온유하며 투기하는 자가 되지 아니하며 사랑은 자랑하지 아니하며 교만하지 아니하며…"

순간 눈물이 주체할 수 없이 흘렀다. 그때 한 팔로는 아이를 안고 있었다. 주변에 사람들이 있었기에 나는 다른 한 손으로 두 눈을 가리고 하염없이 울었다. 너무나 강력하게 사랑이라는 단어 한마디가 내 가슴속에 자리 잡는 순간이었다. 과거의 아픔으로 잠자고 있던 내면의 상처받은 아이를 싹 씻어 주는 것 같은 느낌이 들었기에 울지 않을 수가 없었다.

'사랑이란 말이 바로 이거구나!'라는 생각과 동시에 큰 깨달음이 있었다. 36년간의 삶 동안 왜 나로 하여금 이렇게 광야의 길을 걷게 하셨는지, 왜 우리 어머니, 아버지, 누나를 그렇게 세상 속에서 힘들게 하셨는지 알았다. 또, 왜 나를 아무도 아는 사람이 없는 이곳에 보내서 이런 고독과 이런 아픔을 주셨으며 나를 남과 다른 삶을 살게 하셨는지 깨달았다. 그리고 왜 아내를 만나게 하시고, 쌍둥이라는 자녀들을 허락해 주셨는지 느꼈다.

그런 깨달음 이후로 인생을 바라보는 관점이 완전히 달라졌다. 고난이 유익이 된다는 말의 의미를 알게 되었다. 세상을 긍정적으로 바라보니 모든 것이 좋아졌다. 학교 안에서는 학생, 학부모, 교직원들과의 관계가 변했고, 가정에서는 아내와의 관계, 27개월 된 쌍둥이 육아를 하는 것이 새롭게 느껴졌으며 그 밖에 모든 일상생활이 행복의 의미로 다가왔다.

지금 우리 반은 너무나 훌륭하다. 한 명 한 명이 훌륭하지 않은 친구가 없다. '아이들은 믿는 대로 자란다'라고 하지 않던가? 깨달음 이후로 아이들을 보는 관점을 달리하니 내 눈에 띄던, 문제아라고 여기던 친구들이 어느 순간 사라졌다. 내가 그동안 색안경을 끼고 그 친구를 바라봤다는 반성이 들었다. 그래서 나는 아이들에게 눈물을 흘리면서 미안하다고 고백했다. 그동안 아이들을 잘못 가르치고 있었다는 생각이 들자 눈물을 멈출 수가 없었다. 2월 한 달 동안은 계속 울었던 기억이 난다.

그 뒤로 나는 새로운 마음으로 진정성을 갖고 교육을 하기 시작했다. 내 중심이었던 과거의 교육 방식을 모두 버리고 아이들을 위한 교육으로 바꾸었다. 몇 개월 동안 교육과정을 변화시켜 가며 전국에서 나만 갖고 있는 유일한 교육과정을 만들었다. 드디어 나만의 교육철학이 탄생한 것이었다. 그리고 가장 중요한 아이들이 적극적이고 긍정적으로 많이 변했다. 학부모들마저 느끼는 변화에 큰 보람을 느끼고 있는 요즘이다.

과거 36년의 삶들을 살며 고난으로 단련되어 온 내가 지금 이곳에 서 있다. 그리고 내 역경은 비로소 경력이 되었다. 지금부터는 인생 2막을 열기 위해 세상 속으로 나아가려 한다. 과거의 나처럼 아파하고 있는 영혼을 위해 메신저가 되려 한다.

브렌든 버처드는 《메신저가 되라》에서 누구에게나 스토리가 있고 그것이 다른 사람에게 큰 영향을 줄 수 있다고 했다. 나에게는 소중한 가족과 제자들이 있다. 그리고 내 주변의 동료 교사, 친구 등 나를 아는 모든 사람들에게 나는 메신저의 역할을 하고 있는 것이다.

요즘 '빗자루 맘'이라는 신조어가 있다. 자녀들의 앞길에 있는 장애물을 모두 치우는 역할을 하는 부모를 빗댄 말이다. 이 신조어를 보고 너무 안타깝다는 생각을 했다. 더글러스 맥아더가 쓴 '자녀를 위한 기도'의 일부가 생각났다.

"비오니 그를 평탄하고 안이한 길이 아니라 고난과 도전의 긴장과 자극 속으로 인도해 주옵소서. 그리하여 폭풍우 속에서 분

명히 일어설 줄 알고 넘어지는 사람들에 대한 연민을 배우게 하
소서."

그는 고난이 유익이 됨을 아는 사람이다. 모든 위인들은 고난
을 극복하고 위인이 되었다. 나는 내 제자들이 현재에 있고, 미래
에 있을 각자의 고난을 잘 이겨 내어 대한민국의 멋진 미래를 만
들어 가는 영향력 있는 사람이 되어 있는 모습을 그려 본다. 그리
고 나부터 그런 사람이 되고자 지금도 내게 주어진 고난을 감사
히 즐기고 있다.

39

실패를 인생 공부
기회로 삼고 발돋움하기

— 조경애

자기계발 작가, 동기부여가, 성공학 강사, 라이프 코치
도서관에서 3년 동안 생존독서와 생존 글쓰기를 하며 '모든 것은 자신의 내면 의식에서 비롯되었다'
라는 사실을 깨닫고 자신에게 주어진 소명을 찾았다. 저자는 자신이 경험한 것과 배움을 통해 얻은
지식을 나누기 위해 아픈 청춘들에게 꿈을 응원하는 코칭과 멘토링을 해 주는 라이프 코치로 활동하
고 있다. '조경애 미래경영연구소'를 운영하고 있으며, 저서로《관점을 바꾸면 인생이 달라진다》,《진
짜 인생 공부》외 3권이 있다.
• E-mail jho0977@naver.com
• Blog http://blog.naver.com/jho0977

내가 태어난 날은 팔월대보름, 밝은 달이 서서히 사라지는 새
벽녘이었다. 밤새도록 전을 부치던 엄마는 갑자기 출산의 진통을
느꼈다. 아직 두 달이나 남은 상태지만 잦은 고생으로 인해 8개월
만에 출산하게 되었다. 1960년대의 우리나라는 힘들고 어렵게 사
는 사람들이 대부분이었다.

당시의 우리 집도 가난하기는 마찬가지였다. 쌀이 없어 수제비
를 끓여 먹거나 꽁보리밥에 김치를 넣고 푹 끓여 만든 갱죽으로
배를 채운 적이 많았다. 부모님은 이런 어려운 형편 속에서도 막
내인 나에게만큼은 부족함 없이 잘해 주었다. 하지만 이런 생활도

오래가지 못했다. 뒤늦게 동생이 둘이나 태어나면서 나는 백조에서 미운 오리 새끼가 되었다. 어디를 가도 아이를 업고 다녀야 하니 친구들이 놀리면서 붙인 별명이었다. 또한 무엇을 하고 싶어도 형편이 안 된다는 이유로 거절을 당하거나 포기를 반복해야만 했다.

어릴 때부터 선생님이 되고 싶었기에 대학을 가서 그 꿈을 이루고 싶었다. 하지만 집안형편과 부모님의 고정관념 때문에 취업을 할 수밖에 없었다. 아무런 꿈도 없는 직장생활을 하며 의미 없는 날들을 보내고 있었다. 아침저녁으로 출퇴근을 하면서 또래의 대학생들을 보면 마음속에서는 대학에 가고 싶다는 욕망이 꿈틀댔다. 그러나 도전할 용기가 없어 망설이고 있었다.

그러던 중 소꿉친구이자 학교 동창인 친구를 만났다. 그녀도 집안형편으로 상업고등학교를 졸업하고 취업을 했지만 대학에 대한 미련이 많았다. 우리는 가끔씩 만나서 서로 속내를 보이며 자신의 마음을 터놓기도 했다. 이날도 친구는 볼멘소리를 한마디 툭 던졌다.

"미정이는 앞으로 10년 후에 부잣집 사모님이 되어 있을 거야."
"그럼 우리는 어떻게 변해 있을까?"
"아마 부엌데기 아줌마로 변해 있지 않을까?"
"…"

그 소리를 듣는 순간 머리를 쇠망치로 얻어맞은 듯한 충격을 받았다. 고등학교 다닐 때까지는 친하게 어울리며 지내던 친구들이었다. 졸업을 앞두고 각자 흩어지면서 가는 길이 달라졌던 것이다.

나는 친구의 말을 듣고 문득 앞으로 다가올 나의 미래를 그려 보았다. 미래의 모습은 항상 현재의 상황에서 그려 보는 것이니 암담할 수밖에 없었다. 암담한 미래는 희망이 없는 인생이나 마찬가지다. '희망이 없는 인생을 나는 무슨 의미로 살아갈까.' 내 인생이 기계와도 같은 삶이 되어 간다는 생각이 들자 정신이 번쩍 들었다.

어두운 미래를 밝은 미래로 바꿀 수 있는 것은 꿈을 향해 도전하는 길뿐이었다. 물론 집안의 반대도 심했지만 흔들리지 않는 자식의 결심에 부모님은 결국 대학 진학을 허락해 주셨다. 간절히 원해서 들어간 학교인 만큼 내가 할 수 있는 것을 모두 하고 싶었다. 꿈에 그리던 대학 캠퍼스를 누비며 칸트를 말하고 니체를 부르짖기도 했다. 친구들끼리 미팅이나 서클을 통한 봉사활동뿐만 아니라 각종 아르바이트를 하며 대학의 낭만을 즐겼다. 이 모든 것은 내가 꿈꾸지 않고, 행동하지 않았다면 가능하지 않았을 일이다.

학년이 올라가면서 서서히 취업이 걱정되었다. 밥벌이를 할 수 있는 것이라면 무엇이든 찾기 시작했다. 그 무렵 친구들은 컴퓨터를 배우기도 하고 자격증을 공부하기도 했다. 나는 자격증으로 시선을 돌렸고 전공이 회계학이었기에 공인회계사, 세무사, 노무사, 손해사정인을 두고 고민했다.

결국 상업고등학교를 나왔기에 영어가 약해서 시험과목에 영어가 없는 손해사정인을 선택했다. 당시 손해사정인은 시험에만 합격해도 바로 스카우트될 만큼 인기가 좋았다. 나는 그해 1차 시험에는 합격했지만 2차 논술시험에서는 떨어졌다. 처음에는 예행연습이라 생각하고 다음 시험을 대비하기 위해 치열하게 노력했다. 그런데 합격자 발표가 나는 날 충격을 받았다. 매년 2차에서는 30여 명씩 뽑았는데 이번에는 1명을 뽑은 것이다. 나를 비롯해 많은 사람들이 고생하며 시험을 쳤지만 실패의 쓴잔을 마셨다.

나는 다시 한계에 부닥치게 되었지만 다시 일어서기로 했다. 그리고 보험과 관련되는 대학원에 진학해 교수가 되기로 다짐했다. 관련 학과를 찾다가 서울의 K대학원에 진학하게 되었다. 자취생활을 하며 오전에는 직장에 출근하고 오후에는 학교에 다녔다. 틈틈이 과외를 하면서 생활비와 등록금을 마련하며 교수의 꿈을 키워 나갔다.

교육과정을 모두 수료하고 졸업시험까지 패스한 뒤, 논문을 쓰는 과정이었다. 지도교수님과 상담하면서 나의 꿈은 산산이 부서져 버렸다. 내가 공부하고 있는 분야에서 교수가 되려면 외국의 유명 대학에서 박사학위를 취득하더라도 힘들다고 했다. 박사학위는 당연한 것이고 그 외에 '돈'과 '빽'이 있어야 한다는 것이다.

'돈'과 '빽'이 없는 나는 심한 좌절감을 느꼈고 방황했다. 교수가 되기 위해 큰소리치고 서울까지 왔지만 또 포기해야 했다. 이제 나는 어떻게 해야 할지 심한 갈등을 겪고 있었다. 그때 마침 중매가 들어왔다. 나는 결혼이라는 명분을 내세워 현실 속으로 숨어 버렸다. 하지만 그런 결혼생활이 순탄할 리 없었다. 다시 흔들리기 시작했고 '나' 자신을 바로 잡기 위해 학원을 운영했다. 밤낮을 가리지 않고 처절하게 노력했고 그 결과 학원을 점점 키워나갈 수 있었다.

그러나 세상물정에 눈이 어두웠던 나는 믿었던 지인에게 배신당해 모든 것을 잃게 되었다. 또한 그 지인에 의해 오히려 사기꾼으로 몰려 거의 5년이라는 세월을 도망자의 신세로 살았다. 그 세월 동안 처절하게 비참한 생활을 하며 목숨만 연명하는 인생을 살았다. 정신적으로나 육체적으로 모든 것이 피폐해졌다. 이미 자존감은 땅에 떨어진 지 오래였고 자신감마저 사라지면서 서서히 잉여인간이 되어 갔다.

지금까지 수많은 세월 동안 앞만 보고 치열하게 달렸다. 열심히 달리면 성공할 줄 알고 브레이크도 밟지 않고 질주했다. 하지만 그 끝은 항상 벼랑이었다. 그렇게 끝도 없는 딜레마에 빠져 계속 실패만 거듭했던 것이다.

대학생 때는 손해사정인 시험에 실패했고, 대학원생 때는 교수라는 꿈에 제동이 걸렸고, 결혼 후에는 부부생활도 실패했다. 다시 일어나고자 학원을 시작했지만 지인의 배신으로 인해 학원도 남의 손으로 넘어갔다. 이어진 비참한 도망자의 생활은 나의 운명을 벼랑 끝에서 그대로 곤두박질치게 만들었다.

'이렇게 된 이유는 무엇일까?', '나는 지금까지 어떠한 삶을 살았던가?' 벼랑 끝에서 떨어진 뒤에야 '나' 자신을 자각했다. 그리고 진정으로 자신을 돌아보는 터닝 포인트를 가지게 되었던 것이다.

우리의 삶은 어느 정도 정해져 있고 태어나는 순간부터 죽음을 향해 달려가고 있다. 남아 있는 시간도 점점 줄어들고 있기에 소중하게 시간을 다루어야 한다. 그런데 나는 수많은 세월을 낭비했던 것이다. 나뿐만 아니라 지금도 시간의 중요성을 모르는 사람들은 많이 있다.

부자들은 시간을 벌기 위해 돈을 투자하지만 가난한 사람들은 돈을 벌기 위해 시간을 팔고 있다. 나도 돈을 벌기 위해 직장을 다니며 황금 같은 시간을 낭비했다. 그러나 이제는 시간의 소중함을 깨달았기에 더 이상 시간을 낭비할 수 없었다. 그래서 인생을 재정립하기 위해 사표를 던지고 도서관으로 향했다.

나의 이런 용기는 지금까지 세상을 두려워하던 마음을 사라지게 했고 그 자리에 자신감을 심어 주었다. 그러자 나에게도 희망이라는 친구가 찾아왔고 어두웠던 미래가 서서히 밝아지기 시작했다. '후회 없는 삶을 살기 위해서 어떻게 살아갈 것인가?'를 되뇌며 이 지구별에서의 소명의식을 찾기 위해 생존독서와 함께 생존 글쓰기까지 병행하며 자기혁명을 꿈꾸었다.

생존독서는 나에게 지식과 지혜뿐만 아니라 통찰력을 주었으며 의식까지 확장시켰다. 생존 글쓰기는 나에게 책을 쓸 수 있는 밑그림까지 그려 주었다. 그래서 책 쓰기에 바로 도전할 수 있었고 처절하게 노력한 결과 지금의 나로 올라설 수 있었던 것이다.

누구나 인생을 살며 시련과 역경을 맞는다. 그때 당신은 어떤 선택을 할 것인가? 운명에 순응하며 실패하는 인생을 살 것인가? 운명을 개척하며 성공하는 인생을 살 것인가? 그것은 당신의 선택에 달려 있다.

자기계발의 대가 앤서니 라빈스는 이렇게 말했다.

"인생은 당신이 결정을 내리는 그 순간 결정된다."

40

성공한 삶에
어울리는 소비 하기

– 정자영

공무원, 친절 강사, 동기부여가, 자기계발 작가, 행복 메신저
현직 공무원으로, 직장 내에서 친절 강의, 농산물 원산지 강의 등을 진행하고 있다. 평생 작가로, 강연가로 제2의 인생을 행복한 현역으로 살고자 한다. 저서로 《버킷리스트8》이 있으며, 현재 '행복'에 관한 개인저서를 집필 중이다.

나는 강원도 영월 읍내에서 2km 정도 떨어진 '청령포'라는 곳에 있는 초등학교를 다녔다. 단종대왕이 쓸쓸히 생을 마감한 곳이다. 그리고 우리 집은 그곳에서도 2km 떨어진 '선돌'에 있었다. 나는 그 거리를 매일 걸어서 학교에 다녔다. 통학 길은 대여섯 명이 같이 다녔다. 우리는 종종 하굣길에 있는 사과 과수원에서 사과 서리를 하곤 했다. 내가 망을 보고 한 사람당 3개씩 따서 길에서 먹으며 집으로 갔다. 요즘은 그랬다가는 큰일 나지만 그때는 가끔 있는 일이었다.

그날도 학교에서 공부를 마치고 집으로 가고 있었다. 과수원

입구에 어제는 없었던 종이 한 장이 붙어 있었다. 거기에는 이런 글귀가 적혀 있었다.

"오늘 사과에 약 쳤으니 따 먹지 말 것."

친구들은 이제 사과를 따 먹으면 안 되겠다고 서로 얘기했다. 이때 나는 연필을 꺼내 그 옆에 이렇게 썼다.

"깎아 먹으면 되지요."

이렇게 나는 참 엉뚱한 아이였다.

나는 예전에는 베스트셀러 위주로 책을 읽는 편이었다. 요즘은 장르를 가리지 않고 책을 많이 읽고 있다. 어제는 카메다 준이치로의 《부자들은 왜 장지갑을 쓸까》를 읽었다. 책에서는 "지갑을 바꾸면 돈을 대하는 태도가 달라진다.", "부자들은 모두 장지갑을 쓴다.", "지갑을 바꿀 때가 인생을 바꿀 때다." 등 장지갑을 쓰면 좋은 이유에 대해 이야기하고 있었다. 사실 여부를 따질 필요는 없다. 작가의 표현에는 묘하게 마음을 끌어당기는 힘이 있었다. 나는 지갑을 당장 장지갑으로 바꿔야겠다고 마음먹었다. 그리고 바로 실천에 들어갔다.

나는 책 속에서 주인공이 샀다는 루이비통 지갑을 사기 위해 백화점으로 향했다. 직원의 도움을 받아 줄무늬가 있는 빨간색 장지갑 하나를 골랐다. 가격은 101만 원이었다. 지금까지 내가 소지한 물건 중에서 가장 비쌌다. 그런데 이상했다. 어제 책에서 '지갑 가격×200=연봉'이라는 공식을 본 터라 오히려 100만 원이 넘는 가격에 이상한 안도감을 느꼈다. 이 지갑을 가지고 다니면 나는 2억 20만 원의 연봉을 버는 사람이 되기 때문이다.

비싸다는 생각이 전혀 들지 않았다. 책 한 권의 위력이 느껴지는 순간이다. 내게 이런 결단력이 있다니. 옷은 할인매장에서 사거나 홈쇼핑에서 3개에 7만 9천 원짜리를 사고, 성능이 좋기로 유명한 청소기가 50만 원임에도 망설이며 사지 않던 나였다. 지금 들고 다니는 가방도 조카가 쓰지 않는다며 준 것이다. 그런데 그 가방에 들어갈 장지갑 하나를 사는 데 거액을 지불했다. 가방에 넣으면 보이지도 않을 지갑 하나에 100만 원이 넘는 돈을 선뜻 지불한 것이다.

매장을 나오면서 그 옆의 가방에 눈길이 갔다. 아주 마음에 들었다. 가격은 740만 원이었다. 나는 가방을 쳐다보며 가만히 속삭였다.

"너는 좀 기다려. 내가 곧 너도 데리러 올게!"

매장을 나와 같은 층에 있는 카페를 지나게 되었다. 손님들이 온통 금으로 도금한 둥근 주전자에서 차를 따라 마시고 있었다. 나도 차 한 잔 마시려고 했으나 자리가 없었다. 매장에 진열되어 있는 주전자의 가격표를 보니 599,000원이었다. '커피 값도 비싸겠구나' 생각하며 나는 다른 층의 카페로 갔다. 다행히 거기에는 빈자리가 있었다. '101만 원짜리 지갑도 산 내가 이깟 몇 만 원짜리 커피는 못 마실라고?'라는 생각이 들었다. 그러다 그동안 단돈 10만 원도 벌벌 떨며 쓰던 생각이 나서 혼자 웃었다. 인간이란 참 알 수 없는 동물이다. 책 한 권 읽고 하루 만에 이리도 변하다니. 어디선가 누군가의 목소리가 들리는 것 같았다.

'그러니 또라이지.'

나는 자리에 앉아 직원을 불렀다. 메뉴판을 보고 이것저것 물어보다가 '스트로베리&크림'이란 것을 주문했다. 가격은 1만 5,000원이었다. 다행히 아주 비싸지는 않았다. 물론 싸지도 않았지만.

잠시 후 직원이 하얀 도자기 주전자와 찻잔을 같이 내왔다. 카페 분위기며 잔잔한 음악 등 모든 게 매우 만족스러웠다. 나는 우아하게 잔에 차를 따르고 향을 음미했다. 이 우아한 장소에서 이 비싼 차를 그냥 집에서처럼 홀짝홀짝 마실 수는 없는 것 아닌가.

나는 향을 다 빨아들일 듯이 흡입하고 또 흡입했다. 딸기향이 났다. 행복했다. 돈은 생각나지도 않았다.

나는 주위를 둘러보며 아주 천천히 차를 마셨다. 1만 5,000원의 여유다. 4,000원도 아까워서 프랜차이즈 커피전문점도 거의 안 가는 나다. 이게 내가 맞는가. 나도 내가 누군지 모르겠다. 그런데 기분은 정말 좋았다. 혼자 카페에서 차를 마셔 본 것이 언제였던가. 기억이 없다. 그렇게 백화점에서의 내 여정은 끝나 가고 있었다.

차를 몰고 밖으로 나왔다. 나는 창문을 모두 열었다. 시원한 바람이 불어왔다. 아주 상쾌했다. 나는 어느새 콧노래를 흥얼거리고 있었다. 그리고 외쳤다.

"앞으로 남은 날들아. 더도 덜도 말고 오늘만 같아라!"

이렇게 또라이의 하루 일정이 거의 끝나 가고 있었다. 집으로 오는 길에 가구점에 들렀는데, 100만 원 정도 하는 식탁을 살까 말까 망설이다가 결국 그냥 돌아섰다. 이게 원래의 내 모습이다. 나는 다시 제자리로 돌아온 것이다.

다음 날 나는 책 내용을 따라 은행에 가서 새 지폐로 220만

원을 찾았다. 5만 원권 지폐 40장, 만 원권 20장을 지갑에 넣었다. 내 지갑에 현금을 이렇게 많이 넣어 보기는 실로 오랜만이다. 일주일 뒤에는 다시 은행으로 돌아가야 하는 지폐들이지만 행복한 기분이 들었다. 나는 빵빵해진 지갑을 꼭 쥐고 다짐했다.

"나, 정자영. 앞으로 7년 안에 65평 아파트에 산다. 벤츠도 산다. 쇼핑은 백화점에서 한다. 그리고 내 아이들에게도 앞으로 싸구려 물건은 사 주지 않는다. 좀 유치한 꿈이라고 해도 할 말은 없다. 괜찮다. 사람은 보아야 느끼고 느껴야 변한다. 나는 지갑의 예언대로 꼭 연봉 2억 원 이상을 벌겠다!"

41

대한민국 1등 연애 코치로
한 달에 1억 벌기

— 조혜영

연애 코치, 강연가, 자기계발 작가, 동기부여가, 희망 메신저
다양한 연애와 인생 경험을 바탕으로 연애 코치와 동기부여가로 활발히 활동하고 있다. 현재는 청춘
남녀들을 위한 연애특강을 준비하며 연애저서를 집필 중이다. 저서로 《버킷리스트8》이 있다.
• E—mail jhylove2016@naver.com
• Blog http://blog.naver.com/jhylove2016
• Telephone 010-2441-9810
• Kakaotalk ID jhylove7

예전에 나의 최종 꿈은 다른 누군가에게 희망을 주는 메신저
가 되는 것이었다. 꿈을 이루기 위해서 꿈 노트에는 해야 할 일을
다음과 같이 기재했었다.

- 토익 850점, 식품기사 자격증 취득하기
- 꿈에 그리던 식품의약품안전처(식약처) 입사하기
- 식약처 들어가서 유명해지기
- 작가가 되어 동기부여가, 희망을 주는 메신저 되기

나는 유명한 사람들이 책을 낸 경우를 많이 봤기 때문에 유명해져야만 책을 쓸 수 있다고 생각했다. 그래서 나는 내가 유명해질 수 있는 방법을 모색했다. 예전부터 식품에 관심이 많아서 한식자격증, 양식자격증, 위생사면허증도 취득했었다. 이런 나의 특기를 살려서 식품업계에서 일하되, 남들이 쉽게 갈 수 없는 곳을 들어간다면 유명해질 것이라고 생각했다. 지방대를 나온 내가 가뭄에 콩 나듯 실시하는 공채를 뚫고 당당하게 입사한다면 스포트라이트를 받을 것이 틀림없기 때문이다.

꿈을 위한 목표가 명확해지자, 식약처를 들어가는 데 필수조건이었던 영어를 공부해야만 했다. 나는 영어를 두려워했기 때문에 영어공부를 쉽게 포기하곤 했던 과거를 벗어던지고 꿈을 위해 집을 떠나 서울 고시원으로 올라가 영어공부를 하기로 결심했다. 그러나 서울에서의 10개월은 내게 지옥과 같은 시간이었다. 좁은 방, 낯선 환경, 외로움은 나를 너무나 힘들게 했다. 하지만 여기에서 내가 포기한다면 나에게 진다는 일념으로 꿋꿋이 버텼다.

힘이 들 때면 한강 공원에서 운동을 하며 나를 다잡으면서 꿈에 그리던 토익점수 850점을 받았다. 불가능할 것 같았던 영어공부였지만 포기하지 않았고 결국 꿈에 그렸던 점수를 받을 수 있었다. 한계를 넘어섰다는 생각에 스스로가 너무나 대견스러웠다. 하지만 내 가슴은 뭔가 빠진 것처럼 허전하기만 했다.

나만의 신념이 확고한 데다 나의 색깔도 강하고 주도적인 것을 좋아하는 내가 과연 공무원생활을 잘할 수 있을지 걱정되었다. 결국 나는 꿈의 중간 종착지였던 식약처 입사를 과감하게 포기하기로 결정했다. 그리고 부산으로 내려갔다.

어느 날 문득, 도서관에서 읽었던 자기계발서에서 본 "책을 내서 성공하라.", "끝에서부터 시작하라."라는 말이 떠올랐다. 나는 내 생각과 느낌을 가만히 내버려 두지 않았다. 그래서 찾은 책 쓰기 카페 중에 가장 책을 많이 집필하고 믿을 수 있는 김태광 코치가 운영하는 〈한책협〉 카페에 가입했다. 그 후 나는 〈한책협〉의 〈책 쓰기 과정〉을 통해 책을 쓰는 방법을 배웠고 지금은 내가 배운 것을 토대로 개인저서를 집필 중이다. 내 생각을 실행으로 옮기지 않았다면 이토록 빨리 최종의 꿈에 다가갈 수 없었을 것이다.

〈한책협〉 김태광 코치의 《서른여덟 작가, 코치, 강연가로 50억 자산가가 되다》에 다음과 같은 말이 나온다.

"사람은 진정 자신이 잘하고, 좋아하는 일을 해야 한다. 그래야 그 일이 지루하지도 힘들지도 않기 때문이다. 오히려 어떻게 하면 더 잘할까, 늘 고민하게 되어 보다 빨리 성공하게 된다."

나는 20대 때 공부보다 남자 만나는 것을 더 좋아했다. 그 이유는 다른 어떤 것보다 20대에 좀 더 자유롭게 할 수 있는 것이 연애라고 생각했기 때문이다. 지금 나는 내가 겪은 생생한 에피소드와 노하우를 담은 연애서를 집필하고 있다. 나의 책이 나온다면 크게 성공하리라는 사실을 누구보다 잘 알고 있다. 왜냐하면 내가 즐겨 했던 일을 토대로 하여 사람들에게 나의 깨달음, 경험을 알려 주는 것이기 때문이다. 이런 메신저의 삶으로 나는 매달 1억 원 이상의 수입을 올릴 것이다.

〈한책협〉 김태광 코치는 《서른여덟 작가, 코치, 강연가로 50억 자산가가 되다》에서 한 달에 1억 원 수입을 올리는 비결을 공개했다.

첫째, 내 이름으로 된 책을 쓴다.
둘째, 네이버 카페를 만든다.
셋째, 파워블로거가 되어 블로그 마케팅을 한다.
넷째, 이미지 메이킹을 통해 성공자의 모습으로 포장한다.
다섯째, 책 제목을 주제로 강연을 한다.
여섯째, 네이버 카페에서 자체적으로 1일 특강, 4주, 6주 등의 과정을 만든다.
일곱째, 나를 추종하는 사람들을 대상으로 코칭하고 컨설팅한다.
여덟째, 사람들에게 판매할 상품을 만든다.

아홉째, 두 번째, 세 번째 책을 써서 세상에 대한 나의 영향력을 더욱 크게 만든다.

열째, 첫째에서 아홉째까지를 계속 반복한다.

매달 1억 원 벌기를 꿈이 아닌 현실로 만들기 위해서는 위의 열 가지 방법을 그대로 적용하기만 하면 된다. 첫째로 해야 할 일이 바로 책을 쓰는 것이다. 나는 올해 공저 2권, 개인저서 1권으로 무려 3권의 저자가 된다. 그리고 블로그 마케팅과 카페활동을 통해 나의 저서와 함께 나의 존재를 알릴 것이다. 또한 〈한책협〉 안에서의 다양한 프로그램들에 적극적으로 참여하면 각 분야의 전문가들의 도움을 받아서 보다 빠르게 꿈을 이룰 수 있다고 믿는다.

나는 현재 〈한책협〉에서 운영하는 카페에 일주일에 두 번 연애특강을 연재 중이다. 처음에는 어떤 식으로 글을 써 내려갈지 난감했지만 시작하고 나니 어느새 글의 마무리를 쓰고 있는 나를 발견한다. 나의 경험과 생각을 써 놓은 연애특강이 사람들의 공감을 얻을 때가 가장 뿌듯하다. 내 글이 공감을 얻어 내는 가장 큰 이유는 나의 경험을 가감 없이 쏟아 낸 글이기 때문이라고 생각한다. 내가 쓴 글을 읽고 연애 고민 상담도 들어오는데 그럴 때 나의 일에 성취감과 보람을 느낀다. 이렇듯 나는 이미 나의 영향력이 커질 수밖에 없는 시스템에 안착했다.

나는 영어공부를 하며 한계란 없다는 것을 몸소 깨달은 사람이다. 매 순간을 즐기며 꿈을 향해 노력하면 누구보다 빨리 대한민국을 대표하는 1등 연애 코치가 될 것이다. 지금처럼 나를 믿고 최선을 다해 결승점으로 나아간다면 작가, 강연가, 메신저의 삶까지 누리면서 한 달에 1억 원을 버는 날이 머지않았다고 확신한다. 그러므로 앞으로 나는 내 인생을 걸고 야심 차게 앞으로 나아가기로 했다. 내가 선포한 나의 꿈을 어떻게 이뤄 나가는지 기대하시라.

42

미친 사람처럼 도전 즐기기 – 조유림

자기계발 작가, 에세이 작가, 소설가, 강연가, 게임 시나리오 작가
미래의 청춘들에게 힘이 되고 싶다는 생각으로 학생 때부터 분야를 막론하고 글을 써 왔다. 현재는
보다 깊이 있는 책을 위해 다양한 경험을 쌓고 있으며, 청춘남녀를 위한 감성 에세이와 소설을 준비
하고 있다.
 • E-mail dbfla0528@naver.com

　　나는 학교에 다닐 때 공부를 잘하지 못했다. 학교에서 왜 사회
에 나와 써먹지도 않을 함수, 그래프 같은 것을 가르치는지 이해
가 되지 않았다. 그랬던 내가 딱 한 번 공부에 미친 적이 있었다.
누가 시켜서 그렇게 한 것도 아니었다. 중학생 때였다. 그날도 평
소처럼 친구들과 늦게까지 놀고 게임하다 잠이 들었다. 책은 가방
에서 아예 꺼내 보지도 않았다. 그런 하루를 반복하던 어느 날 아
침 문득 이런 생각이 들었다.

　　'내가 지금 뭐 하는 거지?'

망치로 머리를 한 대 얻어맞은 기분이었다. 그 순간 공부해야 겠다는 생각이 스쳤다. 그때부터 내 모든 행동이 바뀌기 시작했다. 학교에서 맨 뒷자리에만 앉던 내가 자처해서 앞자리에 앉아 말없이 책만 봤다. 수업시간에는 친구들과 장난을 치는 대신 미친 듯이 필기했다. 선생님 말씀을 놓치지 않으려고 집중해서 들었다.

학교를 마치고 집으로 가는 지하철 안에서도 영어단어를 외우고 또 외웠다. 집에 가서도 밤 10시부터 새벽 2시 반까지 계속 공부했다. 몇 달을 그렇게 지냈는데 이상하게 하나도 피곤하지 않았다. 코피가 터지면 오히려 웃음이 실실 새어 나왔다. 시험이 다가올수록 실력이 느는 나를 보며 왠지 모를 설렘까지 느껴졌다. 시험 전날엔 과목 내용이 머릿속에 다 그려질 정도라 책을 굳이 계속 보지 않아도 되었다.

얼마 뒤 보게 된 시험에서 내 생애에 다시없을 좋은 성적을 받았지만 등수와 점수는 중요하지 않았다. 짧은 기간이었대도 내가 어떤 일에 미쳐 봤다는 것, 내가 아닌 느낌을 받을 정도로 미친 듯이 열심히 해 봤다는 것, 그게 중요했다.

내가 하고 싶은 말은 어느 분야에서든, 어떤 일에서든 한번 미쳐 보라는 것이다. 그래서 하루하루를 후회 없이 보내야 한다. 물론 미치는 게 쉬운 일은 아니다. 미치고 싶다고 해서 미쳐지는 것도 아니니 말이다. 나도 내가 어떻게 미쳐서 공부를 했는지 아직도 알 수 없다. 사람이 간절하면 미친다는데 나도 모르게 무의식

속에 공부에 대한 열망이 있었나 보다.

어느 늦은 밤, 나는 아버지와 TV 드라마를 보고 있었다. 그런데 아버지가 너도 연기를 배워 보는 것이 어떻겠냐고 하셨다. 평소 연극이나 드라마에 나오는 배우들을 보고 나도 연기를 배워 보고 싶다는 생각을 하던 참이었다. 나는 뭔가에 홀린 듯 연기학원을 찾아봤다. 검색하자마자 마침 한 연기학원이 일정 기간 동안 무료 트레이닝을 시켜 준다는 내용을 발견했다. 처음 해 보는 일이라 약간의 두려움이 앞섰지만 기회라고 생각한 나는 결국 학원에 등록했다.

수업 첫날은 연기를 시킬까 봐 겁을 잔뜩 먹고 갔는데 막상 가니 '연기란 무엇인가?'에 대한 강의가 있었다. 내심 안도하며 이런 식이면 다닐 수 있겠다고 생각했다. 이튿날, 긴장을 내려놓고 가벼운 마음으로 연기학원에 도착했다. 그런데 연기 지도 선생님이 들어오셔서 대본을 나눠 주시는 게 아닌가. 어느 정도 시간을 준 뒤 한 명씩 지목해 연기를 시켰다. 너무 겁을 먹었던 것일까? 결국 나는 소리를 내는 것부터 안 된다는 지적을 받았다. 그 뒤로 남아서 선생님께 발성과 호흡 훈련을 받았지만 뜻대로 잘되지 않았다.

하루는 선생님이 강의실 중간에 나를 세우고는 소리를 질러 보라고 하셨다. 열심히 소리를 지르며 '이 정도면 되겠지' 한 내 생각과 달리 선생님께선 그렇게 하는 게 아니라고 하셨다. "소리는 목으로 내는 게 아니야. 배로 내야 해."라며 선생님이 시범 삼아 소리를 질렀는데 우렁차다 못해 자다가도 벌떡 일어나게 만들 정도로 컸다. 큰 소리에 깜짝 놀란 것도 잠시 나도 그렇게 질러 보고 싶다는 생각이 들었다. 창피함을 버리고 수십 번을 소리 지른 끝에 속이 뻥 뚫리는 것 같은 소리가 강의실을 뒤덮었다. '아! 배로 내는 소리가 이런 거구나' 싶었다.

소리를 낼 수 있게 되자 선생님은 내게 대본을 주셨다. 비록 적은 대사였지만 극 중 인물에 대해 분석하고 그것을 빽빽하게 필기했다. 그러니 성실하고 열심히 한다는 칭찬을 자주 들었다. 학원에서 받은 대본들이 쌓여 갈 때쯤 학원에서 강의 마지막 날 자체 평가를 한다고 했다. 선생님은 내게 가장 큰 배역을 주셨다.

기쁨도 잠시, 오열을 해야 하는 역이었기에 감정이입 자체가 너무나 힘들었다. 울다 지치기를 반복하니 정신적으로도 많이 힘들었다. 어머니도 오락가락하는 내 모습이 안쓰러우셨는지 평가를 안 받으면 안 되냐고 하셨다. 사실은 대본을 받을 때부터 포기하고 싶었다. 하지만 그러면 나 자신에게 지는 것 같았다. 조금만 더 버티자는 마음으로 그동안 열심히 연습한 대본을 들고 평가를 받으러 갔다. 그리고 꽤 높은 점수를 받았다. 평가가 끝나고 나서야 '이만하면 됐다' 하며 편히 마음을 놓을 수 있었다. 망설였던 평가에 도전했다는 것 자체만으로도 아쉬울 것이 없었기 때문이다. 연기학원을 다닌 덕분에 지금은 감정도 더욱 풍부하게 표현할 수 있게 되었고 글쓰기에도 도움이 되었다.

나는 고1 때부터 글을 쓰기 시작했다. 내가 사는 이야기를 들려주고 싶었고 사람들이 쉽게 생각하지 못하는 글에 도전해 책을 출판해 보고 싶었다. 처음에는 무엇이든 생각나는 대로 썼었다. 쓰다 보니 나에 대한 얘기를 조금씩 쓰게 되었다. 멋지게 쓰고 싶다는 욕심을 내려놓으니 화려한 미사여구는 없어도 내 속의 솔직한 감정들이 나오기 시작했다. 그리고 글을 쓰니 생각이 깊어졌다. 글을 쓰기 위해서라도 많은 일을 시도하게 되었다. 그러다 보니 책을 출판하겠단 막무가내 도전이 어느새 이렇게 소망을 이루는 교두보가 되었다.

나는 삶이 무료하거나 무엇을 해야 할지 모르는 사람들에게 여러 분야에 도전해 보라고 권하고 싶다. 무리해서 도전하라는 것이 아니다. 평소 관심 있었던 분야나 하고 싶었던 것에 과감히 도전해 보라. 혹여 용기를 갖고 한 도전이 좋은 기억으로 남지 못하더라도 분명히 얻는 것이 있다.

시간이 없고 돈이 없다며 포기하는 사람이 많다. 아니다. 그들에게 없는 것은 용기다. 생각이 많아지면 힘들고 안 되겠다는 말만 하게 된다. 그리고 결국 '왜 안 했을까?' 하는 미련만 남는다. 책을 쓰는 것도, 연기학원을 다닌 것도 내가 시작하지 않고 놓았다면 내 기억에서 사라졌을까? 오히려 두고두고 미련이 남았을 것이다.

물론 나도 도전이 항상 쉬운 것은 아니다. 하지만 도전을 하면 생활이 더 바쁘고, 활기차게 변한다. 그리고 또 다른 도전을 가능하게 만든다. 그러니 조그마한 것이라도 해 보고 싶다는 생각이 들면 바로 도전하라!

"지금이 가장 젊다."

〈한책협〉의 천재코치 김태광의 말이다. 나는 여기에 감히 하나 더 추가하고자 한다.

"도전하기에 지금이 가장 젊다."

지금도 글을 쓰고 학원을 찾아다니는 것처럼 나는 항상 젊게 살 것이고 미쳐 있을 것이다. 내 가장 큰 목표는 많은 경험을 바탕으로 사람들의 공감을 이끌어 내는 베스트셀러 작가가 되는 것이다. 이 목표를 이루면 새로운 목표들이 계속 생겨날 것이다. 나는 목표를 위해 앞으로도 크고 작은 도전들을 계속할 것이다.

43

메신저로서의 소명 찾기

지식창업 기획자, 취업 및 창업 컨설턴트, 동기부여가
지식창업 기획자로 네이버 카페 '지식창업연구소'를 운영하며 지식창업을 시작하려는 사람들에게 지식상품 기획 및 마케팅 코칭을 하고 있다. 캐나다 워킹홀리데이를 다녀온 뒤 하고 싶은 일을 하며, 사람들의 인생에 긍정적인 영향력을 끼치는 '동기부여가'로 살고 있다. 또한 경상북도 경제진흥원 해외취업/6차 산업 전문 컨설턴트로도 활동하고 있다. 현재 지식창업에 관련된 개인저서 출간을 앞두고 있다.
• E-mail alphadreamlife@naver.com
• Homepage www.jichangyeon.com
• Instagram kmoodor

"우리가 낯선 세계로의 떠남을 동경하는 것은 외부에 있는 어떤 것이 아닌, 바로 자기 자신에게 더 가까이 다가가기 위함일 테니까."

류시화 시인의 《하늘 호수로 떠난 여행》의 한 구절이다. 2007년 가을, 나는 이 글을 읽고 심장이 미친 듯이 뛰기 시작했다. 나는 어떤 사람인지, 무엇을 좋아하는지, 평생을 무슨 일을 하며 살아가야 할지 고민하고 있던 중이었다. 나에게 더 가까이 가기 위해 떠나기로 결정했다. 그즈음 친구들 몇 명은 신청하기가 쉬운 호주

워킹홀리데이를 선택했지만, 나는 혼자 떠나고 싶었고 한국 사람들이 비교적 적은 곳으로 가는 것이 더 알찬 여행이 될 것이라 판단했기 때문에 캐나다를 선택했다.

유학원에 돈을 주고 대행을 맡기는 방법도 있었지만 내 삶에 중요한 경험이 될 것이라 생각해 모든 준비를 혼자 했다. 영문 계획서, 자기소개서 등을 사전을 찾아가며 직접 작성했다. 중간중간 색지를 넣고, 예쁜 봉투에 담아 나의 정성을 전했다. 운 좋게 발표자 명단에 나의 이름이 적혀 있었고, 그렇게 나는 홀로 캐나다로 떠나게 되었다.

처음에는 설렘으로 출발했지만 비행기를 타고 가던 중간에 갑자기 두려움이 생기기 시작했다. 도착 후 나는 갈 곳이 없었다. 출발하기 전 관련 도서와 온라인 카페를 통해 많은 정보를 알아봤다. 하지만 가고 싶은 도시 3곳 중 어디를 갈지 결정이 되지 않은 상황이었다. 비행기 시간이 나와 있는 화면을 보면서 한참을 고민하다가 결국 '캘거리'로 가기로 결정했다.

티켓 판매원과 힘들게 영어로 대화를 하기 시작했다 그녀의 말을 천천히 이해해 보니 오늘 오후 비행기를 타는 것보다 내일 새벽 첫 비행기를 타면 반값에 갈 수 있다는 것이었다. 당시 나는 경비를 넉넉히 가져온 처지가 아니었다. 때문에 판매원의 말대로 다음 날 첫 비행기 티켓을 구매했다. 공항에서 노숙하며 캐나다에서의 첫날 밤을 보냈다. 그렇게 나의 인생에서 가장 소중한 경험

중 하나가 시작되었다.

　지금 생각해 보면 정말 무모한 출발이었다. 달랑 200만 원(방값 100만 원, 초기 정착비 50만 원, 비상금 50만 원)을 들고 떠났다. 마음에 드는 방을 찾았지만 설상가상으로 가져온 돈을 모두 잃어버리고 말았다. 다행히 그곳에서 만난 한국 친구가 선뜻 돈을 빌려주었다. 돈이 급해진 나는 'Now Hiring(직원 모집 중)'이라고 적힌 레스토랑에 무작정 들어갔다.

　나는 할 줄 아는 것이 없으니 설거지라도 하겠다고 말했다. 하지만 그곳에서 뽑고 있는 사람은 '세컨쿡'이었다. 나는 이렇다 할 스펙이나 경력이 없었지만 패기 넘치게 지원해 생전 처음으로 주방 일을 시작했다. 군인 정신이 남아 있던 나는 그 누구보다 열심히 일했다. 한 달 반 만에 시급이 11달러에서 13달러로 올랐다. 그리고 3개월즈음이 되었을 때는 메인 요리를 배워 보지 않겠냐는 제안을 받았다. 하지만 다양한 경험을 하고 싶었던 나는 일을 그만두게 되었다. 그리고 3개월간 모은 돈으로 빌린 돈을 갚고 동부쪽으로 혼자 배낭여행을 떠났다. 그때의 배낭여행은 20대 시절의 값진 추억으로 남았다. 그때 비로소 왜 많은 책에서 혼자 배낭여행을 가라고 하는지 이해가 되었다.

　"무동아, 이사 갈 집을 알아봐야겠다."
　"왜?"

"집이 경매로 넘어간대…."

캐나다를 다녀온 지 3개월쯤이 지났을 무렵에 어머니와 나눴던 대화다. 아버지 사업이 어느 정도 힘들다는 사실은 알았지만 집이 경매로 날아가게 될 줄은 상상도 못했다. 드라마에 나오는 이야기가 우리 집 이야기가 된 것이다. IMF 때 부도어음을 막기 위해 얼마 안 되는 집안의 땅을 모두 팔아 다시 어떻게 유지했지만 끝내 2008년 금융위기를 극복하지 못하고 아버지의 사업장은 문을 닫고 말았다.

이제 우리 가족은 고정적으로 들어오는 수입이 사라지고 보금자리인 집도 잃었다. 우리 가족은 낡은 2층 주택으로 이사를 갔다. 1년에 300만 원으로 지낼 수 있는 집이었다. 방은 3개나 되었지만 여름에는 찬 수건으로 몸을 덮지 않으면 잠들기 힘들 정도로 더웠다. 겨울에는 입김을 불면 서리가 지는 생활이 시작되었다. 20년 이상을 주부로 보내시던 어머니는 얼굴 보기가 힘들 정도로 바쁘게 일을 하기 시작하셨다. 아버지는 새로운 일거리를 찾기 위해 매일 밖으로 다니셨다.

그때 당시 나는 '보험계리사'라는 국가고시를 준비 중이었다. 전공과는 전혀 무관했다. 내가 좋아하는 수학을 바탕으로 한 전문 자격증이라 도전해 보고 싶었다. 집에서 받던 용돈이 끊긴 상황이었기 때문에 학교 수업이 끝나면 동네 독서실 총무 아르바이트를 하면서 용돈도 벌고 공부도 하기 시작했다. 독서실 총무 아르바이트로 받는 금액은 생활비로 쓸 정도의 수준밖에 되지 않았다. 때문에 책값, 동영상 수업 수강료 등의 비용을 감당하기에는 벅찬 상황이었다.

다행히 고모와 삼촌이 학교 등록금을 보태 주셨다. 작은할아버지께서도 하던 공부를 계속할 수 있게 어느 정도 지원을 해 주셨다. 아무리 친척이라도 쉽지 않은 일이기에 지금도 감사한 마음을 잊지 않고 있고 꼭 보답할 생각이다.

무조건 동차에 합격한다는 생각 하에 1차 공부뿐만 아니라 2차 공부도 소홀히 하지 않았다. 오히려 2차 공부에 더욱 집중했다. 객관식인 1차에 비해 서술형인 2차 시험의 난이도가 더욱 높았기 때문이다. 1차 시험 가채점 결과 정확히 평균 60점이 나왔다. 그래서 1차 시험 후 작은할아버지의 지원을 받아 서울로 갔다. 그 시험을 준비할 수 있는 학원은 서울에만 있었기 때문이다. 나는 학원을 다니고 스터디를 하며, 2차 공부에 집중했다.

그러던 어느 날, 2차 스터디를 같이 하고 있는 동생에게서 1차 합격자 발표가 났다는 전화가 와서 합격자 명단을 조회해 보았다. 내 이름이 없었다. 너무나 당황스러운 순간이었다. 다음 날 나는 '금융감독원'에 직접 찾아가 결과를 확인했다. 가져온 시험지와 답안 OMR 카드의 마킹이 다른 것이 3개가 있었다. 2개는 오답이었고 1개는 정답이었다. 결국 나는 한 문제 차이로 1차 시험에 떨어진 것이다. 1년 가까이 응원해 준 여자 친구, 부모님, 친척들에게 죄송할뿐더러 나 자신이 너무나 한심하다는 생각이 들었다.

주변에서는 조금 더 노력하면 합격할 수 있다며 1년 더 해 보라고 권유했다. 사실 고시는 시작하는 것보다 그만두는 것이 더 힘들다. 하지만 내가 시험에서 떨어진 데는 내 삶의 다른 메시지가 있기 때문이라는 생각이 들었다. 그렇게 나는 다른 길을 생각했다. 얼마나 무모한 결정이었는지 모른다.

우여곡절이 많은 20대를 보냈다. 하지만 마음속에 변하지 않는 것이 한 가지 있었다. 앞으로도 내가 좋아하는 일을 하면서 살 것이며, 열심히 일해 그 가치만큼 돈을 벌면서 살고 싶다는 욕망이었다. 그래서인지 남들처럼 평범하게 취업에 올인하거나 직장생활만 하며 인생을 살고 싶지 않았다. 취업에 큰 뜻이 없었기에 토익 공부도 하지 않았다. 남들만큼의 특별한 스펙은 없지만 지금 나는 청춘들이 자신의 소명을 찾고 후회 없는 인생을 살 수 있도록 도와주는 메신저의 삶을 살고 있다. 내가 생각하는 성공은 나로 인해 한 사람이라도 더욱 행복한 삶을 사는 것이기 때문이다. 이런 나의 인생에 뜨거운 박수를 보내고 싶다.

44

직감을 믿고
과감히 행동하기

〈한책협〉코치, 마케팅 코치, 자기계발 작가, 동기부여가
〈한책협〉에서 마케팅을 담당하고 있으며, 젊은 나이에 벤츠를 타는 20대 청년이다. 많은 이들에게 동기를 부여해 주고 각종 마케팅 노하우를 전파하고 있으며 강한 긍정 에너지로 여러 사람들과 소통하고 희망을 나누는 메신저이자 코치로 활동하고 있다. 대한민국의 많은 청년들처럼 스펙에 목매던 시절이 있었으나 학교를 박차고 나와서 진정 살아 있는 삶을 살고 있는, 미래가 기대되는 남자다.
• E-mail euenggyu@naver.com
• Blog http://blog.naver.com/euenggyu

"무조건 나이가 어리다고 청춘이 아닙니다. 청춘이라는 이름에 걸맞게 생각과 행동을 해야 청춘이지요. 일본 최고의 대학을 나온 사람들 중에 의외로 꿈이 없는 사람이 많습니다. 그들은 명문대를 나왔다는 것만으로 만족합니다. 졸업장이 무엇이든 이루어 줄 거라는 착각 속에 빠져 있습니다. 그는 이미 청춘이 아닙니다. 스무 살 노인이지요."

명로진의 《20부자가 20청춘에게》에 나오는 말이다. 다 그렇지는 않지만 고학력자일수록 꿈이 없는 경우가 많다. 요즘은 많은 청춘들이 너도나도 할 것 없이 대기업, 공기업에 취업하거나 공무원이 되는 것을 성공의 척도로 여긴다. 오로지 취업을 위해서 어학점수를 따고 원하지도 않는 봉사활동을 다니며 스펙을 쌓는다. 나 또한 작년까지만 해도 스펙에 목매는 꿈 없는 청년에 불과했다.

나는 수능 성적에 맞춰서 대학에 들어갔다. 그러다 보니 대학 생활이 전혀 즐겁지 않았다. 집안이 넉넉하지 않아 학기 중에는 주말마다 막노동이나 각종 아르바이트를 하고 방학 때는 공장에서 일하며 생활비를 벌었다. 다행히 성적은 잘 나오는 편이어서 장학금을 받은 덕분에 등록금 부담은 줄일 수 있었다. 하지만 원치 않는 대학생활은 늘 나에게 회의감을 안겨 주었다. 그래서 나는 2학년을 마치자마자 곧바로 휴학했다. 공장에 들어가 2교대로 일하며 4개월간 1,000만 원을 벌었다. 그리고 바로 서울로 상경해서 편입을 준비하기 시작했다.

고시원에 살면서 편입학원과 영어학원에 다니며 열심히 준비한 결과 성적이 제법 잘 나왔다. 토익은 900점대였고 수학 성적도 대형 편입학원 상위 1% 안에 들었다. 이대로라면 명문대도 문제없겠다는 말을 들었지만 왠지 가슴 한구석이 공허했다. '학교 가면 뭐 하지? 학교에 다니면 즐거울까? 그게 내가 진정 원하는 것일까?' 하는 생각들이 끊임없이 머릿속에 맴돌았다. 나는 그저 아무런 꿈도 열정도 없는 젊은이 중 하나일 뿐이었다.

편입시험을 두 달 앞둔 어느 날, 여자 친구가 진지하게 책을 쓰고 싶다고 했다. 직장에서 능력자로 인정받고 자신의 일에 열정이 넘치던 여자 친구였지만 직장세미나 외의 자기계발에는 큰 관심을 두지 않았었다. 그랬던 그녀가 휴일마다 〈한책협〉이라는 곳에 강의를 들으러 다니기 시작하며 생기가 넘쳤다. 여자 친구는 나에게 김태광 작가의 《서른여덟 작가, 코치, 강연가로 50억 자산가가 되다》라는 책을 선물해 줬다. 자기계발 서적을 읽어 보긴 했지만 군대 제대 이후로는 거의 읽지 않았었다. 하지만 이 책은 뭔지 모를 끌림이 있어서 하루 만에 다 읽었다. 책을 읽으며 울고 웃을 수 있다는 것을 그때 처음 알게 되었다. 김태광 작가의 스토리는 나에게 큰 울림을 주었고 설렘과 흥분감에 가슴이 세차게 뛰는 것을 느꼈다.

이후 《이젠 책쓰기가 답이다》, 《마흔, 당신의 책을 써라》, 《인생을 바꾸는 자기혁명》, 《질문이 인생을 바꾼다》 등 김태광 작가의 책을 하나하나 탐독했다. 나는 곧바로 〈한책협〉 카페에 가입해서 살펴본 뒤 이곳이 내가 진정으로 원했던 곳이라는 것을 직감적으로 느낄 수 있었다. 나는 여자 친구와 같이 〈1일 특강〉에 참석했다. 책과는 또 다른 김태광 코치의 진정성 있고 생생한 메시지는 나의 가슴을 미치도록 두근거리게 만들었다.

나는 〈1일 특강〉을 듣고 난 뒤 편입 공부를 단박에 때려치웠다. 내 머릿속엔 오직 책 쓰기밖에 없었다. 책 쓰기만이 내 인생을 바꿀 수 있는 것이라는 확신이 있었다. 내 머릿속은 반드시 〈한책협〉의 〈책 쓰기 과정〉을 수강해야겠다는 생각으로 가득했다. 하지만 당시 수중에 돈이 별로 없어 강의를 신청할 수 없었다. 나는 저축은행에서 대학생 대출을 받아 과정을 하나하나 듣기 시작했다. 시간을 벌기 위해 김태광 코치에게 일대일 컨설팅을 신청해 앞으로의 진로에 대해 조언을 구했다.

김태광 코치의 컨설팅은 내 인생을 송두리째 바꿨다. 나는 김태광 코치의 말대로 내 인생을 설계하며 꿈을 키워 나가기로 결심했다. 생계는 막노동을 하며 해결했다. 몸은 고되고 힘들었으나 너무나 행복해서 새벽에 저절로 눈이 뜨이는 신기한 현상을 경험했다. 그렇게 나의 꿈을 향해 달리던 어느 날 생각지도 못한 제의를 받았다. 〈한책협〉에서 정식 스태프로 근무해 볼 생각이 없냐는 것이었다. 나는 만사를 제치고 제의를 감사히 받아들였다. 내가 대한민국 최고의 자기계발 기업인 〈한책협〉의 김태광 코치에게 발탁된 것이 지금도 마냥 신기하다.

편입 공부를 할 때 이따금씩 종이에 "나는 훌륭하고 선한 귀인을 만난다."라고 적은 적이 있다. "종이에 적으면 이루어진다."라는 문구를 보고 큰 기대 없이 했던 행동이었다. 놀라운 것은 종이에 적은 지 1년도 안 되어 나의 롤모델이자 멘토인 김태광 대표,권동희 회장을 만나게 된 것이다. 크게 성공한 사람들은 저마다 멘토가 있다고 한다. 나는 크게 성공할 운명임을 확신한다.

나는 스물여섯 살에 벤츠의 오너가 되었다. 가족, 친구, 선생님 모두 나에게 미쳤다고 했지만 모든 것을 과감하게 버리고 내 직감을 믿고 선택한 '또라이 정신'은 정말 신의 한수였다. 나는 지금 그 어느 때보다 행복한 나날을 보내고 있다.

누구나 가진 스펙은 특별한 스펙이 될 수 없다. 특별한 목적 없이 남들 가는 길을 따라간다면 그것은 잘못된 길을 가고 있다는 반증이다. 생각만 많고 이리저리 재는 행동은 절대 좋은 결과를 낼 수 없다. 지금까지와는 다른 삶을 살고 싶다면 다르게 생각하고 행동해야만 한다.

나는 아직 젊고 앞으로 많은 일을 겪을 것이다. 하지만 결코 멈추지 않을 것이다. 가슴 뛰는 꿈과 함께 누가 뭐라 하든 우직하게 나아가는 나에게 박수를 보내고 싶다. 나는 오늘도 자기암시와 함께 걷고 또 걸으며 눈부신 미래를 꿈꾼다.

"나는 하늘과 땅과 사람의 도움을 받는 행운아다. 성공할 운명을 타고났다!"

45

행동파 또라이로
끝에서 시작하기

마케팅 코치, 자기계발 작가, 동기부여 강연가, 청춘 멘토
열정덩어리 행동주의자로 스물여섯 살에 벤츠 타는 강사가 되었다. 꿈꾸는 사람들을 돕는 동기부여
가이자 카페관리 및 매출을 올리는 포스팅 비법에 대해 코칭하는 마케팅 코치로 활동하고 있다. 마케
팅에 관한 개인저서를 준비 중이다.
• E-mail pospace@naver.com
• Blog http://blog.naver.com/pospace

"성공자들은 모두 성공의 자취를 남긴다. 우리는 그 자취를 따
라가기만 하면 된다."

자기계발 작가 브라이언 트레이시의 말이다. 나는 돈이 많고
사람들이 부러워하는 자리에 있다고 해서 무조건 그 사람이 성공
했다고 생각하지 않는다. 좋지 않은 환경을 이겨 내고 당당히 자
신만의 길을 만들어 선한 영향력을 끼치는 자수성가한 사람들이
야말로 진정한 성공자라고 생각한다. 브라이언 트레이시의 말처럼
성공하거나 어떤 일을 이뤄 낸 사람들의 과정을 보고 그 과정을

따라가면 누구나 그들처럼 성공할 수 있다.

나는 일명 '금수저'라 불리는 풍족한 환경에서 태어난 사람은 아니다. 어렸을 때부터 돈 때문에 싸우는 부모님, 친인척 간의 불화를 보면서 자랐다. 사회 초년생 때는 부모님께 빌린 500만 원의 보증금으로 서울에서 월세방을 구해 살았다. 매달 월세를 내기 위해 허덕이고 전화 요금은 밀리기 일쑤였으며 전기세를 내지 못해 전기차단통지서를 받기도 했다. 하지만 그런 것들이 끝없이 전진할 방법을 구상하는 데 큰 원동력이 되었다. '나는 내가 일하는 곳에서 최고가 될 거야', '억대 연봉을 받는 사람이 될 거야.' 그렇게 최고가 되고자 끊임없이 노력했다.

그러던 중 체인지영컴퍼니 이선영 대표의 《1인 창업이 답이다》라는 책을 읽게 되었다. 책을 읽고 억대 연봉을 받는 사람이 되는 것보다 억대 수입을 벌어들이는 사람이 되는 것이 더 빠르겠다는 생각을 했다. 이 책에는 〈한책협〉 김태광 대표의 이야기가 나오는데 '성공을 위한 자기계발 프로그램을 제공한다'라는 글귀가 눈에 확 들어왔다. 나는 그 부분을 읽자마자 포털사이트에서 김태광 대표를 검색했다. 이미 주말마다 자기계발을 하고 있었지만 성공을 위한 진짜 자기계발을 하고 싶고, 알고 싶었기 때문이다.

나는 〈한책협〉의 〈1일 특강〉에서 김태광 대표를 처음 만났다. 그는 시련과 역경을 이기고 20년 가까이 200여 권의 책을 썼으며, 지금은 600명이 넘는 작가를 배출한 대한민국 최고의 책 쓰기 코치이자 람보르기니와 레인지로버 등 슈퍼카를 가진 50억 자산가였다. 강의를 듣는 내내 심장이 미친 듯이 뛰었다. 그전까지 내 주변 사람들은 최선을 다해 맡은 일을 하는 나에게 꿈같은 소리 하지 말고 대충 시키는 일이나 잘하라고 질책했었다. 하지만 여기에는 나처럼 이상주의자이며 일을 만들어 하는 열정적이고 꿈을 믿는 사람들만 모여 있었다. 서로의 꿈을 응원하고 이루어 가는 삶을 살고 있는 사람들의 긍정적인 에너지가 가득했다.

〈한책협〉을 만나기 전에 나는 친구를 만나서 놀며 술 마시는 것을 좋아했다. 주말마다 친구들과 약속이 있었고, 한번 술을 마셨다 하면 아침까지 마실 정도였다. 책은 또 어찌나 안 읽었는지 1년에 몇 권 읽을까 말까였다. 하지만 〈한책협〉을 만난 이후로 나의 삶은 백팔십도로 변했다. 새벽 4시에 일어나 그날 할 일을 계획하고 독서를 한 뒤에 출근했다. 휴대전화만 겨우 들어가는 작은 가방만 들고 다니던 내가 배낭에 몇 권씩 책을 넣고 다니면서 번갈아 읽기 시작했다. 친구들과 술을 마시며 수다를 떨던 시간에 카페에서 책을 읽었다. 그러다 보니 술도 자연스레 끊게 되었다. 밤에는 〈한책협〉에서 추천해 준 잠재의식에 관한 책과 의식확장 책을 읽으며 하루를 마무리했다.

나는 인생의 스승인 김태광 대표를 만나고 의식과 행동, 습관

등 모든 것이 변했다. 김태광 대표는 〈한책협〉 네이버 카페에 자신의 성공 비결을 공개한 바 있다. 그 비결은 바로 "끝에서 시작하라."다. 단기간에 크게 성공하고자 한다면 이미 베스트셀러가 되었다는 생각으로 책을 쓰고, 이루고 싶은 모습이 있다면 먼저 그 모습을 갖추고 시작하라는 것이다. 끝에서 이미 이룬 모습을 하고 나머지를 채워 나가면 더 쉽게 그 모습을 갖출 수 있다는 것이다. 당장 그 성공 비결을 실천하기로 결심했다. 그리고 3년 뒤 성공한 나의 이미지와 모습을 그려 보았다.

- 잘나가는 CEO다운 커리어우먼 느낌의 옷차림
- 벤츠 타는 억대 수입의 1인 기업가
- 보는 것만으로도 심장을 뛰게 하는 동기부여가

내가 제일 먼저 한 것은 옷차림을 바꾼 것이었다. 《어떻게 나를 차별화할 것인가》를 쓴 브랜벌스의 김우선 대표는 "옷에 맞는 환경이 만들어진다."라고 말했다. 그래서 내가 되고 싶은 사람의 이미지에 맞는 옷을 입어야 한다고 했다. 나는 3년 뒤 성공한 내가 어떤 옷을 입고 있을지 상상하며 옷을 새로 사 입었다. 청바지에 편한 티만 입던 터라 차려입은 옷과 구두가 불편하고 어색했지만 시간이 지나고 나니 익숙해졌다.

예전에는 부자를 질투하면서 부자가 되고 싶어 했던 적이 있었다. 지금 생각해 보면 '가난한 사람'의 사고방식을 가지고 있었다. 실제로 당시에 아무리 열심히 일을 해도 돈이 모이지 않았다. 그래서 카메다 준이치로의 《부자들은 왜 장지갑을 쓸까》를 읽으며 돈과 지갑을 대하는 부자들의 사고방식을 배웠다. '지갑의 가격×200=연봉'이라는 공식이 있다. 나는 그전까지 지갑을 별로 중요하게 생각하지 않아서 선물로 받은 몇 만 원짜리 지갑을 들고 다녔다. 지갑은 나에게 들어온 돈이 모이는 공간이다. 성공해서 많은 돈이 들어올 것을 생각해 나는 돈을 위한 최고급 공간을 마련해 줘야겠다고 생각했다. 루이비통에서 장지갑을 새로 사고 큰돈을 인출해 넣고 다녔다. 돈의 두께, 냄새, 감각을 지갑이 기억하게 해 주기 위해서였다.

"걸을 때도, 이야기할 때도, 자신이 동경하는 인물이라고 스스로 생각하자. 그렇게 되면 보이지 않는 힘이 작용하기 시작해 자신도 모르는 사이 목표 달성을 위해 걸맞은 상황을 끌어당기게 될 것이다."

오리슨 S. 마든의 《아무도 가르쳐 주지 않는 부의 비밀》에 나오는 문구다. 내가 동경하는 인물은 〈한책협〉의 김태광 대표, 〈위닝북스〉의 권동희 회장, 임마이티의 임원화 대표다. 나는 그들을 롤모델로 삼아 성공 자취를 따르면서 매일 '그들이라면 지금 어떤 생각을 할까? 어떻게 행동할까?'를 고민했다. 그들의 성공법칙을 그대로 실행하고 흘려 하는 말 속에서도 숨은 철학을 찾으려 노력했다. 그 결과일까? "벤츠 타는 억대 수입의 1인 기업가가 되겠다."라고 선언했던 내가 드디어 20대에 벤츠의 오너가 되었다. 내가 꿈꾸고 이루고자 했던 모습들이 하나씩 이뤄지고 있다.

나의 모습과 삶은 나의 생각에 의해 만들어진다. 어떤 생각을 하고 있는지에 따라 인생도 바뀔 수 있는 것이다. 나의 인생은 내가 생각하는 방향으로 가기 때문이다. 나는 이미 이루어진 내 모습에 집중하고 부를 생각한다.

욕망을 추구하는 마음이야말로 사람을 '부자'로 만드는 원동력이 된다. 오늘도 욕망하고 '꿈을 위한 투자'를 하자. 성공한 사람들의 '성공의 자취'를 따라 끝에서 시작하는 것이 성공 비결이 될 것이다.

46

엉뚱한 약속과 뚝심으로
인생 바꾸기

– 이석풍

'지식창업연구소' 소장, 성공학 컨설턴트, 작가, 소설가
누군가가 만들어 놓은 틀에 얽매이지 않고 나만의 방식으로 즐기는 삶을 선택했다. 인생 2막을 준비
하는 이들이 창업의 꿈을 실현할 수 있도록 돕고 있다. 전 세계 사람들의 인생을 바꿔 주고 이들의 내
면에 잠들어 있는 거인을 깨워 주는 멘토가 되기 위해 힘차게 나아가고 있으며 대한민국 최고의 기부
재단을 설립하는 게 꿈이다. 저서로 《부자혁명》이 있다.

나는 현재 작가, 성공학 컨설턴트, 마케팅 코치, 책 쓰기 코치
로 활동 중이다. 예전에는 상상도 못했던 모습으로 살고 있다. 내
인생이 백팔십도로 바뀌는 데는 1년이 채 걸리지 않았다. 2015년
까지만 해도 나는 컨테이너 건물의 구석방에서 연구원으로 일하
던 평범한 회사원이었다. 중소기업청 개발과제로 한창 바쁜 나날을
보내고 있었다. 하루는 사장님이 나를 부르시더니 무게를 잡았다.

'무슨 이야기를 하려고 이러시나? 지금 상황에 자르려는 건 아
닐 테고…'

당시 회사 사정이 어려웠다. 요즘 같은 불경기에 제조회사라면 어디나 마찬가지겠지만 거래처에서 자금 융통이 되지 않아 간신히 부도만 막고 있었다. 그럴 때는 제일 만만한 게 연구사원들이다. 혹시나 하는 생각에 젖어들 때 사장님이 운을 뗐다.

"자네, 연구소는 바쁠 때만 지원하고 조립파트로 바꾸는 건 어떻겠나?"

그 말을 듣는 순간 웃음이 나왔다. 물론 겉으로 웃지는 않았다. 내가 웃은 이유는 간단하다. 전부터 생각해 왔던 '왜?'라는 질문에 대한 답이 나왔기 때문이다. '왜 원치도 않는 일을 하며, 회사에 모든 선택권을 맡겨 놓고 사는 것인가?' 하는 생각 말이다.

'그래, 이제 그만둘 때가 왔구나!'

내 인생의 선택권을 더 이상 누군가에게 넘겨주고 싶지 않았다. 사장님의 말은 내게 회사를 나가 달라는 말로밖에 들리지 않았다. 연봉 200만 원 인상이라는 당근을 던져 줬지만 나는 안다. 사람의 가치가 그렇게 측정되어서는 안 된다는 것을. 집에 돌아와 생각에 잠겼다. 남들처럼 이 이상한 방정식대로 살지 않는 방법은 뭘까? 바로 그때 7개월 전쯤 참석했던 〈한책협〉의 〈1일 특강〉이 떠올랐다. 나는 서둘러 컴퓨터를 켜고 인터넷에 접속해 〈1일 특강〉 참석을 신청했다. 〈1일 특강〉에 참석하고 며칠 뒤 한 번 더 참석했다.

"저 〈책 쓰기 학교〉에 등록하겠습니다. 김태광 코치님과의 약속 지키러 왔습니다."

사실은 1년 전 나 스스로에게 한 약속을 지키러 온 자리였다. 이제는 무조건 책을 써야겠다고 생각했다. 내 인생의 선택권을 쥐고 살 수 있는 방법은 책 쓰기뿐이라는 생각에서였다. 당시 〈책 쓰기 학교〉 등록비는 1,000만 원이 넘는 금액이었다. 큰돈이었지만 그리 중요하지 않았다. 일단 저지르고 나니 명확해졌다. 어떻게든 될 것 같았다. 〈책 쓰기 과정〉에 등록한 뒤 나의 금융신용을 총동원해 은행을 찾았다. 뜻이 있는 자에게 길이 있다고 했던가. 생각보다 쉽게 비용문제는 해결되었다. 2015년 5월, 그렇게 나는 꿈에도 그리던 책 쓰기를 시작했다. 〈책 쓰기 과정〉 수업을 시작하며 목표를 세웠다.

첫째, 〈한책협〉 역사상 최단 초고기록 세우기!
둘째, 1년 동안 카페에 올라오는 모든 글에 댓글 달기!
셋째, 단 하루도 빠짐없이 동기부여 글을 올리기!
넷째, 〈한책협〉에서 새로 나오는 책 모두에 서평 쓰기!

첫날부터 실행에 옮기기 시작했다. 카페에 올라오는 모든 글에 댓글을 달았다. 수업에도 미친 듯이 참여했다. 나를 가르치는 코치가 부담스럽다고 할 정도였다. 숙제를 내주면 3배로 했다. 매일 동기부여 글을 올렸다. 그리고 일주일이 지났다. 일주일 댓글 순위 1위, 게시글 수도 스태프들을 제치고 2위에 올랐다.

그리고 또 일주일이 지났다. 여전히 댓글 순위 1위를 지키고 있었다. 바로 그때 생각이 바뀌었다. '모든 글에 댓글 달기가 아니라 댓글 1위를 52주 동안 해 보자!'라고 결심했다. 카페라는 것이 소통의 장이니만큼 그렇게 해야 될 것만 같았다. 계속해서 1위 자리를 지켰다. 한두 번 이어지니 놓치기 싫어서 더 열심히 했다. 1년이 지난 지금 이벤트 기간을 제외하곤 한 번도 빠짐없이 기록을 지켜 오고 있다.

나는 〈책 쓰기 과정〉 5주 차에 목차를 완성하고 초고를 쓰기로 마음먹었다. 먼저 목표를 세웠다. '5일 안에 초고 쓰기!' 카페에는 10일 정도로 선포했지만 그 절반을 잡았다. 그래야 재미있을 것 같았다. 5일 만에 40꼭지 120쪽 분량을 써야 했다. 목표를 잡으니 방법을 찾기 위해 머리가 돌아갔다.

목표를 이루기 위해 새벽 시간을 확보해야 했다. 보통 12시 넘어서 잤지만 11시면 잠자리에 들었다. 숙면을 취하기 위해 일부러 상추를 잔뜩 먹고 PT 체조로 몸을 피곤하게 만들었다. 아침에 상쾌하게 일어나기 위해 모든 방법을 동원했다. 아니나 다를까, 11시에 잠이 들어 5시간을 푹 잤다. 4시 기상 알람이 울리자마자 화장실로 달려가 세수를 하고는 바로 책상에 앉아 타이머를 누르고 글을 쓰기 시작했다.

째깍째깍. 시계초침 소리에 맞춰 빠르게 써 내려갔다. 신기하게 머리에서 나오는 대로 손가락이 반응했다. 미친 듯이 써 내려갔다. 1꼭지 2쪽 남짓 적는 데 15분이 걸리지 않았다. 그렇게 나는 5일이 아닌 4일 만에 40꼭지를 다 썼다. 마지막 날에는 글을 다 듬는 것으로 초고를 끝냈다. 뿐만 아니라 단 한 명도 빠짐없이 그날 이후 나오는 모든 〈한책협〉 작가들의 책의 서평을 썼고 동기부여 글도 거르지 않고 올리고 있다.

내 책은 나오자마자 베스트셀러에 올라 많은 이들에게 큰 공감을 주었다. 2016년 5월에는 정독도서관에서 '한 달간 가장 많이 읽힌 책' 1위를 차지하기도 했다.

성공을 위해서는 자기 자신과의 조금은 엉뚱한 약속이 필요하다. 그리고 그것을 우직하게 지켜 나가는 뚝심이 있어야 한다. 아직은 성공을 향한 첫발에 불과하지만 내가 이렇게 될 수 있었던 원동력은 나 자신과의 엉뚱한 약속과 뚝심에서 비롯되었다. 나 자신과의 엉뚱한 약속과 뚝심, 별거 아닌 거 같지만 이 세상은 엉뚱한 생각들을 우직하게 밀고 나간 사람들이 만들어 가고 있음을 잊지 말자.

47

세 가지 성공법칙으로 나만의 인생 창조하기

– 윤미숙

'윤우디자인' 대표, '융합미술연구소' 소장, 자기계발 작가, 꿈 전도사
20년 차 디자이너이자 현 디자인회사와 교육콘텐츠 개발회사 대표다. 꿈을 향해 날갯짓하는 청춘들의 성장을 도우며, 라이프 코칭을 통해 삶을 더욱 풍요롭게 살아갈 수 있도록 학부모들을 돕고 있다. 저서로《미래일기》가 있으며, 현재 개인저서《내 아이 마음코칭》을 집필 중이다.
• E-mail minitoo@naver.com
• Blog http://blog.naver.com/minitoo

"세계의 모든 젊은이들아, 사랑의 꽃을 피워 보자. 서로 주고받는 마음속에 우리는 하나. 서울, 뉴욕, 파리, 런던, 도쿄 사는 곳은 달라도~"

어린 시절 즐겨 불렀던 '세계는 친구'의 노래 가사다. 나중에 어른이 되면 가사 속의 다양한 나라들을 가 볼 거라며 신나게 불렀던 기억이 난다. 내가 노래를 흥얼거릴 때면 친구들은 이렇게 놀려 댔다.

"시골에 살면서 서울 한 번 다녀오지 않은 주제에 무슨 해외여행이야. 절대 그럴 일은 없을걸."

"서울은 가 봤어?"

친구들의 놀림에도 불구하고, 나는 속으로 '언젠가 저 도시들을 다니면서 일하게 될 거야'라고 생각했다.

어릴 적 나의 꿈은 미술 선생님이었다. 그러나 점차 성장하면서 디자이너라는 직업을 알게 되었다. 그리고 열심히 노력한 끝에 디자이너의 꿈을 이루게 되었다. 대학 졸업 후 회사에 입사했지만 나는 직접 경영을 하고 싶었다. 생생하게 꿈꾸면 이루어진다는 말처럼 나는 꿈을 믿고 작은 섬유 디자인 스튜디오를 차렸다. 그리고 어릴 적 꿈꿨던 뉴욕으로 첫 해외출장을 다녀오게 되었다. 뉴저지와 맨해튼, 구겐하임 뮤지엄 등 뉴욕에서의 시간은 아직도 소중한 기억으로 남아 있다. 그 후 다양한 디자인 개발과 연구를 위해 파리, 런던, 독일, 상하이, 도쿄 등에 다녀오면서 어릴 적의 노래 가사처럼 꿈이 이루어진 것을 실감했다.

현재 나는 꿈꾸는 사람들의 멘토이자 코치로서 살기 위한 새로운 꿈을 꾸고 있다. 그래서 다양한 경험들과 폭넓은 대인관계, 그리고 사람들과의 진정한 소통을 위해 늘 노력하고 있다. 누군가에게 희망을 줄 수 있는 사람이 된다는 것은 참 가치 있는 일이다. 많은 사람들은 자신에게 운이 따라 주지 않는다고, 자신에게는 행운이 없다고 불평한다. 그러나 준비되어 있지 않은 사람은 운이 다가와도 기회를 잡지 못한다. 아니, 운이 다가온 것조차 알아채지 못한다.

그리스 신화에 나오는 기회의 신 카이로스는 앞머리는 숱이 무성한 반면 뒷머리는 대머리의 모습을 하고 있다. 양발의 뒤꿈치에는 날개가 달려 있으며, 양손에는 저울과 칼을 들고 있다. 카이로스의 앞머리가 무성한 이유는 그를 발견한 자가 카이로스의 머리채를 쉽게 붙잡을 수 있도록 하기 위해서다. 반면 뒷머리가 대머리인 까닭은, 그를 발견한 자가 카이로스의 앞머리를 붙잡지 못하고 돌아서는 순간 뒷머리를 붙잡지 못하게 하기 위해서다. 또한 발뒤꿈치에 날개가 달려 있어 카이로스는 순식간에 사라져 버린다. 이처럼 기회란 한 번 지나가면 다시 잡을 수가 없다.

"최선을 다했다는 말을 함부로 쓰지 마라. 최선이란 자신의 노력이 스스로를 감동시킬 수 있을 때 비로소 쓸 수 있는 말이다."

조정래 작가의 말처럼, 하늘이 감동할 만큼 최선을 다할 때 기회는 운과 함께 우리에게 다가온다. 최선을 다하는 과정에서 운을 맞이할 수 있는 준비를 하기 때문이다.

고등학교 시절, 나는 소신 있게 살아가는 것에 대한 작은 경험을 한 적이 있다. 그날은 기말고사를 치르는 날이었다. 선생님의 화난 목소리가 들려왔다.

"둘 다 교무실로 와!"

옆에 있던 친구의 표정이 일그러졌다. 키가 컸던 나는 항상 맨 뒷자리에 앉았다. 시험이 끝나면 앞줄의 답안지를 거두어서 제출하는데, 그 과정에서 그만 친구의 답안지를 깜빡하고 걷지 않았던 것이다. 나는 시험을 감독했던 선생님을 찾아가서 자초지종을 이야기했다. 그러나 정상적인 답안으로 받아들일 수 없으니 시험을 다 마친 뒤 다시 오라는 답변뿐이었다. 그날 나는 남은 시험을 어떻게 치렀는지 모를 만큼 정신이 없었다.

"답안지는 빵점 처리한다!"

오후에 다시 교무실을 찾자 들려온 말이었다. 친구는 울상이 되었고 나는 순간 멍하니 서 있었다. 잠시 후, 나는 떨리는 마음으로 선생님께 말했다.

"제 것을 빵점 처리해 주세요."

나의 실수 때문에 친구의 점수가 빵점 처리된다면 다시는 친구를 볼 수 없을 것 같았다. 그러니 나의 점수가 그렇게 처리되어야 한다고 이야기했다. 선생님은 아무 말 없이 가벼운 웃음을 지으시며 교실로 돌아가라고 하셨다. 학교에서는 한동안 내 이야기가 돌았다. 굳이 본인 점수를 포기했다는 게 웃긴다는 반응이었다. '괜찮다, 잘했다' 그렇게 나는 스스로를 위로했다. 학교 점수보다 친구와의 우정이 더 중요한 학창시절이기도 했다. 다행히 점수는 정상 처리되어 나왔다.

　그때의 작은 경험은 살아가면서 소신을 지키는 것이 얼마나 중요한지 깨닫는 계기가 되었다. '부끄러운 A학점보다 당당한 B학점이 낫다'라는 말처럼 당당하게 산다는 것에 대한 생각도 그즈음에 많이 하게 되었다.

　이제는 가정을 이루고 한 남자의 아내이자 두 아이의 엄마이기에 더 큰 꿈을 꾸고 있다. 네이버 카페 〈한책협〉의 〈책 쓰기 과정〉에 등록해 내 이름으로 된 책을 쓰고 있다. 몇몇 학부모들은 아직 어린 아이도 있는데 내가 무리하게 책 쓰기 수업을 듣기 위해 대구에서 서울로 다니는 것을 염려하기도 했다. 그러나 왕복 7시간은 나에게 걸림돌이 되지 않았다. 마음 깊숙이 하고 싶은 강렬한 마음이 들 때 그 일을 해야 된다고 믿는다. 이러저러한 이유로 '이건 다음에, 저건 다음에' 이렇게 미룬다면 내가 원하는 인생을 만들 수 없다.

내가 생각하는 세 가지 성공법칙이 있다.

첫째, 존경하는 사람을 만날 것

둘째, 나의 존귀함을 깨달을 것

셋째, 항상 배우고 긍정할 것

누군가를 만났을 때 존경심이 일어나는지, 무언가를 시작할 때 나의 존재의 귀함을 스스로 깨달을 수 있는지, 배우고 성장하고 긍정적인지 반드시 체크해 본다.

인생을 살다 보면 기쁘고 좋은 일만 있는 것이 아니다. 체력적으로 무척 힘들고 지칠 때도 있고 다음 날 회사 업무를 제대로 보지 못할 때도 있다. 누군가는 마흔이라는 나이가 시작하기 늦은 때라고 말한다. 하지만 나는 다시 꿈꾸고 새롭게 시작하기 딱 좋은 나이가 40대라고 생각한다. 어릴 적 꿈이 소중한 만큼 지금 꾸는 꿈은 더 소중한 가치가 있기 때문이다. 40대 중반에 들어서면서 지금보다 더 나은 삶을 살기 위한 노력의 과정 속에서 소소한 일상의 행복도 알게 되었다. 꿈꾸는 사람만이 누리는 더 큰 행복을 알게 된 것이다.

현재 나는 크고 작은 문제들에 직면해 있다. 시련과 역경은 더 큰 인생으로 나아가기 위해 반드시 필요한 인생의 숙제라고 생각한다. 나는 내가 가고자 하는 목적지에 먼저 도달해 있는 성공자나 멘토에게 끊임없이 자극받고 배울 것이다. 그리고 지구별에 올때 계획했던 나만의 인생을 창조해 나갈 것이다.

48

또라이 정신으로
실패도 성공으로 바꾸기

– 허진숙

상담 전문 약사, (주)디포인덕션 대표
약국 개업 후 12년간 상담 전문 약사로 일했다. 2003년 '디포전기'에 마케팅 이사로 조인한 뒤 국내
최초로 상업용 인덕션 레인지 시장을 창출하고 해외 수출을 주도적으로 해 왔다. 2007년 (주)디포인
덕션으로 법인 전환 후, 2014년에는 지분을 100% 인수해 현재 대표이사로 재직 중이다.

　　내가 사업한다고 십수 년을 한길을 걸어갈 때 주변인들은 나
를 또라이로 보았을 것이다. 1997년 전국을 할퀴고 지나갔던 IMF
에 의해 나도 하층민으로 전락했었다. 당시 친오빠에게 많은 사업
자금을 빌려주는 것도 모자라 나와 시댁의 아파트를 담보로 잡혀
줄 정도로 경제에 무지했던 나는 IMF의 쓰나미에 영문도 모른 채
나가떨어졌었다.

　　오빠를 잘되게 도와주는 것이 가난한 친정을 돕는 것이라는
명목하에 많은 돈을 빌려준 것도 모자라 시댁의 아파트를 담보로

내주었었다. 어려서부터 가난한 집에서 자란 나는 장학금으로 겨우 약대를 졸업하고, 시어른의 채근에 졸업 후 두 달이 채 되지 않은 25세 어린 나이에 결혼을 했다. 군 병역 특례를 하던 남편보다 약국을 운영하던 나의 수입이 더 많았기에 졸지에 나는 시댁의 경제를 책임지는 위치에 놓이게 되었다. 어린 나이에 결혼한 것도 가난한 집, 많은 형제들이 북적이며 부대끼는 작은 월셋집, 매일 돈 걱정이 끊이지 않는 집안환경이 싫어서였다. 그러나 마음 한쪽에선 나만 빠져나온 것을 미안해하며 오빠와 친정을 도와 보려다 결국은 더 큰 어려움에 맞닥뜨리게 되었던 것이다.

아파트를 팔아 빚을 갚고 겨우 허름한 단독주택 전세와 운영하던 약국만이 남았다. 채권자였던 회사 부장님에게 눈물로 호소하고, 겨우 절반 정도 금액을 마련해서 시댁 아파트를 건졌다. 이 과정을 돕기는커녕 매일 술로 밤을 지새우던 유약한 남편도, 시댁에 부채를 지고 사는 나 자신도 모두 싫었다. 시댁에 아파트를 건져 주고 나는 그들을 떠나왔다. 애들 셋만 데리고 나는 다시 바닥으로 나앉았다.

엄마를 찾아가 애들을 좀 봐 달라고 애원하며 엄마를 나의 월셋집으로 모셨다. 그리고 아주 작은 약국을 내고 다시 출발했다. 그 당시는 의약분업의 초창기로 약국의 미래를 매우 불투명하게 보던 시절이었다. 다행히 나는 상담 전문 약사였기에 적지만 수익이 나는 약국을 운영할 수 있었다. 그러나 나는 하루하루 열심히 약국을 운영하면서도 '다시 재기할 수 있을까? 언제쯤 친구들에게 보란 듯이 성공할 수 있을까?'라는 생각에서 벗어날 수 없었다.

어느 날, 중학 동창이 약국으로 나를 찾아왔다. 날 보자 내뱉은 첫마디가 "진숙아, 너 언제까지 약사로 살래?"였다. 그러면서 내게 '암웨이'를 권유했다. 나는 당시의 어려운 사정에도 불구하고 거금을 들여 암웨이 제품들을 사들였다. 그리고 암웨이 교육현장을 따라다녔으며, 급기야 내가 그들을 교육하기도 했다.

교육 내용은 멀티비타민의 효능과 고객 설득 언어에 대한 것들로, 상담 전문 약사였던 나는 그들보다 많이 알았다. 이렇게 나의 시간과 귀한 자원을 들여 암웨이를 따라다니던 어느 날 친구 부부가 심한 부부싸움 끝에 이 사업에서 거의 손을 떼다시피 했다. 나는 끈 떨어진 갓처럼 라인을 잃고 헤매다 암웨이를 그만두었다. 당시 나는 암웨이를 더 열심히 해 보려고, 내 약국을 처분하고 선배님 약국에 근무약사로 들어간 상황이었다. 그 와중에 라인을 이탈하게 된 나는 약사 이외의 일로 성공해 보리라는 굳은 결심과는 동떨어진 낙동강 오리알의 상황에 직면하게 되었다.

1992년에 약국을 개국하고 몇 달 지나지 않았을 때 단골손님이 된 스타트업 엔지니어가 한 명 있었다. 그분을 상담하면서 기술창업이라는 분야에 흥미를 가지고 얘기를 열심히 듣다 보니 사업이라는 분야에 관심을 가지게 되어 급기야 나는 앤젤 투자를 하게 되었다. 그동안 모았던 종잣돈을 겁도 없이 나도 잘 모르는 기술 분야에 덜컥 투자를 하고, 수년간 그 작은 회사에 유형무형의 지원을 했다. 스타트업이던 그 회사가 막 기술을 완성해 대기업에 납품을 시도하려던 때에 IMF가 터졌고, 이 작은 회사는 거의 폐사 직전이 되었다. 그 스타트업 엔지니어를 2000년에 다시 만나 상황을 들어 보니, 일본으로 기술을 수출한다고 했다.

내 약국을 처분하고 남의 약국 직원으로 추락한 나는 마음이 더 급했다. 더 내려갈 곳이 없기에 더 큰 리스크를 덜컥 물었다. 막연하게 사업가가 월급쟁이보다 나을 거라는 기대감과 탈출구를 찾고자 하는 절박함으로 나는 사업에 도전하기 시작했다. 그러나 사업은 너무 어려웠다. 기술이 완성되어 있든지 돈이 빵빵하게 있든지, 최소한 회사 경험이라도 있었어야 했다.

그저 멋진 기술을 개발한다는 환상에 사로잡혀 있던 나는 망망대해로 내던져졌다. 가정용 인덕션쿡탑 시장이 전무했던 우리나라의 상황과 가정용 제품을 개발, 생산, 마케팅하기에 필요한 큰 자금이 없던 회사의 상황을 감안해 우리는 사업 타깃을 '상업용 인덕션 레인지 시장'으로 잡았다.

나는 무조건 해외 제품을 벤치마킹해서 매립형과 포터블 제품 두 가지를 개발하기로 했다. 그런데 우리 회사 직원은 전자엔지니어 한 명과 보조 엔지니어 한 명, 그리고 구매와 행정 업무를 담당하는 여직원이 전부였다. 핵심기술은 우리 기술로 하지만 제품 외관 개발은 외부 업체를 활용해야 했는데, 문제는 자금이었다. 당시 나는 약국에 다니면서 회사의 제품개발 방향과 자금운영을 맡았는데, 내 월급은 회사운영 자금에 못 미쳐 부족한 자금을 카드 대출로 돌려막기 하며 한 달 한 달을 보냈으니, 내 신용을 파먹고 산 것이나 다름없었다.

2003년에 작고 보잘것없이 시작한 디포인덕션은 한국 최초로 식당, 호텔, 급식주방 등의 가스조리기들을 고화력 고효율 인덕션 레인지로 바꾸는 '친환경 전기주방의 선도자'로서 업계의 인정과 존경을 받는 회사로 성장했다.

디포인덕션의 열기구를 사용하는 주방은 덥지 않고, 가스비용도 50% 이상 절약되며 유해가스 배출이 없는 쾌적하고 건강한 주방이 된다. 디포인덕션은 매출의 약 30%가 해외 매출로 이루어지는 글로벌 브랜드로 성장해, 알 만한 유명 호텔들이 대부분 디포인덕션으로 뷔페라인을 꾸미는 추세다. 나아가 세계적인 경쟁력을 갖춘 남다른 제품군인 인덕션 튀김기, 인덕션 중화레인지, 인덕션 면레인지, 인덕션 부침기, 인덕션 수비드레인지, 인덕션 회전국솥, 인덕션 취반기 등을 개발 보유해 새로운 시장을 창조하고 새로운 조리문화를 창출하며 세계 상업용 조리기 시장의 다크호스로 성장하고 있다.

회사 설립 초기부터 '글로벌 히든 챔피언'을 목표로 했기에 제품을 개발할 때부터 넓은 시장을 염두에 두었고, 이는 경쟁사와 차별화되는 제품 개발로 이어져 왔다. 우리 회사는 연간 최소 10여 개의 해외 전시회에 참가해 브랜드를 홍보하며 세계로 뻗어 나가고 있다.

지난 14년간 '디포인덕션'을 만들고 글로벌 브랜드로 성장시켜 온 나는 '인생의 패배자 또라이'였다. 나는 이제 세상에 우뚝 서서 더 높은 목표를 향해 눈을 돌린다. 지금보다 적어도 20배, 100배 더 큰 회사로 성장하길 바라며 전 직원들에게 더 높고 더 큰 비전을 보고, 그 목표를 향해 더 강하게 더 빠르게 움직이라고 외친다. 회사의 성장이 곧 직원들의 성장임을 믿고 이에 합당한 지원을 아끼지 않으며, 나는 더욱 또라이다운 면모로 세계를 무대로 더욱더 크게 성공할 것이다.

49

하고 싶은 것 하고
가고 싶은 곳 가기

교습소 운영, 캘리그래피 강사, 작가, 학부모 상담가, 동기부여가
20년 남짓 학생들에게 수학을 가르치고 있으며 동시에 학교나 공공기관 등 여러 곳에서 캘리그래피 강좌를 진행하고 있는 캘리그래피 전문 강사다. 두 아들을 키우며 어려웠던 것은 감정이라는 것을 알고 감정을 다스리는 법에 관한 책을 집필했다. 엄마가 건강해야 가족이 행복하고 나아가 행복한 사회가 된다는 생각에 현재 학부모들의 메신저로 활동하고 있다.
• E-mail yh029732@naver.com
• Blog http://blog.naver.com/yh029732

"너는 내 의견을 묻지만 이미 마음으로는 결정했잖아. 내가 무슨 조언을 해도 너는 네가 하고 싶은 대로 할 거 아냐?"

나를 17년 동안 지켜봐 온 언니에게 들은 말이다. 얼마 전에 새로운 일을 제의받았을 때 처음 경험해 보는 일이라 이 사람 저 사람의 의견을 들어 보고 싶었다. 물론 의견을 물어본다고 상황이 달라지진 않겠지만 나의 판단에 어떤 힘을 싣고 싶었던 작은 기대일 수도 있다. 언니 말처럼 나는 하고자 하는 일은 누가 말려도 해야 직성이 풀리는 사람이다. 어떤 때는 다른 사람을 불편하게도 한다지만 나는 도덕적 양심이 허락하는 한 내가 하고 싶은 일은 해야 한다. 과정에서 오는 설렘과 뿌듯함이 내게 살아가는 에너지가 되기도 한다.

나는 진취적이고 자립심이 강한 성실한 사람이다. 진취적인 여자들을 대부분의 사람들은 부담스러워하거나 거부감을 갖는 사람들도 있다. 결혼 후에 남편과 가장 많이 부닥치며 의견 조율을 했던 부분이기도 하다.

"나는 노후가 지금부터 걱정이야. 우리 늙기 전에 무언가 준비해야 하지 않아?"

"나는 지금도 너무 행복해. 그냥 이렇게 적게 가졌어도 즐겁게 살면 되는 거 아냐?"

"나는 달라. 호랑이는 가죽을 남기고 사람은 이름 석 자를 남기고 죽어야 되는 거야."

"너는 어찌 그리 욕심이 많냐? 지금에 만족하고 나보다 못한 사람을 바라보고 살아."

나의 넘치는 욕구에 남편은 늘 불만 가득한 목소리로 일관했었다. 하지만 나는 일상에서 2%의 부족함을 느꼈기 때문에 하고 싶은 일을 하나씩 하기 시작했다. 결혼 전에 엄격한 아버지 밑에서 자라 친구들과 여행 한 번 못 해 보고 결혼했던 나는 출산 후에 틈만 나면 어린 아들들과 전국을 누비고 다녔다. 둘째를 임신해서도 만삭이 될 무렵까지 우리의 여행은 계속되었다. 둘째가 두 돌이 될 무렵부터 아들들과 떠나는 여행은 밀물을 만난 파도처럼 우리 삶에 깊숙이 밀려 들어왔다.

나는 어린 두 아들을 데리고 가고 싶은 곳, 하고 싶은 일들은 어떻게든 하고야 마는 막무가내 엄마가 되어 가고 있었다. 지금 생각해 보면 참 무모했던 적이 한두 번이 아니었다. 아이들이 어릴 때는 1박 2일 여행이라도 짐이 정말 많다. 분유, 젖병, 기저귀, 여벌 옷 등으로 여행용 가방이 꽉 찼다. 작은아이는 업고, 한 손으론 큰아이의 손을 잡고, 다른 한 손으론 트렁크를 끄느라 정말 피곤하고 힘든 순간들의 연속이었지만 여행을 멈출 수는 없었다.

셋이서 갔던 여행지 중에 기억에 남는 곳은 제주도다. 둘째가 24개월이 채 안 되었을 때 친하게 지내던 주변 엄마들 2명과 자녀들 4명을 데리고 비행기에 올랐다. 그러니까 엄마 셋에 애들만 6명이었다. 6명 아이들 모두 유치원생이었다. 어딜 가나 우는 녀석이 있었고, 식당에서 6인분만 시키는 우리에게 향하는 온갖 눈총에 미안함도 있었지만 아랑곳하지 않았다. 작은아이가 열이 계속 나서 제주도에 있는 병원을 매일 다니면서 여행을 했을 정도로 나의 여행은 다소 광적이었다고 해도 과언이 아니다. 관광지에 다른 엄마들을 내려 주고 열이 나는 아이와 병원을 다녀오면서까지 여행을 했던 내가 무모하다는 생각이 들겠지만 우리에게는 멈출 수 없는 삶의 중요한 이벤트였다.

몇 년이 지나 "엄마, 나 아주 어릴 때 열나고 아팠는데 제주도 갔었잖아. 그때 코끼리한테 바나나 주던 거 기억이 나. 코끼리가 나한테 다가와서 바나나 가져갈 때 내가 막 울었잖아."라는 말을 해 준 아이에게 감동을 받기도 했다.

내가 운전을 해서 아이들과 가장 멀리 간 여행지는 순천이었다. 혼자 운전을 하며 어린 두 녀석을 데리고 여행을 간다는 것은 생각보다 쉽지 않았다. 서울에서 순천까지 고속도로만 5시간 정도 운전해야 하는 힘든 여정이었다. 그때 나에게는 오로지 아이들에게 사진이 아닌 실제의 낙안읍성 민속마을과 순천만을 보여 주고 싶다는 마음뿐이었다. 그 마음이 나와 아이들을 순천에 데려다 놓았다. 두 녀석은 다행히도 어려서부터 카시트에 익숙해져 있었기 때문에 5시간 동안 가는 내내 잠을 잤다. 그 엄마에 그 아들들이었다. 우리는 그렇게 전국 팔도를 다 여행하며 찜질방에서 잔 날도 있었고, 지인의 집에서 신세를 진 적도 있었고, 모텔에서 묵은 날도 있었다.

아이들이 좀 더 자라서는 해외로 여행지를 넓혀 갔다. 일본, 중국, 괌, 서유럽 6개국 등을 다니면서 아이들과 견문을 넓혀 가는 시간은 정말 짜릿하고 멋진 순간들이었다. 그렇게 나는 하고 싶은 일은 해야 하고, 가고 싶은 곳은 가고야 마는 아줌마가 되어 가고 있었다. 그렇게 세상을 즐기며 품으며 자란 아이들은 이제 중3과 6학년이 되었다. 이제는 엄마와 함께하는 시간보다 친구들과의 시간을 즐거워하는 녀석들이 살짝 서운하기도 하다. 그리고 셋이 함께하는 여행은 '그림의 떡'이 되었다. 그래도 어릴 때 함께한 수많은 시간들 덕분에 우리는 시간이 흘러서도 나눌 수많은 추억을 쌓아 두었다. 돈보다 귀한 저축을 했다고 생각한다.

틈만 나면 하고 싶은 일이 생기는 나를 나도 어쩔 수가 없다. 어떤 날은 혼자 곰곰이 생각해 보기도 했다. '나는 왜 이렇게 바쁘게 살아야 하지?', '내가 지향하는 삶의 목표는 무엇이고, 그 목표가 가진 의미는 무엇인가?'라는 질문을 스스로에게 던져 보았다. 그럴 때마다 내려지는 결론은 변함없이 한결같았다.

'내가 하고 싶은 일은 하면 되고, 내가 가고 싶은 곳은 가면서 살자. 내가 좋아하는 일을 할 때 나를 사랑할 수 있으며, 타인도 사랑할 수 있는 여유가 생겨나는 것이다. 이유가 없으니 그냥 묻지 말고 하자.'

내가 죽기 전에 꼭 하고 싶은 일은 바로 '책 쓰기'였다. 그 엄청난 일을 나는 죽기 전에 해야 할 목록으로 마음속에 항상 담아 두었다. '하고 싶은 건 고민 없이 선택하고, 선택했으면 두려움 없이 실행하고, 최선을 다했다면 결과에 미련을 두지 말자'라는 생각으로 살아가고 있다. 그래서 가장 큰 목표인 책 쓰기에 현재 매진하고 있다. 책을 쓰기 위해 매일 새벽 5시면 나와의 싸움을 해야 하지만 나의 지적 한계를 느끼면서도 새로운 나를 발견하고 나의 한계를 극복해 나가는 시간들이 설레고 뿌듯하고 가슴 벅차기만 하다.

조금 어려운 일쯤이야 너끈히 해결할 만큼 잘 자란 아이들에게 감사하고, 하고 싶은 일을 열렬히 지지해 주는 남편에게 감사한다. 이런 에너지가 아이들에게 남편에게 전염되어 우리 가족은 특이하게도 서로의 하고 싶은 일을 잘도 찾는다. 우리 가족들의 5년 후, 10년 후의 모습이 기대된다. 우리는 분명 멋지게 살고 있을 것이다. 그리고 서로를 지지해 주는 든든한 지원군이 되어 줄 것이다.

우리의 인생은 생각보다 짧다. 하고 싶은 건 하고, 가고 싶은 곳은 가고, 되고 싶은 것은 되는 것이 행복한 인생이다. 나는 앞으로도 행복한 인생을 위해 거침없이 나아갈 것이다.

50

여행에 미치고
사람에 미치기

– 오연주

'The Overview Effect' 대표, 지식자본 창업 전문가, 웹&앱 기획자, Front-End 개발자, 책 쓰는 CEO
20여 개국을 배낭여행 하며, 전 세계가 자신의 집이라 생각하는 자유영혼이다. 자유여행객을 위한 세상을 만들겠다는 열정 청년이다. 현지인이 추천하고 내 마음대로 만드는 나만의 한국 여행 플래너 Jingermans 웹플랫폼을 론칭했다. 현재 지식자본 창업 관련 개인저서를 집필 중이다.
- E-mail jingermans@jingermans.com
- Facebook www.facebook.com/jingermans
- Instagram jingermans

대학교 4학년, 친구들은 취업 준비나 고시공부 등 미래를 위한 준비로 바쁠 때, 나는 유럽행 비행기 티켓을 사느라 바빴다. 대학교 1학년 때부터 꿈꾸던 유럽여행을 위해 열 일 제쳐 놓고 온갖 망상에 부풀어 있었다. 일단 두 가지 규칙을 세웠다. 첫째, '혼자' 떠날 것. 둘째, 숙박은 예약하지 말 것.

치열한 고민 끝에 9개의 유럽 도시들을 선정했다. 런던, 프라하, 빈, 베니스, 로마, 피렌체, 인터라켄, 바르셀로나 그리고 마지막 도시 파리. 낭만의 크기만큼이나 다양한 범죄가 도사리고 있는 유럽은 여자 혼자 무계획적으로 내던져지기에는 무리가 있다. 그럼에도 불구하고 숙소 예약도 없이 무계획적으로 유럽으로 날아가야겠다는 '또라이' 같은 발상의 시작은 의외로 단순했다. 돈 때문이었다. 하루 4만 원씩이라고 쳐도 40일이면 160만 원이나 되는 숙박비를 감당하는 것이 너무나도 버거웠기 때문이다.

해외에 알고 있는 친구가 도시별로 있을 리도 만무했다. 나처럼 돈 없이 해외여행을 하는 사람들에게 잠잘 소파를 무료로 빌려줄 현지인들을 매칭해 주는 '카우치 서핑'이라는 어플을 알아냈다. 이 어플을 이용해 현지인의 소파에서 잠을 자고 그들이 소개해 주는 진짜 맛집과 여행지를 다니는 특별한 유럽여행을 할 수 있었다.

에펠탑과 르누아르에 미쳐 살던 나에게 마지막 도시인 파리는 굉장히 의미가 깊었다. 파리 여행에서 나에게 소파를 빌려줄 호스트는 오마(Omar)였다. 채팅으로만 대화를 주고받은 오마에 대한 불신이 피어올랐지만 오마의 아파트에 도착한 뒤 쓸데없는 노파심이라는 사실을 깨달았다. 바르셀로나에서 파리까지 8시간 동안 기차를 타고 온 나를 위해 알리오올리오를 준비해 준 오마의 모습에 모든 경계심은 눈 녹듯 녹아 버렸다.

오마의 집은 발코니에서 에펠탑이 가득 보이는 곳이었으며 골목골목마다 오래된 빵집들과 맛집들이 즐비한 상상 속의 파리 그 자체였다. 유명한 컨설턴트인 오마는 아침 일찍 출근하면서 나를 깨웠고, 함께 사는 유세프는 내가 샤워를 하는 동안 아침에 사 온 바게트에 치즈를 얹어 오븐에 구워 주었다.

르누아르 광(狂)인 만큼, 아침식사가 끝나기가 무섭게 오르세, 오랑주리, 루브르를 뛰어다니며 한 작품 앞에서 1시간, 2시간씩 넋을 놓고 내 방식대로 파리를 즐겼다. 밤에는 와인과 치즈를 먹 으며 오마와 두런두런 꿈에 대해서 이야기했다. 에펠탑에 미쳐서 눈물을 그렁그렁 달고 턱을 괴고 앉은 스물다섯 살 한국 여자에 게 서른두 살 파리 남자가 물었다.

"마리아, 너의 꿈은 뭐야?"

"난 잘하는 게 많아. 그런데 뭘 해서 먹고 살아야 될지는 잘 모르겠어. 배운 건 많은데 무슨 직업으로 연결해야 될지 모르겠 어."

"꿈을 물어봤는데 왜 잘하는 걸 대답해? 난 네가 하고 싶은 게 뭐냐고 물은 거였어."

머리를 한 대 크게 얻어맞은 느낌이었다. 지금까지 나는 내 미 래의 꿈을 직업과 연결시키지 않고 생각한 적이 있는가? 오마의 질문에 나는 순수하게 대답이 나오질 못했다. 혼란스러워하는 나 에게 오마는 직업과 연결시키지 말고 네가 그냥 하고 싶은 것들에 대해서 말해 보라고 했다. 마음이 한결 편안해진 나는, "여행, 책 쓰기, 사람들과 함께 웃고 즐기기, 그림 그리기, 봉사하기."라고 한 번에 쉬지 않고 대답했다.

하지만 이때까지만 해도 나는 '해야 하는 것(have to do)'과 '하고 싶은 것(want to do)'의 적절한 교집합을 찾기가 쉽지 않았다. 내가 '하고 싶은 것(want to do)'들을 하면서 돈을 벌고 책임감을 가진 삶을 살 수 있는지 의문이었다. 지금까지 내가 생각한 꿈은 진짜 내가 하고 싶은 것이라기보다는 남에게 인정받고 돈을 많이 벌 수 있는 것들이었기 때문이었다.

그다음 날 밤, 나와 오마는 와인 한 병을 달랑 들고 몽마르트르 언덕에 올랐다. 한 길목에서 기타리스트인 시몽(Simon)의 연주를 듣고 있었다. 시몽이 치는 기타소리에 사람들이 모여들었고, 나를 포함한 5명이 친구가 되었다. 우리는 처음 만난 피터의 집 옥상에 전구를 설치하고 길에서 산 와인과 과자, 바게트 빵, 치즈를 잔뜩 먹으며 춤추고 대화했다.

"프랑스에 왜 왔어?"라고 시몽이 기타를 치다 말고 나에게 물었다. "르누아르의 영혼이 불러서 왔어."라는 나의 대답에 모두들 "충분한 이유야."라고 답했다. 한국에서 이렇게 대답했다면 또라이 취급을 받았을 것이다. 나의 이 모든 기호가 자연스럽게 녹아드는 이곳은 천국이었다.

피터가 내게 내일 캠핑을 가자고 했다. 더 이상 고민한 필요가 없던 나는 흔쾌히 수락했다. 캠핑 날 기차역에 모인 사람들은 온갖 국적의 친구들이었다. 멕시코, 러시아, 말레이시아, 싱가포르, 미국, 캐나다, 홍콩 출신까지 약 30명의 처음 만나는 친구들이었다.

기차를 세 번이나 갈아타서 내린 곳은 빛 한 점 없는 산 앞이었다. 더 기가 막힌 것은 캠핑을 위한 짐도 충분히 많았음에도 불구하고, 이 친구들은 북이며 기타며 아코디언이며 말도 안 되는 큰 악기들도 모두 들고 다녔다. 기차에서도 이 악기들을 계속 울려 대며 흥을 더하고 각자 준비해 온 자기 나라의 술들을 섞어서 세상에 없는 술을 창조해 먹기도 했다.

갑자기 곰이 나온다고 해도 이상할 것이 없는 숲속이 우리의 베이스캠프가 되었다. 여름이었지만 깊은 밤 숲속은 너무나도 추웠다. 몇 명의 친구들이 위스키를 몇 잔 마시고 웃통을 벗더니 어디서 장작을 구해 오기 시작했다. 어느새 커다랗게 쌓인 장작더미에 불을 붙였고 우리는 둘러앉아 기타를 치고 노래를 부르고 춤을 추면서 미칠 듯한 캠핑 나이트를 보냈다.

미친 여행을 한 것에 틀림없다. 여행이 특별해지고 평생 잊지 못할 추억을 남기는 것은 어찌 보면 장소가 주는 특별함보다 그곳에서 만난 사람들 때문이다. 미친 여행을 하길 바란다면 여행 자체에 나를 맡겨 여행에 미쳐야 한다. 그러다 보면 사실은 여행이 아닌, 사람들에게 미쳐 있는 자신을 발견할 것이다.

학자의 길을 가려던 나는 모든 것을 내려놓기로 했다. 해외에서 만난 수많은 소중한 인연들에게서 받은 것들을 한국에 온 여행객에게 다시 나누는 여행과 같은 삶을 살기로 했다.

지금 나는 한국에 온 외국인 여행자들에게 한국 현지인 친구와 진짜 한국 여행을 할 수 있도록 매칭해 주고, 숨은 맛집과 저렴한 숙박, 한국에서만 즐길 수 있는 활동 정보들을 제시해 주는 한국 여행 플랫폼 회사 'CoreaRoad'를 만들었다. 그리고 오마와 대화했던 대로, 내가 그토록 하고 싶었던 책 쓰기를 하고, 봉사단체를 꾸리며 나의 꿈들을 실현시키고 있다. 또라이 발상으로 시작했던 나의 유럽여행이 계기가 되어 꿈을 이루어 갈 앞으로의 나의 행보가 기대된다.

51

5년간 목숨 걸고
노력해 최고가 되기

– 권경희

드림 메이커, 영어강사, 디자이너, 작가
초·중·고 영어 교육의 모든 부분을 섭렵하고, 수능 영어를 비롯한 영어 글쓰기와 영어 토론에 중점을 둔 교육을 진행하고 있다. 또한 생각을 논리적으로 정리하고 설득력 있게 글을 쓰는 방법을 가르치고 있다. 현재 안정적인 삶을 위한 부동산과 노후 대비에 대한 개인저서를 집필 중이다.
• E-mail kyoung0602@hanmail.net

친구와 취미로 구민센터에서 옷 만들기 강좌를 듣고 있던 중 지인에게서 전화가 왔다. 지인은 동대문 도매시장에서 바이어가 고른 옷을 구매해서 불량품 검사를 거친 뒤 일본의 의류회사에 납품하는 일을 하고 있었다. 일본 바이어가 한국 에이전트를 찾고 있는 중인데 그동안 자신이 하는 일을 대신해 줄 사람이 필요하다고 말했다. 나는 바로 흔쾌히 수락했다.

당시 나는 사무실을 운영하고 있었지만 IMF가 터진 지 얼마되지 않은 시기여서 거의 수입이 없었다. 사무실 임대료가 부담이되어 책상 6개를 두고 나와 같은 1인 기업을 하는 분들과 비용을 나눠서 내고 있던 중이었다. 바이어는 50대 후반의 남자였다. 그 때까지만 해도 그분이 일본의 의류업계에서 영향력이 있는 분인 줄 몰랐다. 그저 개그맨 김국진을 많이 닮았다는 생각을 한 정도였다.

직접 일을 해 보니 생각보다 힘들었다. 새벽 1시에 동대문시장에 있는 도매 매장을 돌며 진열된 옷들을 주문하면, 다음 날 오전에 퀵으로 사무실에 옷들이 도착했다. 먼저 옷에 성분표시 라벨이 정확히 부착되어 있는지 확인하고 네임 태그를 옷에 달았다. 박음질이 잘못된 부분은 없는지 오염이 있는지 원단 불량은 없는지 하나씩 꼼꼼히 살폈다. 합격된 옷들은 실밥을 깨끗이 제거하고 최대한 구김이 가지 않도록 잘 개어서 포장을 했다.

그것을 운송회사에 보내면 그대로 패킹해서 일본 회사에 옷이 도착하게끔 하는 과정이었다. 옷 한 장에 1,000원의 수수료를 받기로 해서 수익을 계산하기는 쉬웠다. 처음에는 1,000장의 옷을 주문받았는데, 금세 재주문이 들어와 한 달 동안 1만 장 넘는 수량을 주문받기도 했다. 그렇게 소일 삼아 한 일에서 1,000만 원가량을 벌었다. 이런 식으로 일이 많아지면 수입도 안정적이고 금세 부자가 될 것만 같았다.

한 달이 지난 뒤 바이어가 또 사무실을 방문했다. 수수료를 정산해 주고 나서 그는 앞으로 계속 함께 일하자고 제안했다. 앞으로는 구매 대행이 아닌 제조를 하자는 제안이었다. 단기간에 큰 수익을 얻고 난 뒤여서 망설일 틈도 없이 제안을 받아들이고 싶었다. 하지만 나는 재봉틀 사용법도 잘 모르는 초보였다. 어려서부터 어머니께서 내게 입버릇처럼 "여자가 재주가 많으면 고생한다."라고 하셨다. 학창시절 가정시간에 배우던 목도리나 장갑 뜨기도 어머니께서 대신해 주셨다. 내가 직접 배우고자 할 때면 배우지 못하게 했다. 그래서 당시 나에게는 옷을 만드는 일에 대해 기본적인 상식도 없었다. 나는 바이어에게 일을 계속하고 싶지만 간단한 티셔츠조차도 만들어 본 적이 없다고 사실대로 말했다.

바이어는 내가 일하는 모습이 꼼꼼하고 성실해서 마음에 든다고 했다. 같은 운송회사를 통해서 옷이 들어와도 내가 보낸 옷은 구김이 덜 가고 잘 정돈되어서 왔다고 칭찬을 아끼지 않았다. 그때나 지금이나 세상을 사는 데 있어 중요한 규칙들 중 하나로 여기는 것이 작은 일에도 정성을 다하며 사는 것이다.

나는 작업을 마친 옷들을 직접 운송회사에 가지고 가서 일일이 패킹을 돕고 짐을 싸는 과정에서 구겨지는 것들은 정돈하고, 옷 스타일이 바뀔 때마다 구분해 가며 일을 도왔다. 처음에 운송회사 직원들은 내가 세세한 일까지 신경을 쓰자 성가시다며 짜증을 내곤 했다. 하지만 나는 개의치 않고 내 일에 충실했다.

그렇게 한 달 가까이 되자 나처럼 제품을 소중히 여기는 에이전트는 처음이라고 칭찬하곤 했다. 사실 대부분의 다른 회사 직원들은 옷을 짐짝 던지듯 주고 가곤 했다. 그들에 비해 나는 정성이 대단하다며, 그래서 재주문이 많은 것 같다며 들기 좋은 말들을 아끼지 않았다.

바이어와 함께 거래를 하기로 결정했다. 바이어와 처음에는 OEM 생산을 하다가 내 실력이 좋아지는 대로 직접 디자인해 샘플을 보내면 주문하기로 약속했다. 바이어는 내가 실수하지 않도록 작업 지시서에 자세한 설명을 기입하고 수시로 전화해서 확인하는 과정을 가지기로 했다.

그러나 원단이며 부자재 구입과 제조 공장을 운영하는 노하우가 없어서 그런 업무를 분담할 직원을 뽑았다. 오랫동안 무역 사무실에서 일해 온 남자 디자이너는 인상도 좋고 성실해 보여서 믿음직스러웠다. 앞으로 이 직원과 둘이서 회사를 일으키고 영캐주얼, 숙녀복, 남성복 파트도 있는 안정된 무역회사로 키워 갈 마음에 심장이 터져 나갈듯이 기뻤다. 차츰 일이 익숙해지면 거래처도 늘려 가고 회사 사옥도 짓고 제대로 된 무역회사를 운영할 마음에 잠도 오지 않았다. 처음 받은 주문도 완성품 사입 때처럼 주문량이 많았다.

원자재 구입비는 선불이라는 직원의 말을 믿고 비용 전부를 직원에게 맡겼다. 하루는 납품일이 가까워져서 직접 확인하기 위해 직원과 함께 공장에 가기로 했다. 그런데 직원이 출근도 하지 않고 연락도 되지 않았다. 메모지를 뒤져서 일전에 알려 준 공장 전화번호를 찾아내 정릉에 위치한 공장을 찾아갔다. 공장에 도착해서 완성제품을 확인하고 싶다고 하자 공장 사장님은 금시초문인 듯이 놀란 표정이었다. 그런 일을 의뢰받은 적도 없다고 했다.

하늘이 무너지는 기분이었다. 무엇보다도 나를 믿고 일을 맡겨준 바이어의 얼굴이 먼저 떠올랐다. 배신감을 느낄 시간조차 없었다. 공장 사장님은 공교롭게도 나와 고향이 같았다. 나이도 동갑이고 이야기를 나누다 보니 금세 친해져서 일을 해 주시겠노라고 원단과 부자재를 구입해 오라고 했다. 5,000개가 넘는 점포가 4개 동 5층짜리 원단시장 건물에 빼곡히 들어차 있어서 처음에는 어디가 어딘지 도무지 알 수가 없었다.

처음 서울에 상경한 시골뜨기처럼 종이에 적은 동 호수를 들고 물어물어 찾아갔다. 공장 사장님이 적어 준 수량을 주문하고 이미 도망친 직원에게 준 원단 값을 또 지불하면서 속으로 다짐했다. 앞으로는 디자이너를 고용하지 않고 내 힘으로 헤쳐 나갈 것을 다짐하고 또 다짐했다.

처음 해 보는 일인 만큼 두렵고 불안했지만 한편으로는 이제부터 어떠한 일도 할 수 있겠다는 자신감이 샘솟았다. 첫 주문품이 완성되어 출고되는 날까지 공장에서 살다시피 하며 잔심부름, 실밥 정리도 하면서 공장 식구들과 친해지기 시작했다. 첫 주문 물량이 출고되던 날 새벽녘에 운송회사에 물건을 전달하고 집에 도착했을 때, 해냈다는 기쁨에 신이 나서 춤을 추기도 했다.

한 번 일을 해내고 나니 모르는 일들은 물어 가며 해결해 나가게 되었다. 시간이 걸리고 답답한 마음이 커서 그렇지 일은 무리 없이 진행되었다. 거의 24시간 일에 대한 생각이 머릿속에서 떠난 적이 없었다. 생소하고 처음 접하는 일들은 자면서까지 생각했고 공장 사장님도 안 된다는 기술적인 부분이 번뜩 생각나서 말씀드리자 놀라서 나를 다시 보기 시작했다. 바이어가 매달 두 번 와서 원단시장을 돌며 신상품 원단을 모아 공장으로 가서 스펙을 말하면 나는 원가를 내고 장당 1,000원 정도의 이익을 남기고 납품하는 일들을 계속해 나갔다.

옷을 만드는 데 드는 원단계산법을 '요척'이라 하는데 공장 사장님은 복잡하다며 내게 가르쳐 주기를 꺼리셨다. 혼자서 곰곰이 생각해 보니, 평면 위에 패턴을 놓고 자르는 일이니 평면 면적을 구하는 초등학교 산수를 하면 될 일이었다. 내가 금세 계산해 내자 사장님은 또 한 번 더 놀라는 눈치셨다. 세상 사는 일은 사실 생각의 힘에서 비롯되고 해결되는 일이 대부분이다.

집안일도 도우미 아주머니께 맡기고 대부분의 시간을 원단시장 공장에서 보내게 되었다. 사무실에 잠시 앉아 있을 시간조차 없었다. 밥도 공장 직원들과 함께 먹고 함께 밤샘하며 일을 무리 없이 해 나갔다. 한 장의 반품도 용납할 수 없는 상황이었다. 기존의 회사들과 경쟁력을 갖추려면 우선 가격이 저렴해야 했으므로 낮은 원가에 납품을 했다. 원가(원단, 자재, 공임, 운송비)에 1,000원을 더한 가격에 납품하다 보니 한 장이 반품되면 오히려 이익이 마이너스가 되었다. 단 한순간도 긴장을 게을리할 수 없었다.

그러던 도중에 큰오빠가 뇌출혈로 수술을 받다 식물인간이 되는 일을 겪게 되었다. 원주와 서울을 오가며 오빠를 돌보는 처지까지 되었다. 몸이 10개라도 부족한 상황이었다. 일을 마치고 거의 매일 새벽녘에 반포대교를 건너 방배동 집으로 향할 때 문득 이런 생각이 들었다. '이러다 아버지처럼 과로로 죽을 수도 있겠구나', '아버지는 행복한 삶을 살다 가셨구나'라는 생각이었다.

사실 어릴 때 나는 죽어라 일만 하며 사시는 부모님을 이해할 수가 없었다. 남들이 부러워할 만큼 많은 재산을 모아서 가겟세로도 충분히 편히 사실 수 있었다. 그런데도 여전히 개미처럼 일하시는 부모님이 어리석게 느껴졌었다. 그러나 내가 땀 흘려 열심히 일해 보니 돈보다 보람이 말할 수 없는 행복감을 준다는 것을 알게 되었다. 그때서야 비로소 '아, 부모님은 이런 보람을 맛보셔서 행복하셨겠구나'라는 생각이 들며 부모님이 자랑스러워졌다. 지금 내가 부모님 모습 그대로 살고 있다는 것을 알게 되니 뒤늦은 감사함에 가슴이 뭉클해졌다.

그 후로 5년을 더 원단시장과 공장에서 살다시피 하며 일했다. 이제는 눈을 감고도 일할 수 있는 능력이 되었고 무엇보다도 디자인까지 하니 이익도 늘어났다. 일본 의류 도매회사에 우리 회사를 알리는 내용을 팩스로 보내고 담당자와 연락해 영업을 하러 가면 내가 일을 잘한다는 걸 미리 알고 반겨 주기까지 했다. 처음 영업을 가서 첫 주문을 받은 날은 너무 좋아서 한 시간을 울면서 숙소로 걸어왔다.

그런 경험을 통해 나는 나만의 삶의 공식이 생겼다. 새로운 분야에서 5년간 목숨 걸고 일한다면 전문가가 된다는 것이다. 나는 앞으로도 내가 하는 일을 목숨 걸고 해 나갈 것이다. 그리하여 부끄럽지 않은 인생, 최고의 인생을 살 것이다.

또라이들의 전성시대

초판 1쇄 인쇄 2016년 9월 20일
초판 1쇄 발행 2016년 9월 27일

지 은 이   **김태광 이나금 외 49인**
펴 낸 이   **권동희**
펴 낸 곳   **시너지북**
기   획   **김태광**
책임편집   **김진주**
디 자 인   **이보희**
교정교열   **우정민**
마 케 팅   **김응규 허동욱**

출판등록   **제312-2012-000040호**
주   소   **경기도 성남시 분당구 수내동 16-5 오너스타워 407호**
전   화   **070-4024-7286**
이 메 일   **synergybook@naver.com**
홈페이지   **www.wbooks.co.kr**

ⓒ시너지북(저자와 맺은 특약에 따라 검인을 생략합니다)
ISBN 979-11-87532-13-2 (03190)

이 도서의 국립중앙도서관 출판도서목록(CIP)은 서지정보유통지원시스템
홈페이지(http://seoji.nl.go.kr)와 국가자료공동목록시스템(http://www.nl.go.
kr/kolisnet)에서 이용하실 수 있습니다.(CIP제어번호: CIP2016021783)

시너지북은 독자 여러분의 책에 관한 아이디어와 원고 투고를 설레는
마음으로 기다리고 있습니다. 책으로 엮기를 원하는 아이디어가 있으신 분은
이메일 synergybook@naver.com으로 간단한 개요와 취지, 연락처
등을 보내주세요. 망설이지 말고 문을 두드리세요. 꿈이 이루어집니다.

시너지북은 위닝북스의 브랜드입니다

※ 책값은 뒤표지에 있습니다.
※ 잘못 만들어진 책은 구입하신 서점에서 교환해 드립니다.